결속과 다양성의 새로운 시대

상호문화주의

결속과 다양성의 새로운 시대

상호문화주의

테드 캔틀(Ted Cantle) 저 | 홍종열, 김성수, 김윤재, 김정흔 역

꿈꿀권리

목차

5장 '공동체 결속'의 기여

6장 분리와 통합 – 이것은 왜 중요한가

7장 상호문화주의: 개념화

8장 상호문화주의: 정책과 실천

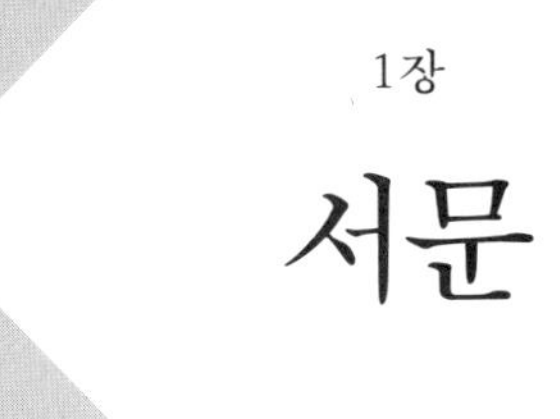

1장

서문

세계화의 진행이 멈추지는 않을 것이다. 세계는 그 어느 때보다도 더욱 긴밀히 상호간에 연결되어 가고 있다. 실제로 정치적, 경제적, 사회적 네트워크들이 더욱 밀접하게 관련되어 가며 상호의존성이 높아짐에 따라 이러한 변화는 아마 가속화될 것으로 보인다. 그러나 변화가 쉽지만은 않다. 많은 문화, 신앙, 가치 체계, 글로벌 영향력을 행사하고 있는 그룹들이 상호작용하며 서로에게 적응하는 과정에서 긴장과 갈등 역시 피할 수 없을 것이기 때문이다. 그러나 이와 같은 방향으로 나아가고 있는 상황에서 시급하게 필요한 것은 이러한 과도기에서의 어려움과 문제들을 최소화시키고 동시에 서로 다른 사람들이 함께 살아갈 수 있는 법을 배울 수 있는 방안을 모색해야 한다는 것이다.

세계화는 세계—거의 모든 국가—를 보다 더 다문화적으로 만들 것이다. 다시 말해, 각 국가들은 자국의 인구 구성이 갈수록 더욱 다양한 국적, 문화, 신앙, 민족적 배경을 지닌 사람들로 구성되어 가고 있다는 사실을 발견하게 될 것이다. 노동 및 금융 시장의 개방과 함께 여행의 용이성은 세계화의 불가피함을 말해주고 있다. 그러나 이는 또한 여러 나라의 정부들이 변화를 중재하기 위해 (폭넓은 개념적 틀의 일부로서) 사용해 왔던 다문화주의(multiculturalism) 정책이 더 이상 적절하지 않고, 새로운 시대에 적응하는 데에도 실패해 가며 점차 신뢰를 잃어가고 있음도 드러내게 되었다. 만일 한 사회가 보다 더 결속력을 다지면서 서로 다른 문화 및 구분들에 의해 분열되는 상황을 피하고자 한다면 새로운 패러다임의 요청이 불가피하다. 이에 이 책에서는 공동체들 간의 긍정적인 관계를 발전시켜 나아가는데 도움이 되고자 확장된 결속(cohesion)과 통합(integration) 프로그램을 지지하고 있는 '상호문화주의(interculturalism)'를 하나의 대안으로 제시하고자 한다.

지금까지 사회는 일반적으로 당대의 현실을 인지해가며 긍정적인 미래를 구상해 나가기보다는 변화의 물결을 저지하는데 애쓰면서도 한편으로는 두려워했다. 이는 물론 공동체와 그 안의 평범한 사람들이 자신의 삶을 살아가고 '다른 사람들'과 관계하고 있는 방식에 대한 도전이기도 했기 때문이다. 그렇기에 새로운 '문화 항해의 기술(cultural navigation skills)', 변화에 대한 적극적인 개방성과 참여성, 심지어 우리 자신과 우리의 정체성을 다른 방식으로 사유해보고자 하는 의지가 요청되고 있는 것이다.

이것은 인구 변화의 유동성과 초국가적인 디아스포라 작용의 영향을 늦게 인지하고, 국가의 연대와 거버넌스 개념에 대한 의미를 거의 생각조차 하지 않았던 정부에 대한 도전이기도 하다. 정부는 국가 주권에 대한 개념을 고수하고, 자국의 국경 내 모든 활동을 여전히 지휘하려는 태도를 지속해 왔으며, 이것을 그들에게 투표한 국민과의 계약에 있어 근본적인 것으로 보았다. 불가피한 세계화의 과정에서 일어날 수 있는 이슈들을 신중히 고민하기보다는 주권 상실과 같은 언어들로 논쟁만을 일삼았다. 정치 지도자들은 국민에 대한 그들의 영향력이 제한되는 것을 인정하기 어려워해 왔으며 다양한 수준과 형태에서의 '정체성 정치'를 여전히 조장하고 있다.

전통적인 국경과 정체성 개념을 위협하는 소셜미디어와 같은 가상의 연결과 그 성장은 특히 젊은 세대에게 기존의 전통적인 시각과 한계를 넘어선 사고와 행동을 불러일으키기 시작했다. 그러나 심화되고 있는 세계의 불확실성에 직면한 사람들은 오히려 전통적인 정체성에 더욱 집착하며 '움츠러듦'으로써 내부로 향해가는 분열의 공동체를 만들어 가고 있는 것처럼 보인다. 이러한 현상은 분리를 강화하려는 대중영합주의적인 캠페인과 이를 기회로 삼으려는 일부 극단적인 정치 지도자들에 의해 악화되어 가고 있다.

실제로, 우리가 보다 평화로운 공존의 세계를 만들어 나아가기 위해서는 각기 다른 생각들과 문화가 국경을 연결 짓고 있다는 통합된 국제 공동체에 대한 이상이 필요하다. 그러나 이러한 이상이 정치 엘리트들의 권력 기반을 약화시킬 수 있다는 것 때문에 바람직한 정치적 목표를 향해 좀처럼 나아가지 못하고 있다. 사람들은 점점 더 국경을 넘나들고 서로 다른 그룹 간 결혼을 하며, 새로운 가상 네트워크를 통해 여러 차원에서 실제적으로 접촉할 수 있는 개인의 관계를 만들어 가고 있지만, 그들의 공동체와 집단정체성에 미치는 영향력에 대해서는 여전히 두려워하고 있다. 또한 정체성 정치는 새롭게 상호 연결되어 가고 있는 세계를 지지하고 고무시키기보다는 오히려 그 반대로의 역행을 조장하는 듯 보인다.

상호문화주의는 개념적이고 정책적인 체계로서 다문화주의를 대체하고, 결속된 공동체를 뒷받침할 수 있는 새로운 긍정적 모델을 제시하고자 한다. 또한 세계화되고 초다양성(super diversity)화되어 가는 세계에서 함께 살아가는 법을 배우기 위한 새로운 비전에도 기여하고자 한다. 우리는 문화적 분리가 부(富)와 권력의 불평등에 의해 강화된다는 것을 인정해야만 한다. 그렇지만 이러한 경우 동반되는 또 다른 현실의 불만도 함께 숙고할 필요가 있다. 이때 다양화된 사회가 정치적, 사회적 영역뿐만이 아니라 세계화된 경제 체제 속에서 상호의존하고 있는 새로운 현실을 인정하며 보다 미래지향적인 시대를 열어 나아가기 위해 대중의 강한 지지를 받을 수 있는 정치적 의지 역시 필요하지 않을 수 없다.

****

이 책은 『공동체 결속: 인종과 결속을 위한 새로운 틀』(2005, Palgrave Macmillan; 2008, 개정판)의 후속 작업으로, 위 책에서 확립한 다수의 개념들을 바탕으로 하고 있다. 이전 작업에서는 특히 인종과 공동체 관계에 대한 역사적 관점, 공동체 결속의 배경과 발전, 관련된 과거와 현재의 정책과 실천을 자세히 다루었다. 이 책에서는 '인종'과 모든 차이의 양상들에 대한 새로운 미래 개념들을 발전시키는 데 초점을 맞추었다.

2장

세계화와 '초다양성'

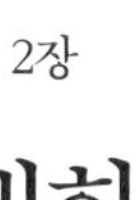

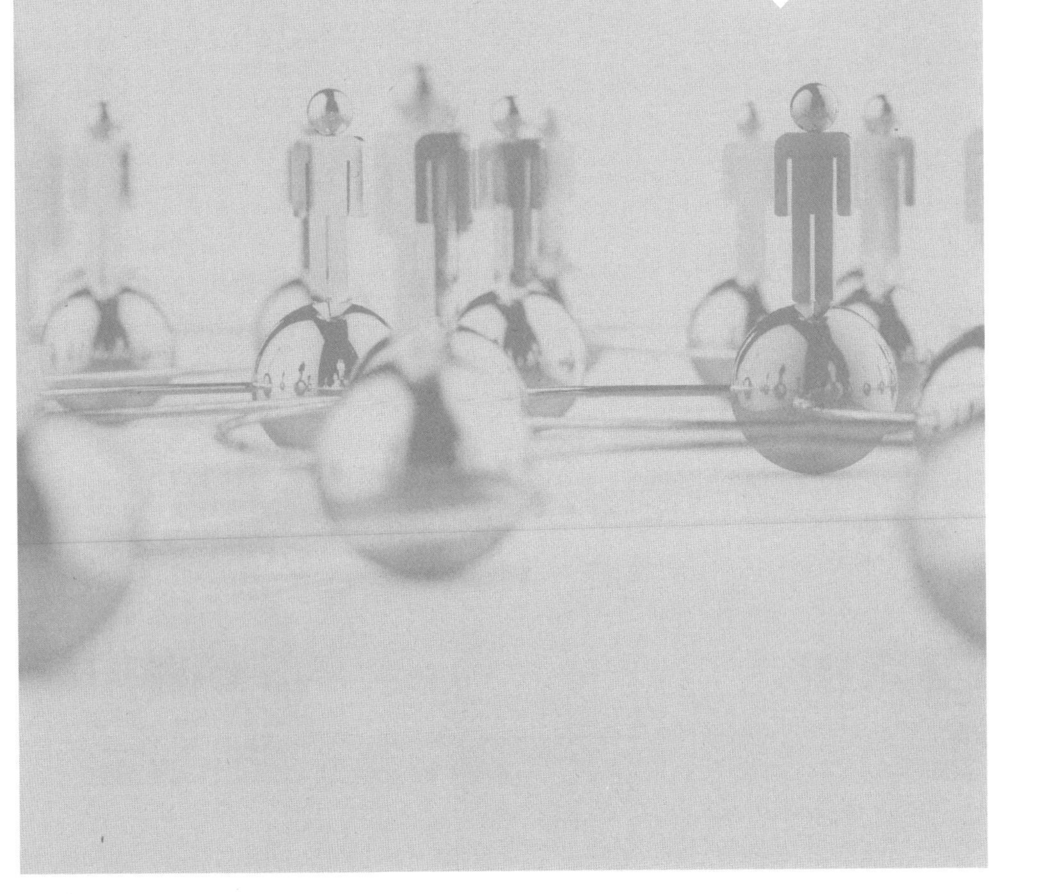

'세계화'라는 용어가 지칭하고 있는 의미가 다소 명확하지는 않지만, 그 기원은 재화를 생산하고 전 세계적으로 부와 권력의 체계를 발전시킨 과정에 있다. 그 어원적 근거는 훨씬 오래 되었으나 이 용어가 일반적으로 사용되기 시작한 것은 1960년대 이후부터이다. 국제적인 무역의 범위와 특성이 점차적으로 '세계화'되어가면서 많은 나라들이 발전하였다. 또한 금융시장의 개방과 함께 통신에서의 기술 발전은 규제 완화와 더불어 급격하게 변화를 가속화시켰다.

세계화는 많은 이익을 가져왔지만, 지금의 정치는 확실히 부정적인 영향에 초점을 두고 있는 경향이 강하다. 변화의 속도와 범위는 광범위한 우려를 야기하였고, 세계화는 현재 지역 시장과 민주주의 체제의 위협으로까지 여겨지기도 한다. 지속적인 세계화의 진행에 분명히 반대하고 있는 반세계화 운동도 최근에는 그 논의에 정치적인 중요성이 더욱 부가되면서 뒤를 잇고 있으며, 모순적이게도 이 자체가 세계적인 운동이 되었다. 그런 탓에 센(Sen, 2006, p.124)은 반세계화 운동을 '오늘날 세계에서 가장 세계화된 도덕적 운동'이라고 말할 정도였다. 물론 그는 이와 같은 측면에서 극우파의 등장을 알지 못한 듯하다. 최근 극우적 경향의 성장은 국제적인 기반 위에 있으며, 유럽에서는 세계화에 대해 초국가적인 부정적 정치 반응이 나타나고 있는데, 특히 민족 내의 다양성 문제가 크게 부각되고 있다.

이 책에서 논의되는 범위는 비즈니스와 금융과 같은 측면에서의 세계화의 지속적이며 멈추지 않는 영향에 대한 상세한 고찰이 아니다. 그보다는 세계화가 미치고 있는 사회 및 공동체 관계에 대한 영향을 생각해 보고자 한다.

첫째, 세계화의 가장 명백한 결과 중의 하나는 인구가 더욱 유동적으로 바뀌었다는 점이다. 이제 사람들은 고용 전망, 삶의 질, 여타의 장 · 단기적 고려사항 등을 더 잘 찾아내고 파악해 바로 이동한다. 2010년에는 2억 1천 4백만 명의 국제 이주민이 있었다. 만일 그들이 같은 속도를 유지하면서 계속 증가한다면, 2050년에는 4억 명 이상이 될 것이다(IOM, 2010). 부유한 국가와 가난한 국가 사이에서 발생하는 지속적인 불균형의 영향은 다른 요소들—기후 변화와 같은—처럼 이주의 수준을 더욱 높일 것으로 보인다.

둘째, 이주민 공동체는 갈수록 다양화되어 왔으며, 이러한 현상은 불가피하게도 민족국가 내에서, 특히 주로 경제적인 측면에서 이주를 위한 대상 국가가 되는 서구 경제에 더욱 많은 차이를 양산하였다. 인구 이동의 규모는 300개 이상의 언어 집단으로 이루어져 있는 런던, 스톡홀름, 토론토, 뉴욕, 암스테르담과 같은 도시가 지닌 '초(super)' 또는 '과도한(hyper)' 다양성으로 특징되는 모든 서구 경제의 상황들을 보면 알 수 있다. 이러한 도시 현상은 이전에 식민지적 과거를 지닌 국가들에서 특히 과거 식민지로부터 흑인과 아시아 소수민족들을 받아들이고 통합하려는 백인 국가들에서 압도적으로 많이 나타나고 있다. 또한 이들 국가들에서 다문화주의에 대한 기존 개념의 재정의들이 이루어져 오고 있다. 현재 다문화주의는 훨씬 더 복잡해 보이며, 공동체 관계는 더 이상 단순히 다수/소수라는 가시적인 구분만으로는 전개될 수 없을 만큼 다각화되고 있다.

셋째, 글로벌 통신의 영향력과 디아스포라의 증가 및 중요성은 민족정체성과 지역정체성이라는 동질성과 특수성이 위협 받고 있음을 의미한다. 디아스포라는 특히 종교적 정체성을 매우 두드러지게 했다. 글로벌 통신은 또한 글로벌 언어를 발생시켰으며, 서구 사회 전역에서 상호작용과 친밀성(affinity)의 형태를 촉진시키며 고무시키고 있다.

넷째, 세계화는 국경과 그에 따른 규제 구조를 초월해 가며 지역과 국가의 민주주의 과정에도 이의를 제기하고 있다. 세계화된 기업들은 오히려 여러 정부들보다 더 많은 경제적인 힘을 소유해가며, 그 힘을 민주주의의 통제 밖으로 뻗게 하고, 결국에는 잠정적으로 국가 내 유권자들의 영향력마저 박탈하거나 소외시키고 있다. 새로운 글로벌 세계의 질서에 정치적으로 적응할 수 있는 방법이 점차 적어지고 있으며, 정치 엘리트와 일반 국민들 사이의 신뢰와 소통마저 때론 무너져 내리고 있다(Cuperus, 2011).

다섯째, 국가 내에서와 국가들 간의 사회 변화는 계층에 근거한 '친밀성'과 차이에 기초한 '정체성'의 수직적인 형태를 허물어뜨리고 있다. 직업과 계층 구조에 기초한 집단정체성은 가족 집단을 원자화하고 개인화하였으며, 정체성의 새로운 형태는 사회적인 금기, 특히 성적 지향, 연령, 건강과 신앙을 극복하면서 공적인 영역으로 부상하였다.

여러 나라에서 보이는 극우적 경향은 실질적인 대중적 지지를 만들기 위하여 앞에서 언급한 다섯 가지의 사항들을 점점 더 이용하고 있다. 이러한 정서는 인종, 신앙, 국경의 제한을 초월한 어떤 정체성도 포용하기를 꺼려하는 사람들에게 폭 넓게 공유되고 있다. 소수민족은 주로 세계화의 과정에 내재된 가시적인 현상으로 이들의 성장은 변화하는 사회와 문화 형태의 원인으로 여겨지지만, 사실은 이러한 변화의 결과일 뿐이다. 그럼에도 소수민족들은 매우 열악해지고 있으며 이것은 사회 전체가 긴장과 갈등에 취약해지고 있음을 말해주는 것이다.

세계화의 차원

세계화의 중요 차원은 주로 증가하는 시장 개방성을 활용할 수 있는 기업들의 비즈니스와 교역을 중심으로 전개되고 있다. 국제 무역은 확실하게 이전보다 더욱 세계화되었다. 이는 다국적 기업들이 세계를 가로지르며 교역을 하고 있을 뿐만이 아니라, 기업 스스로가 여러 국가에 제품을 공급하는 고용주가 되면서 확립될 수 있었다. 현재 수많은 나라에서 인정받고 있으면서 여러 민족국가들보다 더욱 분명하게 구별되는–그리고 경제적으로도 더욱 큰– 세계적인 브랜드들이 많이 확산되어 있다. 시장이 세계화됨에 따라 금융 자본의 이동 역시 이루어졌으며, 최근의 은행 위기와 금융 위기가 보여주듯이 경제의 상호의존성은 부정할 수 없게 되었다.

기술의 변화는 국제적인 소통에 있어서 모든 형태의 비용을 크게 절감시켰다. 인터넷, 인공위성 기반 뉴스, 정보 서비스 및 전화통신의 사용과 유용성은 국제 무역의 발전과 국경을 넘나드는 기업의 성장에 일조하였다. 이와 함께 보다 최근의 소셜 미디어의 발전을 통한 새로운 통신 네트워크는 사람들이 국경을 초월하여 새로운 친밀성을 만들거나 전통 유산과 디아스포라 연결성을 재확인할 수 있는 새로운 기준틀을 발전시켰다.

그러나 아직까지 국경을 넘나드는 사람들의 실제 이동보다 가상의 연결이 미치는 영향은 훨씬 적다. 국제 여행의 비용 절감은 특정 산업에 있어 투자(및 투자 중지) 여부의 비즈니스 결정에 영향을 주고 있으며, 부국과 빈국 간의 불균형을 주로 반영하고 있는 일반적인 경제 성장의 형태 역시

대규모의 이주 흐름에 영향을 미치고 있다. 경제적인 이해관계는 노동의 이동성과 인구의 정착 형태를 결정하는 주요 요인이 되고 있다.

여행과 통신의 용이성은 새로운 규모로 국제 교육의 발전을 주도하고 있다. 현재 글로벌 비즈니스의 형태로 매년 수 백 만 명의 학생들이 학업을 목적으로 국경을 넘고 있다. 외국에서 공부할 수 있는 기회는 학업을 마칠 때까지 그 나라에서 일시적으로 고용되거나 노동 시장에서 영구적인 지위를 얻는데 도움이 된다. 더욱이 서구의 대학들은 보다 접근성이 좋으면서도 양 방향에서 학업을 할 수 있는 기회를 제공하기 위해 부속 센터들을 여러 나라에 설립하고 있다. 국제 교육 센터와 국제 교육 과정은 형식과 내용에 대한 통제가 거의 없이 민족국가들의 국경을 넘어 생각의 교류에도 기여하고 있다.

이와 유사하게 관광업도 규모 면과 실제적 경험의 측면에서 더욱 확대되고 있다. 예를 들면, 매년 영국에 2천 5백만 명 정도의 관광객들이 방문하고 있으며, 영국에서는 약 7천만 명의 관광객들이 다른 나라로 방문하고 있다. 이들 중의 일부는 방문국의 사람들이나 현지 문화와는 거의 상호작용을 하지 않고 단지 잠시 머물 뿐이다. 그러나 이러한 경우조차도 사회적 유대와 문화적 유대는 불가피하게 일어난다. 또한, 관광은 삶을 변화시키고 있다. 예를 들어 약 7십만 명의 영국 거주자들은 현재 스페인에서 영구적 '관광객'이며, 다른 나라에는 더 많을 것으로 보인다. 대략 3백 5십만 명의 영국인들이 다른 나라에 자신의 두 번째 집을 소유하고 있다. 이외에도 여러 가지 형태의 다채로운 관광이 있는데 가령 다른 언어의 학습, 야생의 삶 체험, 그 외 여러 교육적인 목적으로 새롭고 심화된 경험을 추구하고 있다. 그리고 이러한 '교류'들 역시도 지속적인 관계와 초국가적 연결을 이끄는 데 일조하고 있다.

세계화에 의해 만들어진 심각한 변화의 본질에 관한 예언적인 견해는 지난 수십 년에 걸쳐 논의되어 왔다. 마샬 맥루한(Marshall McLuhan, 1962)은 새로운 통신 기술의 영향에 근거한 '지구촌'이라는 개념으로 모든 사람들의 상상력을 사로잡았다. 기업 권력의 부상, 또는 '기업이 세계를 지배할 때(Korten, 1995)'라는 표현은 특히 정치 체계에 대한 도전으로 여겨지게 되었다. 심지어, 국가는 그들의 권력과 국가 주권을 상당 부분 상실해 가고 있으며, 세계가 직면한 크나 큰 도전들을 대처하기에는 너무나 작고, 지역적인 문제들로 다루기에는 너무나 거대하다(Bell, 1987)는 점에서 '민족국가의 종말(Kenichi, 1995)'까지 예언되었다.

이러한 글들이 지난 10년 동안 기술적으로 막대한 진보를 이룬 현 상황에서 다시 쓰여 지게 된다면 보다 더 거친 용어로 표현될 수도 있을 것이다. 특히 세계 경제는 완전히 전산화되었고, '이전 시대와는 전혀 다르게 [···] 펀드 매니저, 은행, 기업뿐만이 아니라 수백만 명의 개인 투자자들은 마우스 클릭 한 번으로 세상의 한 쪽 끝에서 다른 쪽으로 거대한 양의 자본을 이동시킬 수 있다'(Giddens, 2002, p.9). 정보통신기술의 변화는 '국가 간의 거리를 의미 없게 만들었으며(Castells, 2006)', 순식간에 세계 경제를 불안정하게 할 수도 있는데 국가 제도를 통한 어떤 실질적인 방어는 매우 어려워지고 있는 실정이다. 최근 벌어진 금융위기는 이와 같은 상황을 입증하고 있다.

세계화는 아마도 민주주의적인 측면에서 진보가 덜 된 나라들에 있어서는 더 큰 난관으로 작용할 것이 분명하다. 지금까지 국가는 시민들에게 전달되는 매체와 정보를 통제할 수 있었고, 국가의 발전에 반대되는 움직임들도 제재할 수 있었다. 억압적인 정권은 시민들이 대안적인 관점에 접근하는 것을 막고자 헛된 노력을 하기도 했다. 이것이 기정사실로 드러나

지 않았지만, 중국이 구글에 대하여 보여준 조치가 그러하다. 중동 지역에서 사회운동가들은 자신들의 지도자에게 대항하기 위하여 인터넷을 통해 접근하고 모바일 통신을 사용하는 것이 큰 효과—가장 최근에 아랍의 봄—를 가져온다는 것을 알게 되었다. 독재자들은 자신들의 행동이 이제 관찰될 수 있음을 비로소 인식하게 되었다. 시리아, 바레인을 비롯한 다른 나라들에서 일어나고 있는 탄압은 현재 모바일 기기를 통해 기록되고 있으며, 즉각적으로 세계의 비난을 받으며 적어도 잠정적으로는 국제사법재판소의 대상이 되고 있는 상황이다(국재사법재판소는 그 자체가 국제적인 동의를 통해 나타난 새로운 산물이며, 2002년에 창설되었다).

그러나 모든 국제적 네트워크가 좋은 영향만을 미치고 있는 것은 아니다. 국제적인 범죄 조직들은 발각될 것에 대한 어떠한 두려움도 없이, 현재 대규모의 활동을 조직할 수 있고, 전자화된 수단으로 사기행각을 벌이기 위해 기술을 이용하며, 인신매매의 고리를 만들거나 사이버 공격도 조종하고 있다. 국제적인 테러리즘은 '세계화의 어두운 측면'을 잘 보여주는 측면이며(Giddens, 2002), 국제적 범죄는 세계화의 모든 양상들이 그렇듯 초국가적인 기구를 통해서만 대응할 수 있게 되었다.

정치 체계는 국경을 초월한 규제의 합의 된 범위 내에서 그리고 또 다른 규제를 촉진시키기 위한 여러 기구들의 설립을 통해서 세계화에 적응해 왔다. 이러한 기구들은 국세통화기금(IMF)과 같이 경제적인 속성을 지니고 있거나, 이를테면 국경을 넘는 무역을 촉진시키기 위해 공통의 표준을 만드는 것과 같은 간접적인 경제적 목적도 지니고 있다. 초국가적인 기구들은 또한 다른 여러 목적을 위해서도 만들어졌다. 예를 들어 범죄를 다루거나 환경의 파괴를 막기 위해서이다. 이러한 기구들은 주로 국제 조약에 의해 창설되며, 각 가맹국들에게 의무를 부여하고 있다. 국제기구들은 직접적으로든 간접적으로든 국내의 정치 과정에 영향을 미치고 있지만, 정치인들은 민족국가 내에서 이러한 국제기구를 실질적으로 거의 옹호하지 않고 있다는 사실은 주목할 만하다. 실제로 국제적인 주권은 지속적으로 약화되고 있지만, 주권이 약해지고 있다는 모든 주장을 자신들의 영향력이 유지되길 바라고 자신들의 민주주의 전통의 영향력을 충분히 알고 있는 정치인들에 의해 거세게 부인되고 있다. 유럽은 최근에 특히 경제 (그리고 화폐) 통합의 논리—정치적 연합은 경제적으로 상호 연결된 민족국가의 불가피한 결과이다—를 벗어날 수 없는 연합과 유로존 국가들의 양분(兩分)을 극명히 보여주고 있다.

사실상 적극적으로 국경 통제에 대한 규제 철폐, 대형 기업의 민영화, 그리고 세계화를 지원하고 있는 기술적 인프라 구조의 발전으로 국가는 자신의 권력을 상실해 가고 있는 상황임에도 불구하고 주권은 유지되어 오고 있다(Castells, 2006). 물론 국가를 위한 여러 대비활동들은 세계화된 환경 속에서 경쟁력을 높이고 또 높아진 경쟁력을 계속 유지시키면서 지탱되고 있다. 그러나 이 때 국가가 갖게 되는 어려움 중 하나는 초국가적인 차원에서 취한 결정들이 실질적인 민주적 적법성을 갖추고 있느냐이다. 파워 엘리트들만이 의사결정 과정에 참여해 왔으며, 정치 체계는 민족국가를 넘어서는 차원에서는 민주주의적인 참여를 쉽사리 허용하지 않아 왔다. 카스텔(Castells, 2006)은 '반세계화' 운동이라는 말이 부적절한 명칭이라고 지적한다. 이 운동의 슬로건이 '대의권 없는 세계화는 없다'라는 점에서, 다시 말해 이 과정에 내재된 민주주의의 결핍을 강조하고 있기 때문이다. 그런 탓에 세계화된 정치적 경제에 직면해 있는 개인과 공동체의 무력감이 해결되어야 하는 핵심 사안이라고 볼 수 있다. 국제적 규모의 민주화를 위한 공식적인 과정에서의 협의나 숙고가 결여된 가운데, 반세계화

운동과 보다 최근에는 '인디그나도스(indignados 분개한 혹은 격노한 사람들)"와 같은 비공식적인 정치적 연대와 동맹이 활성화되기 시작했다.

동시에 비정부기구(NGO)들이 발전하고 있으며 이들은 민족국가를 대신하여 새로운 역할을 맡고 있다. 헬드(Held, 1989)는 그의 저서 『민족국가의 쇠퇴』에서 이러한 단체들의 증가를 표로 기록하였다. 1905년에는 176개의 단체가 있었던 반면, 1984년에는 4,615개가 되었음을 알 수 있다. 비정부기구는 빠른 속도로 증가하여 1996년에는 26,000개가 되었지만(The Economist, 1999), 애그(Agg, 2006)는 그 수치가 1990년대 말에는 거의 50,000개에 달하였다고 주장한다.

비정부기구의 확산은 '세계의 정치를 다시 쓰고 있다'라는 말이 나올 정도로 많은 영향을 미치고 있다(McGann and Johnstone, 2006). 이를 잘 말해주고 있는 것이 1992년 리오 정상회담에 참석한 주요 비정부기구들이다. 이 회담에서 비정부기구 17,000명의 대표들은 국제연합이 후원하는 대안 포럼을 열었으며, 1,400명이 공식 절차에 참여하였다. 맥갠과 존스톤(McGann and Johnstone)은 비정부 주체의 성장이 과학과 기술의 급속한 발전, 경제적 상호의존성의 증가, 그리고 정치적인 분열뿐만이 아닌 많은 초국가적 위협들(전염병, 기후 변화, 안보 위협)에 대한 사회적, 경제적, 정치적 대응에 있어 국내외적 제도의 한계를 보여주고 있다고 보았다. 애그(Agg, 2006)는 소규모 복지 제공자 역할에 머무르던 비정부기구에게 사회와 경제 발전의 모든 영역에서 주요한 역할을 수행하도록 권한을 위임하는 것은 의도된 전략의 일환이라고 제언한다. 더욱이 이러한 경향은 정치적인 범위를 넘어서는 긍정적인 발전으로 여겨진다. 비정부기구의 성장을 통해 독립적인 시민 사회를 지속시키는 것은 '국가의 역할을 축소시키는' 신자유주의 의제에 의해 지탱된다. 이것은 정부의 통제에서 벗어나 자금을 전환할 수 있도록 하였다. 또한 '좌파의 풀뿌리 운동'에서도 옹호되고 있는데, 이는 참여와 권리를 목적으로 한 비정부기구의 성장이 사회 구조의 변화를 위한 잠재력이 될 수 있기 때문이다.

국가는 그동안 민주주의 정치의 버팀목이 되어왔으며 민주주의의 구성 단위로 수용되어져왔지만, 현재 국가의 권력은 국가의 존재마저도 위협할 수 있는 세계화의 빠른 속도와 함께 변화되고 있다. 특히 국가는 거의 대부분의 경우에 국민성(nationhood)으로 강화되었으며, 또한 개인정체성과 집단정체성을 규정하였다. 그리하여 세계화된 소통의 도래 이전부터 공식적인 차원에서 대부분의 정보 흐름의 양상을 지배하고, 문화 표지를 위한 토대와 일상의 삶에서 '국기를 나부끼도록' 할 수 있었다(Billig, 1995). 이러한 국가는 현재 위와 아래 모두에서 공격을 받고 있다. 통신은 특히 우리가 정보를 전송하고 수신하는 방식을 변화시킨 인터넷과 함께 세계화가 되었고, 가난한 나라들은 급격히 발전하고 있으며, 서구에서는 거의 보편적인 현상이 되고 있다. 그러나 통신에 대한 통제는 과도하게 집중되어 있다. 카스텔(2006)은 세계 시청각 장비의 50퍼센트를 단 일곱 개의 글로벌 통신 그룹들이 통제하고 있다고 지적한다. 비정부기구 또한 중요한 전달자이며, 초국가적이고 지역적인 차원에서 이들이 미치는 영향력은 갈수록 증가하고 있다.

이러한 새로운 환경 속에서 디아스포라는 그들 구성원들이 살고 있는 나라의 자유, 문화, 규범과는 상관없이 훨씬 더 쉽게 형성되고 유지될 수 있게 되었다. 디아스포라는 다시 한 번 국경을 초월하여, 불가피하게 하나의 민족 또는 하나의 국가에 반드시 부합하지는 않는 공유된 역사 관점, 신념, 가치를 발전시키고 있다. 디아스포라가 공존하는 여러 민족국가들에서는 '영국계 무슬림' 또는 '흑인계 영국인'과 같은 혼종정체성의 현상이

주로 나타나는 것으로 조사되었다. 실제로 오늘날 많은 사람들은 일반적으로 신앙, 국적, 민족성, 거주 지역이 혼합된 다중 정체성을 주장하고 있다. 더욱 다양화된 사회의 도래는 주어진 국가 내에서 현재 보다 많은 문화 연결망과 사회 연결망들이, 국내의 혈연적이고 국지적인 문화 연결망에 의지하였던 전통적인 형태의 관계보다 더욱 영향력을 갖게 되었다는 것을 의미하고 있다.

최근에는 세계화가 미치는 사회적 영향에 대한 진지한 정치적 관심이 나타나기 시작하였다. 예를 들어, 영국의 노동당 지식인들 가운데 새롭게 영향력을 갖게 된 집단은 최근에 현재의 정치적 현안에 관한 검토사항을 출간하였으며(Glasman et al., 2011), 다음과 같이 비평하거나 한탄하였다.

> 통상적인 사회생활의 형태와 사람들의 번영은 위협받고 있을 뿐만 아니라, 비중재적인 형태의 세계화, 산업의 쇠퇴, 시장성에만 국한되지 않는 생활권의 상업화로 전환되고 있다. 시장에 주어진 완전한 자유재량은 높은 수준의 불평등을 이끌었으며, 경제 성장의 불을 지피기 위한 시도는 필사적으로 값싼 이주 노동자를 착취적으로 고용하였고 불안감은 만연해졌다. 영국 국민의 사회적, 경제적 안정을 보장하기 위해서는 노동당[2]이 사회 수호자로서의 역할을 회복하고 자본은 국가와 세계의 민주주의의 통제 아래 두어야 할 것이다.

좌파 성향의 공공관계연구소는 최근 전 영국 경제 장관 맨델슨 경(Lord Mandelson)이 이끈 세계화의 미래에 관한 주요 연구 프로그램을 발표하였다. 이 프로그램은 세계화로부터 이익을 얻는 사람들은 누구이며, 국가 내에서와 국가들 간에 이익의 분배를 어떻게 보다 균등하게 장려할 수 있는

지를 재조사하는 것을 목표로 하고 있다.

해리스(Harris, 2008)는 세계화를 보다 근본적인 정치적 측면에서 보았다. 산업 자본주의에서 금융 자본주의로의 전환에 기초하고 있는 세계 비즈니스 문화와 통합된 활동의 결과로 인해 지배계층이 변화되어 가고 있고 이들은 보다 더 초국가적이 되었다는 것이다. 해리스에 의하면, 이 새로운 초국가적 자본가 계층은 국제통화기금(IMF), 세계무역기구(WTO), 세계은행(WB)을 포함한 많은 세계 경제 및 규제 시스템을 통제한다. 해리스는 또한 이러한 권력의 이동으로 새로이 등장하고 있는 세계 질서에 대해 다양한 지역에서의 대항들이 나타날 수 있다고 제언한다. 최근의 사건들 중에 특히 스페인에서 일어난 '인디그나도스(분노하는 사람들)'의 출현이 그러하다. 이 사건은 2011년 은행의 공공 지출 감소 및 유로존 위기가 불거졌을 당시 그리스의 격렬한 시위는 물론 유럽의 다른 나라들에까지 영향을 줌으로써 이 같은 현실에 신빙성을 더해 주고 있다. 국적, 민족성, 문화의 구분을 초월한 새로운 계층에 기반한 세계 정체성이 기존 질서에 대한 어떤 통합적인 형태의 도전을 제시하고자 한다면 이것은 정말로 아이러니한 것이다.

세계화는 보다 더 범세계적인 현실과 가상의 세계에서 우리의 삶을 살아가는 방식, 우리 자신을 생각하는 방식, 그리고 우리가 '타인'과 관계 맺는 방식에 영향을 미치고 있다. 이러한 현상은 아마도 시장의 세계화로 인한 의도치 않은 결과일 테지만, 세계화의 과정에서 가장 심각한 차원의 문제로 떠오를 수 있다.

결속과 연대 – '다양성의 역설'

세계화의 결과로서 여러 민족국가들이 국경의 위상을 보호하고, 이주를 저지하며, 이주민들에게 높은 장벽을 만들어가고 있음에도 사회는 더욱 더 다문화적 혹은 '초다양화'가 되어가고 있다. 따라서 상당수 서구 정치인들의 이주 반대 입장은 다문화적인 현실을 부정하는 것과도 같다. 인구는 이미 다양화되었으며 설사 유입이주가 더 이상 없다고 가정하더라도 앞으로 계속 다양해질 것이다. 잉글랜드와 웨일즈는 이를 공식적인 통계로 인정하고 있다. '비백인 영국인' 집단은 어림잡아 2001년에 6,641,000명에서 2009년에는 9,127,000명으로(ONG, 2001), 8년 동안에 30퍼센트 이상이 증가하였다. 수치에서 나타나듯이 '비백인 영국인' 집단은 현재 17퍼센트로 추정되는데, 런던에서의 지역적 다양성은 40퍼센트를 넘어섰다(ibid.).

여러 서구 국가들과 마찬가지로 영국 인구의 연령별 분포에 따른 민족구성이 보다 더 다양해질 것이라는 것이 분명히 나타나고 있다. '평등인권위원회(Equality and Human Rights Commission, EHRC)'가 후원한 연구에 의하면, 대부분의 16세 이하 아동 20퍼센트는 (또는 다섯 명 중에 한 명은) 소수 집단 출신이며, 따라서 미래에는 보다 많은 비율의 인구를 차지할 것으로 예상된다. 또한 특정 도시나 도시 내 일부 지역에 소수민족이 집중되어 있는 상황은 영국의 여러 지역에 상당한(30퍼센트 이상) 소수민족 인구가 분포하고 있음을 보여준다.

더 근본적으로, 세계 인구는 경제 이주와는 무관하게 놀랄만한 속도로 빠르게 이동할 것이다. 크리스티앙 에이드(Christian Aid)는 현재의 추세에 대해서 다음과 같이 예측한다. 지금부터 2050년 사이에 10억 명의 사람들이 그들의 거주지에서 강제로 이주될 것이며, 강제 이주의 대상은 개발도상 국가들 내 가장 절박한 위협에 직면한 가난한 사람들이 될 것으로 보인다. 강제 이주가 이루어질 것으로 예상되는 구성은 다음과 같다. 5천만 명은 분쟁과 극심한 인권 유린으로 쫓겨나며, 5천만 명은 자연적인 재해로 인하여 터전을 잃고, 6억 4천 5백만 명은 댐과 탄광 개발과 같은 발전 사업에 의해 밀려나며(현재 1년에 1천 5백만 명), 2억 5천만 명은 홍수, 가뭄, 기근, 태풍과 같은 기후 변화 현상에 의해 떠나게 되고, 5백만 명은 자신의 나라를 탈출하여 난민으로 받아들여지게 될 것이다(Christian Aid, 2007).

정치 지도자들은 세계화의 흐름에 대항하여 국경을 통제할 뿐만 아니라, 그들을 지지하는 유권자와 그들에게 영향을 받고 있는 시민들에게 계속해서 강력한 영향력을 행사하고자 할 것이다. 그러나 이것은 갈수록 어려워질 것으로 보인다. 글로벌 통신의 발전으로 인해 사람들은 여러 가지 새로운 정보 채널에 접근할 수 있고 더 넓은 기준틀을 발전시킬 수 있게 되었기 때문이다. 최근 서구 민주주의의 선거 투표율이 낮아지고 있다. 게다가 '차이'에 대한 허위적 발상으로 이를 사회 문제로 만드는 '정체성 정치'는 정치 지도자들이 자신들의 영향력을 지속하려는 수단의 일환일 뿐이다.

많은 국가 지도자들이 이주와 관련지어 생각하는 것은 대개 경제 성장을 위한 것에 국한되어 있다. 이주민들은 일반적으로 일을 하고자 하는 준비와 의지가 높을 뿐 아니라 임금도 낮아 경제 성장을 위한 매우 손쉽고도 빠른 방법으로 인식되고 있다. 이주민들은 또한 노동 시장에서 발생하는 틈새를 메워주고 있는데, 이를테면 농업이나 돌봄 노동과 같이 주류 주민들이 꺼려하는 일들을 대신 해주고 있으며, 주거와 관련된 사회적 비용도 보다 유연하다. 그러나 많은 주류 공동체들은 종종 고용주가 갖는 이점에도 불구하고 이주를 통한 인구 증가를 반대한다. 유입 이주의 계속적인 제한을 요구하거나 심지어는 완전 차단까지 요청하고 있다. 유럽 전역에서 지지도가 높아지고 있는 극단적인 극우 정당들은 여기에서 한발 더 나아가 시민들 가운데 부모나 조부모가 이주한 나라에서 태어난 사람들을 포함하여 이주민들의 본국 송환을 요구하고 있다. 이와 같이 계속되고 있는 다양성과 다문화주의에 대한 논쟁들은 다문화주의는 '실패했다'(이것은 이후의 장에서 보다 상세히 논의된다)는 대중영합주의의 관점을 널리 확산시키고 있다.

세계화는 매우 큰 규모의 상업적인 기회뿐만이 아니라 사회 · 문화적인 기회를 열었으며 이러한 현상은 계속해서 증대될 것으로 보인다. 동시에 이와 같은 현상으로 인해 서로 다른 배경의 사람들이 새로운 관계를 발전시키며 지속적으로 변화해 가는 초다양성의 시대를 만들어가고 있다. 지금 우리가 알고 있는 다문화주의는 개인정체성과 집단정체성에 미치는 영향과 거버넌스의 형태 및 긴장을 중재하는 데 있어서 초기의 형태와는 전혀 다르고 끊임없이 문제를 양산하고 있다. 대부분의 사람들은 일상생활의 모든 측면—우리의 지역 공동체, 학교, 직장 또는 간접적으로 TV, 소셜 네트워크, 기타 미디어를 통해—에서 현재 다양성에 노출되어 있는데, 여기에 '다양성의 역설'이 나타나고 있다(Cantle, 2011). 더욱 다양한 사회가 되어가면서 보다 많은 사람들이 차이에 노출되고 익숙해질수록 사람들은 자신의 정체성으로 보다 후퇴하며, 정체성 정치를 받아들이고, 분리주의자의 이데올로기를 지지하는 것처럼 보인다. 이것은 '차이'가 있는 사람들과의 관계 형성을 위한 참여의 부족이 역으로 우리라는 공동체의 확실성 고수라는 분리로 향한다는 것이다. 이로 인해 '접촉 이론(contact theory)'의 개념이 최근 공동체 결속 프로그램을 통해 재조명 되고 있다. 타인들과의 의미 있는 만남과 참여가 타인을 향한 우리의 태도와 행동을 변화시킬 수 있음을 시사하고 있기 때문이다. 이 이론은 이후의 장에서 논의될 것이다.

이미 센(Sen, 2006)이 명명하였듯이 모든 서구 민주주의 사회에서의 크고 작은 정도를 반영한, 즉 서로 나란히 있지만 분리된 공간에서 살아가는 '다원적 단일문화주의'와 비유적 표현인 '한밤중에 서로를 지나쳐 가는 선박들과 같은' 문화로는 충분하지 않다. 이러한 환경에서는 공통의 경험이 일어나고, 서로의 필요를 이해하며, 연계된 특성들을 발전시킬 수 있는 공유사회에 대한 의식이 나타나기란 거의 불가능하다. 오히려 고정관념과 편견이 확산되며 비이성적인 두려움은 '타인'을 악마화 할 수 있는 가능성을 드러내고 있다. 이것이 2001년 영국의 북부 소도시에서 발생한 소요사태 후의 '평행한 삶(parallel lives)'에 대한 분석이다. 이러한 분석은 공동체 결속 프로그램을 만들어 내었으며(Cantle, 2001) 2007년 후속 연구에 의해 강화되었다(CIC, 2007). '평행 사회(parallel society)'라는 개념은 그 뒤 다른 경우들에도 사용되곤 하였는데 예를 들어 다른 신문을 읽고 다른 라디오 프로그램을 들으며 다른 TV 쇼를 시청하고 다른 문학을 읽는 '일반적으로 서로 다른 문화에 완전히 무관심한(Kymlicka, 2003)', '두 개의 독거(獨居)'라고 묘사되는, 캐나다의 프랑스어로 말하는 사회와 영어로 말하는 사회와 유사한 사례라고 할 것이다.

그러나 '연대감'을 측정할 수 있는 방법들은 비교적 적다. 이것은 증오범죄의 빈도 및 속성, 불평등의 수준, 또는 '다른 사람'을 어떻게 생각하고 그들과 얼마나 관계를 잘 맺고 있는지에 대한 사람들 스스로의 인식과 같은 주로 객관적인 지수들에 기초한다. 이러한 측정은 충분히 개발되어야 할 영역이지만, 정부와 비정부의 협력 범위의 체계는 2004년에 구축되었고(Home Office et al., 2004), 후에 영국 일부 지역 리그테이블(league table)의 기초가 되었다. 그러나 로버트 퍼트넘(Robert Putnam)은 그가 오랫동안 사용해 온, 특히 그의 독창적인 연구인『혼자 볼링하기(Robert Putnam, 2000)』를 통해 부각된 '사회 자본'의 시각으로 이를 바라보았다. 그는 보다 최근의 연구(Putnam, 2007)에서 '이민과 민족 다양성은 사회 연대에 도전하고 사회 자본을 억제 한다'며 사회 자본이 다양성과 반비례 관계에 있다는 것을 증명하였다. 그러면서 보다 생생하게 다음과 같이 표현하였다.

> 다양화된 공동체의 거주자들은 집단적인 삶에서 물러나 피부색에 상관없이 이웃을 불신하고, 심지어 가까운 친구들도 멀리하며, 그들 공동체와 지도자들에게서 최악을 예상하고, 덜 자발적이며, 덜 자선을 하고, 공동체 프로젝트에 관한 일을 덜 하며, 투표에 대한 참여가 적고, 보다 사회 개혁을 선호하는 경향이 있다. 게다가 차이를 분명하게 드러내는 신앙도 거의 없으며 불행히도 텔레비전 앞에 모여 있을 뿐이다. 이러한 패턴의 태도와 행동이 사회 자본과 공적이고 사적인 접촉 형태를 형성하고 있음에 주목해야 한다. 다양성은 짧은 시간 내에 우리 모두를 등껍질 속으로 몸을 움츠린 거북이처럼 만들어 버렸다.
>
> (2007, p.146)

다른 연구자들도 민족적 다양성의 확대가 결속에 미치는 영향에 대해서 논박하였는데, 미국에 국한된 퍼트넘의 연구를 미국과는 다를 수밖에 없는 유럽의 다양한 연구들과 대조하였다(Legrain, 2011). 그러나 공동체의 연대성은 이주와 다른 사회적 요인들에 의해 이루어지는 인구의 유동과 변화에 불가피하게 영향을 받는다. 예를 들어 영국에서는 외국출생자 200

만 명 중에 약 3분의 1은 영국에서 5년 미만, 약 2분의 1은 10년 미만의 거주자이고, 이주의 비율은 20년 동안 1997년에는 약 2분의 1이었던 것이 2007년에는 3분의 1로 떨어진 것으로 파악했다(Fanshawe and Sriskandarajah, 2010, p.13).

퍼트넘은 다양성이 연대에 끼치는 역행적인 영향이 계속 유지되고 중장기적으로 지속될 것이라는 측면만을 말한 것은 아니다.

> 성공적인 이민 사회는 새로운 형태의 사회적 연대를 만들고, 정체성들을 보다 더 아우르는 새로운 정체성을 구축함으로써 다양성의 부정적인 영향들을 약화시킨다. 따라서 현대의 중심 과제인 다양화되어 가고 있는 사회는 보다 폭 넓은 '우리'라는 의식을 새롭게 만들어 갈 수 있다.
>
> (p.139)

그러나 빠르게 진행되고 있는 '변화의 속도'는 공동체들이 직면할 수밖에 없는 여러 어려움들을 야기하고 있는데, 이것이 앞에서 언급한 결속의 어려움 역시도 야기하고 있다(Cantle, 2004). 나아가 인구의 유동성이 증가함에 따라 결속 프로그램에 대한 투자 수준 또한 증가될 필요가 있지만, 이러한 현실을 변화시키기 위한 비전과 정책 및 실천이 거의 없으며, 오히려 축소 의식이 생겨나고도 있다. 실제로 부정적인 요소들은 더 쉽게 식별되고 측정하기도 더 수월해 보인다. 극우파의 성장은 특히 유럽에서 주목되고 있으며(이후의 장 참조), 이들은 반다양성과 반이주 정책의 기수로서, 두려움을 정치적으로 강화시키고 있다. 극우파는 국가가 외국인의 유입을 통제하고 그들의 이질적인 문화를 조절하거나 통제하는 것이 더 이상 가능할 수 없다는 것을 보여주는 데 성공하였다.

마찬가지로 세계적으로 벌어지고 있는 갈등의 70퍼센트 이상이 인종이나 종교적인 차원에서 발생하는 인종적이고 종교적인 갈등으로 점점 더 변해가는 방식을 도표로 제시할 수 있다. 실제로 이러한 도표는 사람들이 더 이상 같은 땅과 정부를 공유하는 것조차 가능하지 않다고 생각하는 지역의 증가와 함께 격렬한 분리주의 운동을 표시하고 있다. 최근 몇 년간 약 20개의 국가가 만들어졌다. 이들 국가의 일부는 발칸과 동유럽에서 기존에 있던 연방 국가들이 해체되면서 이루어졌고 최근에는 아프리카의 수단(Sudan)도 분리되었다. 퀘벡, 스코틀랜드, 카탈로니아 등 많은 지역에서의 그 어느 때보다도 강한 분리주의 운동처럼 벨기에와 같은 국가들은 사실상 통치가 불가능하여 분리될 가능성마저 보인다. 우리는 경계를 넘어선 보다 많은 협력을 기대하면서 지역과 국가의 서로 다른 정체성들이 인류 공통의 정체성이나 세계화된 정체성과도 병행될 수 있기를 기대하였지만, 현실은 그 반대가 되어 가고 있는 것 같다. 실로 국제주의라는 오래된 사상은 특히 2차 세계대전 이후에 그 진보성으로 인해 상당히 고무되었으나 이제는 새로운 '두려움의 시대' 속에서 쇠락하고 있는 것처럼 보인다.

> 두려움의 시대로 들어서고 있다. 서구 민주주의 내의 불안정은 정치적 삶에 있어 또 하나의 주요한 요소가 되고 있다. 불안정에는 테러리즘뿐만이 아니라, 인지하지 못하는 사이에 일어나고 있는 통제되지 않는 변화 속도에 대한 두려움, 실직에 대한 두려움, 증가하는 자원배분의 불평등 속에서 타인에 의해 기반을 잃는 것에 대한 두려움, 우리 일상생활의 상황과 일과에 대해 통제를 상실하는 것에 대한 두

려움이 있다. 그리고 아마도 무엇보다 가장 큰 두려움은 우리가 우리 삶의 모습을 더 이상 이대로 지속시킬 수 없다는 것과 우리 삶에 힘을 뻗치고 있는 어떤 힘 속에서 통제력을 잃게 되는 것이다.

(Judt, T. Cuperus, 2011)

영(Younge)은 세계화의 과정 속에 내재된 민주주의의 결핍으로 인해 정체성의 고양(高揚)이 나타나고 있다고 믿는다. 그는 세계화가 민족국가의 민주주의와 주권을 약화시키고 개인들을 '경제적으로는 상호의존적이지만 시민으로서는 고립되고 무력한' '보편적인 소비족'으로 변화시킨다고 믿는다. 영의 논의들은 특히 그가 제시하는 많은 사례들의 맥락 속에서 설득력이 있다. 그는 유로(Euro)의 탄생에서부터 지역 기업의 상표를 감소시킨 브랜드의 세계화, 그리고 최근의 금융 위기가 민주주의 차원에서의 통제와 접근법을 상실케 하여 우리를 분리된 정체성이나 종족으로 더욱 후퇴시킨다고 결론지었다. 영은 또한 데이비드 후손(David Hooson)의 『지리학과 민족정체성』(1994)을 인용하여 다음과 같이 자신의 논증을 강화하였다.

자신의 정체성을 표현하고 다른 사람들에게 인정받으려는 욕구는 점점 확산되고 있다. 이는 동질화에 대한 근원적 욕구로 20세기 말의 첨단 기술과는 별개로 인식되어져야 한다.

이와 같은 주제는 카스텔(Castells, 1997)에게서 보다 더 이야기되었다. 그는 최근의 공공기관 민영화와 복지 국가에 대한 '강한 비판'을 포함한 정치 변화들이 '사회 관료들의 부담은 완화시켰지만, 시민 다수의 생활 조건을 악화시키고 자본, 노동, 국가 간의 역사적인 사회 계약을 깨트리고' 있는 것으로 보고 있다(p.419). 카스텔은 이러한 흐름의 원인이 된 사회적이고 경제적인 변화를 다음과 같이 제시하고 있다. '산업 제도와 조직에 기초한 정치 이데올로기'에서 벗어나고자 하는 움직임, '노동 운동의 약화', 더 이상 행동을 통제하거나 마음의 위안이 되지 못하고 있는 '세속화된 종교'의 실천력, 문화관례를 변화시키고 있는 '가부장적인 가족의 감소'가 그것이다(p.422).

지속되는 유로존—24개의 국가로 구성된 유럽연합 내의 17개 민족국가들의 단일 화폐—의 미래에 대한 논의는 국가 권력에 대한 정치적인 논쟁과 민주적 적법성의 상실로 구축된 딜레마를 보여준다. 더 타임즈(The Times, 2011)에 의하면, 이러한 결함은 유로존의 금융 위기를 초래하였다고 한다. 곧 '국가 권력은 통일된 초국가적 화폐체계 내에서는 생존할 수 없으며', 화폐의 통일은 '일정 장소 내에서 정치적 구조와는 무관하게' 만들어졌기 때문에 잡음이 나올 수밖에 없다는 것이다. 따라서 이는 연합 구조의 초국가적인 기구에 국가의 민주적 권력을 더욱 이양시키거나 아니면 국가 권력과 국가 화폐로 다시 돌아가는 것 사이의 선택을 초래하고 있다는 것이다. 겉으로만 민주주의적인 구조를 표방하면서 민족국가를 구속하는 것은 무역과 상업을 통한 세계화의 과정은 물론이고 민족국가들 스스로가 주도한 제한된 금융 통합의 시도와도 맞지 않는다. 이 논의에서는 다른 선택—국제적인 차원에서의 민주화—의 여지도 없었고, 새로운 형태의 세계적인 거버넌스는 고려조차 없었다.

집단정체성에 대한 의식은 모든 서구 사회 내에서 깊이 변화되어 왔지만, 다양성의 증가가 세계화와 연결될 때 집단정체성은 연대에 더욱 부정적인 영향을 미치며, 지역 및 지방 정체성, 그리고 분리주의 운동과 공동체의 긴장을 자극할 뿐이다. 그리고 그 자체로서 위협을 받고 있는 국가는 이러한 친밀성을 초월할 수 있는 적절한 정체성 기반을 제공할 수 없는 것으로 보인다.

세계화와 정체성

신앙, 지역성, 민족성—뚜렷하게 감소되는 국적 의식뿐만 아니라—의 측면 그리고 다양성의 증가 및 그밖에 분리된 많은 구성요소들은 개인정체성의 특성 변화에 있어서 더 이상 단순한 문제가 아니다. 이는 최근 영국의 『교육 신뢰에 대한 조망(Searchlight Educational Trust, SET, 2011)』 보고서에서도 나타난다. 보고서에 의하면 여러 민족 집단들은 '아시아인'이나 '흑인' 집단과 유사한 방식으로 정체성의 측면에서 그들 스스로를 '백인' 집단과는 상당히 다르게 보고 있다는 것을 알 수 있다(표 2.1 참조).

표 2.1 가장 중요한 정체성의 요소: 영국 SET 2011

	Asian (%)	White (%)	Black (%)
국적	16	37	10
출생지	15	25	6
마을/소도시/도시	8	16	11
종교	24	6	16
단지(團地)/이웃(neighbourhood)/공동체	4	5	11
민족성	17	6	40
거주지	15	5	5

출처: Fear and Hope Project Report, Searchlight Educational Trust (SET) (2011)

'국가'를 구성하는 세 가지 요소—국적, 출생지, 거주지—는 대부분의 백인 집단인 67퍼센트가 중요하다고 생각하는데 비해, 아시아인은 46퍼센트, 흑인은 21퍼센트로 나타났다. 또한 소수민족은 정체성의 가장 중요한 요소로 종교와 민족성을 더 많이 생각하는 것 같다. 그러나 '교육 신뢰에 대한 조망(SET)' 보고서는 '민족정체성이 전체 정체성 중의 어떤 개념보다 우선'한다고 주장하며, 도리어 민족정체성을 국적, 출생지, 거주지와 동의어로 가정하고 있다. 일부 사람들은 이를 당연하게 생각할 수 있으며, 이들 중 백인 집단이 높은 비율일 것으로 추측할 수 있다. 증가하고 있는 유동적 집단들을 여러 특징들 중에서 민족정체성이라는 단 한가지의 특징에만 적용해 관련지을 수도 있다.

실제로 '교육 신뢰에 대한 조망(SET)' 보고서에는 카스텔(1997)의 저서와 그의 견해인 '국가통제주의(statism)의 쇠락'이 인용되고 있다. 이 저서에는 카스텔의 주장이 보다 명확하게 제시되어 있다. 국가는 부, 권력, 정보의 네트워크로 인해 우회의 대상이 되고 국가 주권의 상당 부분을 잃게 된다는 것이다. 이후 카스텔(2006)은 그의 연구에서 하버드 대학교 노리스(Norris) 교수의 조사를 활용하였는데, 노리스는 지방정체성(regional identities)과 지역정체성(local identities)이 민족에 대한 충성도를 넘어선다고 세계적 가치관 분석에서 보았다. 이 조사는 일반적으로 세계, 국가, 지역 차원에서의 정체성을 세계시민 정체성과 비교하고 있다. 노리스는 세계 전체에서 응답자의 13퍼센트만이 주로 자신을 '세계시민'이라고 생각했으며, 38퍼센트는 자신의 민족국가를 첫 번째로 생각하고, 남은 사람들(다시 말하면, 다수의 응답자)은 지방정체성이나 지역정체성을 우선으로 생각한다고 산정하였다. 노리스(2011)는 민족정체성은 차츰 약화될 수 있지만, '다문화 공동체의 사회 결속과 국가 정당성에 있어 여전히 중요하다'(p.25)고 밝히기도 하였다. 노리스는 세계시민 정체성은 세계화의 결과이며, '인간의 유사성보다는 차이에 가치를 두고, 집중성(convergence)보다는 문화다원주의를 가치 있게 여기며, 영토적인 유대와 애착을 중요시하지 않는 다양한 문화의 전망과 실천에 대한 관용'이라고 말한다. 그리고 이러한 견해와 반대의 입장에 있는 민족정체성과 대조시킨다(p.26). 그러나 노리스는 민족주의와 세계시민주의는 이론적으로는 반대의 입장이지만, 실제적으로 사람들은 '민족에 대한 자부심이 강하면서도 또한 세계 문제에 있어서의 다자간 해결책을 선호하는' 두 관점 모두를 갖고 있는 것으로 보인다고 지적한다(p.26). 그렇지만 노리스는 동시에 민족주의자들의 정체성이 글로벌화 된 세계시민 사회에서 약화되어 가고 있다는 점도 발견한다. 다문화적인 윤리를 더욱 장려하며 영토의 경계를 가로질러 보다 밀도 있고 보다 빠르게 상호 연결된 세계에서 점차적으로 민족에 대한 오래된 충성심이 약화되어 가는 면도 있기 때문이다(p.99).

이러한 경향은 특히 신앙과 관련하여 주목할 만하다. 유대 공동체는 여러 국가를 초월하여 수 백 년에 걸쳐 만들어진 가시적인 정체성과 문화를 지닌 유일하면서도 상당한 규모의 디아스포라인 반면(Cheesman and Khanum, 2009), 소규모의 흑인 공동체는 20세기 초 (그리고 더 일찍이) 노예무역과 연관된 주요 항구에 주로 정착한 유럽 여러 도시의 거주민이었지만 국제적인 개념이 없었고 사면초가적인 소수자로서 살아가야 했다. 세계적인 정보와 통신 기술은 디아스포라에게 더 큰 힘을 갖게 했으며, 민족정체성과 지역정체성의 동질성과 특수성을 위협하고 있는 실정이다. 디아스포라의 종교적 정체성의 특징은 사회정치적인 맥락에 좌우되며, 현재의 초점—그리고 주로 증폭된 염려—은 '이슬람 지식의 보급이 세계적으로 강화되도록 촉진하고 이슬람의 전통과 소속의 문제에 대한 공적인 논의를 확산하는데 새로운 전자통신 매체를 사용하는(Gale and O'Toole, 2009, p.146)' 젊은 무슬림들에게로 향하고 있다. 현대의 통신은 모든 디아스포라들이 지속되는데 확실히 도움이 될 것이며 국경을 넘어서 그들이 보다 넓은 소속감을 가질 수 있도록 할 것이다. 이러한 현실에 내재된 복잡한 정체성은 대부분의 서구 사회에서 대표되는 모든 주요 신앙들과 함께, 또한 중요한 차이나 '다름'으로 나타나는 다양한 교파와 다른 분파들과 함께 고려되어져야 한다.

글로벌 통신은 또한 신앙의 차이와 관계없이 외국에서 살아가는 사람들이 민족정체성을 유지할 수 있게 해주었다. 이러한 민족에 기반한 디아스포라는 지난 세기 동안 여러 나라에서 확인할 수 있는 아일랜드인, 중국인, 이탈리아인 공동체처럼 새로운 것은 아니다. 그러나 이들은 이주 초기에 다른 사람들과 '어울려야 하는' 압박 아래에 놓여 있었지만, 현대의 통신은 이들이 정기적으로 출신국에 돌아갈 수 있고 심지어 큰 어려움 없이 반영구적으로 돌아갈 수 있는 기반을 의미한다. 나아가 글로벌 통신은 인터넷, 위성 TV, 소셜 미디어를 통해 이들이 고국의 영향을 받을 수 있도록 끊임없이 재연결 시켜주고 있다.

글로벌 언어로서 영어의 부상(浮上)은(Crystal, 2003) 영어를 사용하는 기술적인 발전에 의해 가속화 되었고, 또한 완전히 새로운 차원에서 국경을 이어주며 상호작용을 가능하게 만들었다. 이는 소수 및 다수 공동체가 다양한 방식으로 국경을 가로질러 연결될 수 있게 한다. 예를 들면, 스페인에서 반영구적으로 거주하는 영국 시민들처럼 말이다.

정체성이 국경을 가로질러 형성되고 있는 여러 방식들의 변화에도 불구하고, 정체성의 관념에 대하여 환원주의적 원칙을 적용하는 경향이 있다. 센(Sen, 2006)은 과거 못지않게 현재에도 지속되고 있는 갈등과 폭력의 원인은 정체성은 유일하다는 환상 때문이라고 주장한다. 그는 세계가 갈수록 종교(또는 '문화'나 '문명')로 분리되고 있으며, 이러한 결과는 사람들이 계층, 성별, 직업, 언어, 문학, 과학, 음악, 도덕, 정치를 통해서도 자신의 관점과는 다른 정체성들에 대해 무시하는 경향을 지적했다. 하지만 그는 '사람들을 축소시켜 하나의 틀에 넣어버리고 있는 끔찍한 효과'에 이의를 제기하며 실제로 이성적 선택을 할 가능성을 부정해서는 안 된다고 강조한다. 이를 반영하듯 현재는 국적, 신앙, 민족을 하이픈으로 연결하는 것이 일반적이다.

동일한 사회를 공유하고 있는 서로 다른 정체성 집단의 사람들로 인한 결과는 '혼합 인종'의 계속된 성장과 나아가 하이픈으로 연결된 정체성이나 다중정체성의 발전이다. 영국에서 '혼합 인종'은 가장 빠르게 소수자 그룹으로 성장하고 있다. 그러나 이 집단은 실제로 정치적인 측면에서 인정받지 못하고 있으며, 자금과 대표성, 지원도 없을뿐더러 옹호자도 없다. 이러한 현상의 실질적인 이유는 부분적으로 다음과 같다. 혼합된 인종 그룹의 경계가 필연적으로 모호해 보이는데, 이 경계가 흑인, 아시아인, 백인 및 기타 다른 민족의 여러 다양한 조합과 신앙 및 국적의 조합을 포괄하고 있기 때문이다. 그러나 이것은 또한 인종적 순수성이 어떤 의미인지도 보여준다. 민족 또는 종교의 측면에서 '순수 혈통'은 이해관계에 있는 그들의 특정한 유권자를 대표하기 위해 선택된 지도자로 인정되는 반면, '우리의 잡종적인 자아'(Slattery, 2003)는 특정한 정체성도 아닐 뿐더러 인정받지도 못한다. 이것은 또한 거의 모든 다수 공동체와 소수 공동체 사이에서 여러 종교와 문화 간 장벽이 되고 있으며, 적대감과 수치심으로 여겨질 수 있는 다른 집단 간의 결혼(intermarriage 역자 주: 다른 민족·종족·종교·계층、배경 간의 결혼, 즉 다른 집단 간의 결혼을 의미하며, 본 글에서는 '다른 집단 간의 결혼'으로 번역한다)을 향한 양가성의 기능을 하고 있다.

하이픈으로 연결된 정체성은 다른 집단 간의 결혼에 의한 결과라기보다는 오히려 예를 들면, '흑인계-영국인', '영국계-무슬림', 또는 '영국계-중국인'과 같은 국적, 출생지, 종교, 민족성의 혼합된 특성에서 나타난다. '혼합 인종'이라는 관념에 내재되어 있는 문화적 빗장이 없이, 하이픈으로 연결된 정체성의 형태는 국가의 재정 지원을 구하고 인정을 얻는 것에는 얼마간 성공할 수 있겠지만, 너무나 많은 잠재적인 변형들은 갈수록 이를 쉽지 않게 만들 것이다. 하이픈으로 연결된 정체성의 모든 형태들이 한정된 다중정체성을 지닌 단일정체성이라는 제한된 관념으로 대체될 위험이 있다. 브라(Brah, 2007)가 지적하였듯이, 정체성은 과정이며 고정되어 있는 범주(비록 많은 사람들이 분명하게 이렇게 생각하고 싶다 하더라도)가 아니다.

이러한 광범위한 다양성과 변화하는 정체성의 양태에 직면하여 정부의 반응은 시대를 역행하고 있다. 대부분의 경우 민족의 역사를 가르치고 민족의 시민권과 민족정체성을 신장시키는 척도를 마련하여 민족정체성 관점을 강화하고자 한다. 더 심하게는 확고하게 민족주의적으로 머무르며, 국경과 거버넌스의 보전을 장려하고, 주권 침해에 대한 어떠한 제안도 피하려 한다. 세계화가 가져오는 상호의존성을 부정하면서 정부는 그들 공동체가 직면하고 있는 현실을 뒤로 한 채 멀리 뒤쳐져 있는 듯 보인다. 이 주제는 이 후의 장에서 발전시키고자 한다.

'영국적인 것' 또는 '프랑스적인 것' 또는 정체성에 있어서 민족적으로 접근하는 민족 개념은 불가피하게 논쟁이 될 것이며, 거의 무의미하고 단순한 수준을 제외하고는 실체적인 용어로서 이를 정의하는 데에 어려움이 뒤따른다. 그러나 영국의 공동체 결속 프로그램은 '소속감'을 통한 지역 프로그램의 발전 가능성을 보여주고 있다. 이 프로그램은 폭넓은 지원을 받고 있으며 논란의 여지없이 결속 지표들을 개선시킨 것으로 나타난다(Cantle, 2008). 이 프로그램은 민족주의와 민족정체성을 둘러싼 가치기반 개념에서 자유로우며, 서로 간의 마찰과 갈등을 최소화하고 지역에 기반한 공공선을 신장시키며 서로 참여하고 살아갈 수 있도록 지역에 있는 사람들을 위한 필요에 초점을 두고 있다. 그러면서 공동체 결속 프로그램은 다양한 배경에서 온 사람들을 지역 공동체에 '소속된' 평등한 구성원으로 보는 다양성의 긍정적 관점을 지향한다.

다양성이 단기간에 그리고 과도기적인 상황에서 사회적 연대에 영향을 미치고 있는 것은 분명하다. 그러나 장기적인 측면에서 보면 이것이 과도기적인 것인지 민주주의 권력의 소외와 상실을 재조정할 수 있을지에 대해서는 분명하지가 않다. 정부의 제도는 이러한 영향에 적응할 수 있을 것인가? 게다가 더욱 유동하는 정체성을 촉진할 수 있을 것인가? 아니면 방해할 것인가? 또한 소셜 미디어라는 새로운 현상은 전통적인 권력 구조를 초월하는 새로운 초국가적인 관계를 만들어 낼 수 있을 것인가?

부족 친밀성에서 국제적 친밀성으로

국가(state 역자 주: 독자적인 정부를 가지고 있는 물리적인 영토에 초점이 맞추어진 국가 개념)라는 개념은 오래되었지만, 근대 민주주의 국가(democratic state)는 대체적으로 지난 3~4세기에 걸쳐 의미 있게 받아들여지며 만들어진 비교적 새로운 개념이라 할 수 있다. 많은 국가들(states)은 심지어 보다 최근에 만들어졌다. 예를 들어 독일은 약 150년 전부터 현재의 모습으로 존재하게 되었다. 그 이전에는 작센과 프러시아와 같은 상당수의 분리된 지역과 민족들(nations 역자 주: 같은 역사, 문화, 언어를 공유하는 사람들의 단위에 초점이 맞추어진 개념으로 여기서는 민족으로 번역함)로 이루어져 있었다. 사실 유럽은 국경이 끊임없이 변화되어 왔으며, 특히 동유럽에서는 심지어 '사라진 왕국들'이 지니고 있었던 영토에 대한 주장이나 반대 주장이 오가고 있기도 했다. 그리고 불과 지난 20년 사이에 일부 지역에서는 5개의 새로운 국가 '소유권'이 생겨났다(Davies, 2011). 국경과 정체성에 있어 많은 논쟁이 있는 대부분의 다른 대륙들도 이와 같은 경우가 많다고 볼 수 있다. 현재는 보다 작은 규모의 국가(state)가 추세인데, 1950년에 약 50여개로 구분되던 민족들(nations)이 지금은 그 수가 4배로 늘어났다(McGann and Johnstone, 2006).

영국(Britain)은 아마도 잉글랜드 내전(English Civil War, 1642~1651) 이후에 중앙집권적 국가 주도의 권력(central state-led power)—군대—을 출현시킨 오래된 국가들 중의 하나로 볼 수 있다. 영국은 그 후에도 많은 변화들이 있었지만, 잉글랜드 내전은 사설 군대, 남작의 봉토, 씨족을 분리하고 분열을 초래하는 과정의 결정적인 시작이었다. 결국 영국이라는 국가는 원하는 바대로 잉글랜드를 시작으로 영국 내의 다른 민족들에게 그 의지를 강요할 수 있게 되었다. 이와 같이 영국은 후쿠야마(Fukuyama)가 말하는 강제 또는 강압적인 권력으로서의 '국가성의 본질(essence of stateness)'을 내세운다(Fukuyama, 2005). 이는 국가가 주어진 영토 내에서 물리적인 힘을 적법하게 사용함으로 인해 유지된다는 베버(Weber)의 관점(1946)을 뒷받침한다. '강압적인 권력'은 공통 문화(common culture)의 강제를 통한 국가 건설을 포함하여 여러 가지 방식으로 행사될 수 있다. 예를 들면, 이전의 소비에트 연방은 나라를 구성하는 시민들에게 러시아어를 강요했었다. 유사한 경우로 프랑스혁명 시대에는 영토의 13퍼센트 이하가 프랑스어를 사용했었지만(Castells, 2006), 프랑스어 사용이 점차적으로 강요되었으며, 지금은 프랑스어가 프랑스 문화의 가장 근본적인 부분으로 여겨질 정도이다.

그러나 국가(state)는 민족(nation)과 동일하지 않다. 국가는 정치적인 개념인 반면에 민족은 가치, 관습, 행동 양식의 측면에서 공통 정체성을 제공하는 역사와 문화를 공유하는 사람들의 집단이라고 일반적으로 정의된다. 민족은 매우 불완전한 개념이며, 그 차이의 범주라던가 심지어 이해의 공유라는 점에서마저 획일적이다. 이후에 논의하겠지만, 이해의 공유라는 전체적인 개념은 다양성과 세계화에 의해 근본적으로 도전을 받고 있다. 민족은 국가와 일치하기도 하는 '민족국가(nation-state)'일 수도 있다. 이러한 점에서 캐나다와 호주의 '원주민(first nation)'처럼 민족은 근대 국가보다 훨씬 오래되었을지 모른다. 영국은 스스로를 민족이라고 생각하고 있지만, 적어도 잉글랜드, 스코틀랜드, 웨일즈 '민족'은 훨씬 더 오래된 역사와 깊은 친밀성을 가지고 있다. 이처럼 영국은 민족적인 차원에서는 다양한 수준으로 의미와 친밀성을 지니고 있기 때문에 어느 정도의 이해를 공유하고 있을지라도 '민족국가'라고 묘사하기는 어려워 보인다. 이것은 세계의 여러 국가들에서도 나타난다. 이들은 자신의 문화와 정체성을 보호하며 심지어 자신의 국가를 형성하기 위해 애쓰면서 스스로를 '민족'으로 정의해 왔다.

언제나 그런 것은 아니지만 국가들 내부에서 식별 가능한 여러 민족들은 주로 특정한 종족(ethnic)이나 종교적인 특성에 기반하고 있다. 이러한 차이—이들 국가 내에서 다른 민족이나 집단과 긴장의 형태를 주로 형성하는—는 수 세기에 걸쳐 만들어져 왔다. 그러나 이러한 민족적 차이는 세계화로부터 비롯된 최근의 대량 이민과 다양성 시대의 결과로서 나타난 훨씬 광범위해진 다문화, 다종교, 세계시민주의와 함께 현재 공존하고 있다. 이와 같은 현상은 현대 국가 내에서 오랜 기간 다수를 점해온 민족과 소수의 민족 모두에게 특별한 도전이 되고 있다. 다수와 소수는 경쟁을 그

만두고 훨씬 더 다양한 역사와 문화에 기반한 그들의 민족을 다시 만들 것인가? 아니면 새로운 집단을 이미 나누어진 집단 어느 한 곳으로 맞추어 넣을 것인가?

그러나 현실을 보면 오래된 집단의 정체성을 강화하려는 후자의 경우, 즉 기존의 구분된 집단에 새로운 집단을 맞추려 하려는 경향이 더 많아 보인다. 호주의 원주민 집단과 최초의 이주 정착자들, 캐나다의 프랑스어 사용 집단과 영어 사용 집단, 북아일랜드의 개신교와 가톨릭 공동체, 카탈로니아인과 스페인인 '민족들' 간의 기본적인 구분들, 그리고 그 외의 많은 경우에 있어 이중문화적인 위치(bicultural positions)에서 벗어나 다문화적인 개념(multicultural conception)으로 바뀔 조짐은 보이지 않는다. 오히려 이러한 두 개의 구분은 나란히 존재하기를 지속하면서 더욱 중요한 구별의 기준이 되고 있다.

따라서 '민족정체성'은 분명한 국경 내에서 비교적 동질적인 인구 집단으로 구성된 일관적인 민족국가의 경우를 제외하고는 사람들이 우연히 거주하는 국가에 대한 친밀성이나 정서적 애착과 일치하지 않는다. 모든 대륙에 영향을 주고 있는 다양한 이주로 인해 이러한 민족국가도 줄어드는 추세이다. 많은 현대 민주주의 국가들에 있어 이러한 '일관성'은 변화하는 국경과 분열 등으로 인해 상당 기간 동안 환상에 불과했는지도 모른다. 예를 들어 벨기에는 2011년에 가서야 정부의 형태가 갖추어져 운영되었는데, 총선거가 치러진지 18개월 후의 일로, 언어, 종교, 문화의 차이가 정치적인 분열로 강화되고 있었다. 이는 아마도 거의 200년 전에 형성된 것으로 구조화된 분열을 반영하고 있었다. 세계의 많은 나라들은 여전히 민주주의 체제를 이루기 위해 투쟁하고 있으나, 그 입장이 심지어 명확하지 않고 민족에 대한 생각은 단지 부족 집단, 씨족, 지방에 모여 있는 집단에 대한 생각으로 남아 있어서 국가 적법성과 민족 친밀성에 대한 전반적인 의식은 쉽지만은 않아 보인다.

국가들은 정치적이고 사회적으로 지향하는 바를 지원하고 시민권을 국적과 연결시키기 위하여 제도적인 체계를 발전시켜야 할 필요성을 깨닫게 되었다(Cantle, 2008). 이러한 필요는 일반적으로 사람들이 공동체를 경영하고 정치 영역에 참여할 수 있는 보다 적극적인 역할을 장려하는 '시민권'을 만들기 위한 활동의 일환이었다. 가치와 행동을 동질화시키고 있기에 문화 규범의 다양성을 인정하지 않는다고 비난을 받고 있지만, 일상을 떠받치는 제도적 체계, 그리고 가치와 관습을 이해하고 지키고 있는지를 확인하기 위한 신규 이주민의 시민권 취득 시험이 고안되어 확대되고 있다. 어린이들에게는 잉글랜드의 사례와 같이 학교 교육과정의 일부분이 시민성 교육을 포함하고 있는데 공통의 역사적 관점을 제공하면서 시민성 활동의 중심이 되고 있다. 프랑스, 벨기에, 네덜란드에서는 얼굴에 베일을 착용하는 것을 금하고, 스위스에서는 모스크의 첨탑을 금지한 것과 같이 그들이 보기에 사회 규범에 반감을 주는 문화적인 표지나 행동을 금하거나 막고자 했다.

서구 밖에서는 부족과 다른 그룹들의 역할을 대체할 수 있는 제도적인 틀을 만들기 위해 '국가 건설'을 강조하고 있다. 이것은 특히 이라크와 아프가니스탄에서와 같은 분쟁 이후의 갈등 상황과 관련되어 있지만, 후쿠야마(2005)는 '현대 국가가 결코 보편적이지 않다'라는 점을 더욱 큰 문제로 보았다. 후쿠야마는 국가의 논쟁적 역할을 인지하면서 국가들이 '선 또는 악을 위해' 존재한다고 생각한다. 그는 '현대 국제 정치의 중심 프로젝트'를 약화된 국가의 국민 건설이라 보았는데, 이는 민주주의의 적법성 향상과 제도의 강화를 통해 가능하다고 믿는다. 후쿠야마는 정치적 주권 국가 수립과 국민 건설의 차이를 인정하지만, 그는 일반적으로 이들 용어를 유사하게 사용하였으며, 그의 초점은 국가의 제도적 체계—치안유지, 공익사업, 은행, 교육, 법적 시스템, 정치적 체계—에 있었다. 이러한 용어들에서 후쿠야마는 국가들이 보다 넓은 활동 '범위'를 가지려고 하지만, 이를 다루는 국가들의 '수용 능력'은 매우 다를 수 있음을 인정하고 있다.

이러한 다양한 의미에서, 국가는 부족, 씨족, 지역 집단의 기능을 떠맡고, 합리적인 법체계를 제공하며, 보편적인 전국적 행정 시스템과 법률을 갖춘다. 이러한 시스템을 뒷받침하는 규범과 가치는 시간이 지나면서 국민의 가치 시스템으로 내재화되어 받아들여지고 있는 것 또한 사실이다. 그러나 국가는 어느 정도 정서적인 애착에 의해 지지를 받거나 혹은 그렇지 않은 정부 시스템을 만들어 내었고, 또한 점점 세계화되고 다양화되는 사회에 적절하지 않은 친밀성—그리고 장벽—과 같은 새로운 층위도 형성하고 있다. 국가의 측면에서 '우리'가 누구인지를 정의하면서, 다른 사람들을 '그들'로 정의하고 있다. 그러나 이러한 다른 사람들은 비록 단지 일시적으로 머문다 해도 우리 사회의 일부이다.

후쿠야마 같은 논평가들은 부족 집단의 역할을 떠맡고 있는 동시에, 약화되고 분열된 사회에 행정적, 법적, 민주주의적인 일관성을 제공하고 있는 '국가 건설'에 대해 열정적이었다. 그러나 후쿠야마는 이를 거버넌스의 국제적인 형태—그리고 지구적 친밀성—로 가는 과도기적인 단계로 보는 것을 매우 꺼려하였다. 그럼에도 불구하고 후쿠야마(2005)는 특히 자본과 노동의 이동성이 증가하는 결과로 세계 경제가 성장함으로 인해 국가의 주권이 위협받고 있다는 것을 인정하였다. 그는 또한 국가성(stateness)이 '민족국가(nation-state)로부터 특정한 거버넌스의 기능을 담당하기 위해 고안된 여러 다자간 국제기구들'에 의해 잠식되어 왔다는 것을 잘 알고 있었다. 그러나 후쿠야마는 거버넌스의 주요하고 지속적인 형태인 국가의 유지를 두 가지 점에서 지지한다. 국가는 단독으로 법률을 시행할 수 있고, 명확한 형태의 국제기구가 없다면 '선택의 여지없이 국가를 강하고 효율적으로 만드는 주권 민족국가로 돌아갈 수밖에' 없다는 것이다.

후쿠야마는 민족성과 연관된 정체성보다는 제도의 힘에 근거하여 판단하고 있는 듯하다. 이 관점에서 벨기에의 사례를 볼 수 있다. 벨기에는 2010년 총선 이후 정부를 구성하지 못한 채 교착 상태로 18개월을 보냈으나 국가 제도는 지속되었다. 새로운 정부가 나타나기 전과 나타난 후에도 전반적으로 나라에 대한 대중적인 친밀성은 거의 없었고, 강한 분리주의 운동이 일어났으며 공통의 문화도 없었다. 사실 벨기에는 국영 TV 방송국도 없고, 국영 신문도 없으며, 국가적 정치 정당도 없다. 모두가 분리된 정체성에 의해 나누어져 있다. 빌리그(Billig, 1995)는 민족을 '상상의 공동체'라고 강조하면서도 민족국가의 종말에 관해서는 의문을 던지고 있다. 그는 지구촌이 현재 매일 '국기를 펄럭이고' 있으며 '진부한 세계주의가 진부한 민족주의의 조건을 대체하고 있다(p.132)'고 언급한다. 그럼에도 불구하고 그는 민족국가의 주권은 실제로 '세계와 지역 세력'의 압력 아래 붕괴되고 있으며, 한 때 개인의 충성을 통해 우위를 점했던 민족정체성은 초국가적이고 하위국가적인 요구를 포함하여 정체성의 자유 시장 속에서 경쟁해야 한다고 제언한다. 이어 빌리그는 변모되는 정체성에 맞는 초국가적인 국가로 발전하기보다는 오히려 민족정체성이 '보다 오래되고 격렬한 심리학'과 언어, 피부색, 부족, 계급, 씨족, 지방(비록 경우에 따라 국가의 이해관계와 정체성을 지지할 수도 있지만)에 기초한 문화정체성으로의 관점을 지향하고 있다고 설명한다. 이것은 앞서 언급한 '다양성의 역설'과도 같은 맥락이다.

민족주의는 조지 오웰(George Orwell)의 유명한 묘사인 '평화의 가장 나쁜 적'이라는 악명을 가지고 있으며, 확실히 많은 무자비한 행위들이 민족주의자들의 이름으로 저질러져 왔다. 오웰은 민족주의가 다른 민족의 위에 있다는 우월성을 함의하고 있으며, 이 민족주의라는 용어를 투쟁보다는 단순히 자신의 나라에 대한 사랑과 평화를 상징하는 '애국주의'와 대척점에서 사용하고 있다고 보았다. 그러나 빌리그(1995, p.6)는 민족주의의 형태가 구분된다고 지적한다. 예를 들어 '세르비아의 인종 청소자들이 펄럭인 국기'와 '미국의 우체국 밖에서 드러나지 않게 펄럭이고 있는 국기'가 구분 되듯이 말이다. 그는 후자를 매일 시민의 삶 안에서 펄럭이고 있는 고질적인 '진부한 민족주의(banal nationalism)'로 설명하고 있다. 민족주의는 여하튼 간에 민족정체성과 같지 않으며, 강력한 민족을 만드는 것 자체가 정체성의 문제를 야기하지는 않는다. 그렇지만 빌리그는 정치적 수사학이 민족주의의 열정을 통해 다른 민족들을 향한 적대감을 정당화하기 위해 민족정체성을 자주 사용해 왔다고 지적한다. 이러한 일이 국가 내부에서 여러 많은 민족들이 공존하고 있고 타민족 간의 결혼도 다반사가 되고 있는 현재의 다양성이라는 분위기 속에서 계속 통할 수 있을지는 더 두고 봐야 한다.

지금까지의 민족정체성과 민족주의의 힘에도 불구하고, 정체성은 더 이상 장소와 직접적으로 관련되지 않는다. 사람들은 일시적으로나 영구적으로 자신의 출생국을 벗어나서 살아가고 일하는 것이 가능해졌다. 게다가 스스로를 동성애자 또는 이성애자, 흑인 또는 백인, 힌두교인 또는 기독교인, 하이픈이 붙은 어떤 결합, 더 나아가 국가, 하위국가 또는 초국가적인 관심사에 따라 다양한 차원의 구성원으로 스스로를 인지하게 되었다는 것은 그렇게 놀라운 일이 아니다. 스톤과 뮤어(Stone and Muir, 2007)

가 확인했듯이, 적어도 영국에서는 일반적으로 사람들은 더욱 부유해졌고, 높은 수준의 공교육에 접근할 수 있으며, 그들의 집단정체성은 특히 사회 계층, 정당, 민족정체성과 관련하여 약화되었다.

정체성 정치(identity politics)는 장소에 대한 언급이 없이, 혹은 있다 하더라도 제한적이거나 부차적인 고려 사항일 때 경계를 가로지르며 발전할 수 있다. 여기에는 민족정체성에 도전하는 회의주의가 있지만, 이러한 정체성의 새로운 형태는 매우 빠르게 발전하고 있으며, 변화의 속도는 현존하는 모든 국경을 가로질러 접촉의 새로운 형태와 새로운 차원을 제공하는 글로벌 통신—특히 소셜 미디어의 성장—의 도래와 함께 가속화되고 있다. 시민들에게 국가의 지위에 대한 성공적인 표식을 심어주고 감정적인 애착을 만들어내기까지는 상당한 시간이 걸렸을 것이다. 따라서 이러한 애착이 깨어지고 충성심이 보다 국제적이고 세계적이 되기 위해서는 더 많은 시간이 걸리겠지만, 기회는 지금이며 접근하기에도 좋은 상황이다. 게다가 국가의 축소는 지금까지 세계화의 경험으로 이루어진 것인 반면, 상호문화적인 관점에 대한 적극적인 독려는 보다 빠른 변화를 제공할 수 있어 보인다. 실제로 이 과정은 예상보다 더욱 발전할 수도 있다. 국가의 효율성은 사람들이 그들의 정체성이 다른 영향들과 비교했을 때 국가로부터 더 많은 영향을 받았다고 느끼는 친밀성에 의해 좌우된다. 앞의 표 2-1의 지표에서 보여 지듯이 영국과 같은 분리된 민족들의 연합으로 정착된 국가에서는 비교적 적은 사람들만이 '국적'을 그들에게 있어 가장 중요한 정체성의 형태라고 말하고 있었다. 노리스(Norris, 2011)는 「세계가치관조사(World Values Survey)」 표본에서 38퍼센트만이 민족국가를 첫 번째로 인정하였고 놀랍게도 13퍼센트가 우선적으로 스스로를 '세계의 시민'으로 생각한다는 것을 발견하였다.

더욱 심각한 결과들이 변화하고 있는 미래에 일어날 수 있다. 새로운 규모의 세계 문제에 대응하기 위해서는 국가들의 상호의존성과 인류의 공통성을 인정하는 세계적인 거버넌스라는 새로운 체계의 발전이 요구된다. 파이낸셜 타임즈(Financial Times)의 편집자이자 경제비평가인 마틴 울프(Martin Wolf)는 이에 대해 다음과 같이 말한다.

> 최근까지도 그저 세계 인구의 극소수만이 세계화 과정에서의 경제적 풍요로움을 누리고 있다. 지금까지 10억 명의 가난한 사람들은 선진국의 표준적 삶을 열망했을 뿐만 아니라 그들의 일생 동안 이것을 성취하기를 고대하고 있다. 그러나 이와 같은 도약은 현재의 경향으로 봐서, 막대한 지구의 자원을 요구하고 세계 환경의 심각한 위협을 야기할 것이다. 이러한 인간의 열망과 자연의 한계 사이의 갈등을 기술적으로, 경제적으로, 사회적으로 그리고 정치적으로 다루는 일이 가능한 것일까? 하나의 방법은 자연의 한계를 존중하며 경제적인 동력과 결합할 방법을 찾아야 한다는 것이다. 다시 말해 경제뿐만이 아니라 거버넌스의 모든 차원에서 깊이 있는 변화가 요구되고 있다. 이러한 모든 문제들 중에 기후 변화는 가장 해결하기가 어렵다. 기후 변화는 모든 인류 역사의 집단행동 문제에 있어 가장 어려운 부분이나. 이것은 본실석으로 전 지구적이고, 매우 오랜 시간이 걸리며, 기술이 요구되는 여러 심층적인 문제들로 가득하다.
>
> (Wolf, 2011)

과거에는 정체성이 부족이나 지역적인 친밀성과 강하게 연결되어 있었다. 이후 정체성은 공통의 정치과 법체계를 토대로 하여 통합의 힘을 지닌 현대의 민족과 국가의 발전으로 변화되어 왔다. 그러나 민족정체성과 민족주의는 민족적 구분에 기반 하여 갈등을 일으키고 있다. 국가의 역할과 영향력이 약화됨에 따라 인류를 위한 중심 과제는 '부족'이라는 '낡은 우리'를 (최소한 어느 정도는) 대체한 '민족'으로서의 '새로운 우리'가 국제적이고 세계적인 공동체의 미래를 위한 '우리'가 될 수 있도록 어떻게 보장해 나가는가, 그것이다('새로운 우리'를 위한 선언문을 발표한 타리크 라마단(Tariq Ramadan)[3]에게 감사함을 전한다).

3장

정체성 개념의 개혁

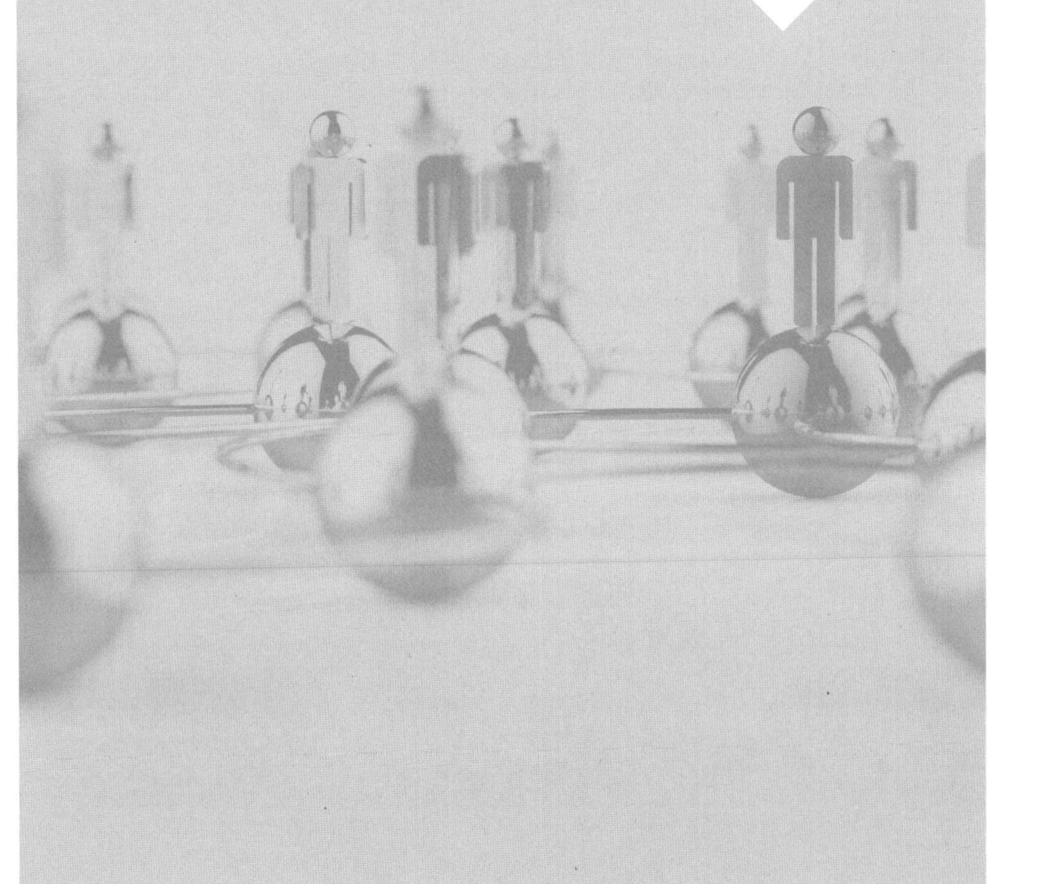

대부분의 학문적인 논쟁들은 국가 내에서 서로 다른 정체성이 충돌하거나 수용되는 방식과 특히 소수 공동체와 다수 공동체 간의 관계를 중심으로 다루어져 왔다. 그런데 세계화와 초다양성이라는 현실을 감안할 때 위의 논쟁들은 다소 시대에 뒤떨어지거나 간혹 무관해 보이기까지 한다. 이러한 논쟁들은 세계 대전 이후 이주라는 맥락에서 나왔기 때문에 거의 전적으로 '인종'에 초점이 맞추어져 있었다. 대륙들 내에서 국경의 모습은 끊임없이 변화해 왔음에도 '인종'과 국가 간 보이는 일치점은 분명해 보였는데, 이것이 다문화주의의 등장 초기부터 조금씩 깨지기 시작했다. 우생학(優生學) 운동의 잔재를 제거해 버린 과학적 증거 앞에서 '인종'이라는 개념 자체가 설 자리를 잃게 된 후 민족과 신앙이 그 자리를 대체하였다. 그리고 이 같은 사회적, 정치적 구성물은 개인정체성과 집단정체성의 다른 많은 양상들을 인지하지 못한 가운데 본래적 차이의 형태로 개념화되어 버렸다. 심지어 '인종' 역시도 이러한 형태로 다문화주의의 개념화를 계속 지배하면서 과거에 뿌리를 둔 채로 남아있다.

일반적으로 정체성은 유동적이고 선택적이기보다는 고정되고 주어진 것으로 논의되어 왔다. 그런데 이러한 논의는 근본적으로 개인과 집단의 미래지향적인 발전에 대한 것이라기보다는 과거의 유산에 대한 것이다. 이것이 내부의 가시적인 차이를 최소화하는 강력한 민족정체성이라는 이전의 맥락에서라면, 혹은 국가들 간의 전쟁 상태 내지는 민감한 민족정체성이 부각된 시대였다면 이해할 만하다. 또한 국민의 기준을 국경으로 제한하거나 국경 내의 부족, 지방, 지역 공동체로 제한할 경우, 사람들은 사회화 과정을 받아들이고 긍정하는 것 외에는 실질적인 다른 선택의 여지가 거의 없었을 것이다.

모든 사람들이 자신들처럼 보고 말하면서 하나의 신을 동일하게 믿는 작은 공동체에서 살고 있는 사람들은 그들 공동체가 전승하거나 교육 체계를 통해 가르치는 단 하나의 역사 형태는 물론 제한된 식습관, 문화, 사상이 있을 것이다. 반면 여러 민족 문화와 종교적 영향을 받고 있는 세계화된 도시에 살고 있는 사람들은 많은 나라를 여행할 수 있고 인터넷을 통해 세계적인 정보 시스템에 연결될 수 있다. 정체성의 선택이라는 측면에서 이 두 그룹 사이에는 커다란 차이가 존재한다. 후자가 전자보다 실질적 선택을 행사할 수 있는 가능성이 보다 높으며, 정체성에 대한 생각을 개혁하고 변화시킬 가능성도 더욱 많게 된다.

정체성에 대해 변화하는 국가적 맥락

초다양성 시대에는 경계로 구분된 '정체성 구획(blocks)'의 관점으로 소수와 다수 또는 특정 소수민족 간 정체성을 구분해 조정하기가 쉽지 않다. 50여 년 전 대부분의 유럽 국가들은 '인종'을 이전 식민지에서 온 소수의 구별된 이주민 집단으로 생각할 수 있었으나, 더 이상은 가능하지 않게 되었다. 최근에는 이주 영향에 힘입어 외국 출생 거주민이 100만 명 이상인 도시가 20개에 이르고 있다. 이들을 모두 합하면 이러한 대도시에 전 세계 외국 출생 인구의 19퍼센트에 해당하는 3,700만 명의 외국 출생 거주민이 있다는 것을 의미한다. 세계의 몇 안 되는 지역들이 전 세계 이주민 5명 중 1명의 목적지가 되고 있다. 십만 명 혹은 그 이상 외국 출생 거주민이 있는 도시는 현재 59개에 이른다. 여기에는 50만 명에서 100만 명 사이의 외국 출생 거주민이 있는 미국의 애틀랜타와 보스턴, 아르헨티나의 부에노스아이레스, 캐나다의 몬트리올, 미국의 피닉스, 리버사이드, 샌디에고, 산호세, 러시아의 상트페테르부르크, 이스라엘의 텔아비브, 캐나다의 밴쿠버와 같은 11개 도시가 포함되어 있다(Clark, 2008, p.27). 다른 많은 국가들에서도 이와 비슷한 높은 비율의 유입 이주와 국경을 가로지르는 이동이 계속되고 있다.

영국의 경우, 공식적인 측면에서 민족 분류법은 이러한 변화에도 불구하고 거의 동일한 방식을 유지하고 있다. 인구 조사와 기타 공식적인 기록 체계는 카리브해 흑인, 아프리카 흑인, 파키스탄인, 방글라데시인, 중국인, 아일랜드인을 표시하는 몇 개의 선택 상자(tick boxes) 표시 방식을 지속하고 있으며, 위 그룹들을 일부 조합하거나 백인의 범주를 더한 적은 수의 혼합 범주들을 첨가해 놓고 있다. 여전히 민족성에 대한 인식은 집단 내의 소수에 근거하고 있으며, 거기에 상대적으로 '혼합된' 요소들이 덧붙여지고 있을 뿐이다. 이러한 방식에서 이루어지는 '조정'은 단지 양자 또는 다자에 기초한 협상일 수밖에 없으며, 혼합 집단들은 이와 같은 정체성 정치에서는 대부분 제외될 수밖에 없다. 그러나 현실에서는 민족, 국가, 종교, 문화 집단들의 수와 이들을 조합할 수 있는 수가 수백 개에 달하고 있으며, 단순화된 범주화에 대한 저항들이 일어나기 시작하면서 '당신은 나를 상자 속에 가둘 수 없다'(Fanshawe and Sriskandarajah, 2010)라는 대응도 나타나고 있다.

초다양성 시대에는 민족국가뿐만이 아니라 공동체와 개인들도 그들의 정체성을 보다 섬세하고 다각적인 각도와 방식으로 사유할 수 있어야 한다. 다문화 정책들은 구시대적 다양성 개념을 바탕으로 문화 차이에 대한 고정된 개념을 강화하는 경향이 있었고, 이는 결국 정체성 개념의 발전을 저해해 왔다. 일원적 단일문화주의(singular monoculturalism) 정체성에서 조금 진보된 '다원적 단일문화주의(plural monoculturalism)'(Sen, 2006)를 장려함으로써 정체성을 강화하고 동질화하고자 하였다. 상호문화주의는 끊임없이 변화하는 다양성의 양상과 혼종정체성에 대처할 수 있는 더욱 역동적인 모델을 제시하고자 한다.

민족국가는 국가의 문화 정체성과 정치 정체성의 허술함을 만회하기 위해서 민족의식과 충성심을 강화하고자 하였다. 앞서 설명한 것처럼 이러한 의식의 강화는 주로 역사, 문학, 언어를 통해 통일적인 개념을 다루는 특별하게 고안되거나 개정된 교육 프로그램을 비롯해, 시민성 프로그램, 시험, 충성에 대한 맹세의 형태를 취해왔다. 하지만 세계화와 다양성으로 인해 실제 '민족정체성'을 구성하는 것이 무엇인지에 대한 실질적인 합의조차 약화된 상황에서 이러한 노력들은 무용해지고 있다. 계속해서 소수 문화는 소외되고 특정 정체성이 강화되는 경향으로 흘러갔으며, 전반적으로 동질화와 배타성이 강조되었다. 게다가 특정 종교, 신앙에 기반한 학교, 특정 민족 집단을 위한 기금, 심지어 반테러리즘 프로그램을 개발하는 것과 같은 정체성에 기반한 정책들의 지원을 통해 국가는 실제로 특정 정체성과 문화를 도구화하고 있는 다수의 기관들을 지원하고 있다. 그리고 이 상황이 영국의 총리 데이비드 캐머런(Cameron, 2011)으로 하여금 의도치 않게 '국가 다문화주의(state multiculturalism)'(4장 참조)를 다시금 정의하게 만들었다.

어쨌든 '문화'라는 개념은 언제나 정의하기가 어렵고, 어느 국가에서나 실제로 존재하는 '공통 문화'의 범위는 여전히 모호하다. 오늘날 '문화'는 '인종', 민족, 종교와 연관되어 있다. 이는 인종, 민족, 종교가 다문화사회에서 당대의 논쟁거리가 되고 있기 때문이다. 그러나 이전 시대에서는 '문화'가 사회 계층과 더 밀접하게 연관되었었다. 암묵적으로 '고급문화'는 좋은 취향과 세련됨을 보여준다는 의미에서 가치 있는 것이었고, '저급'으로 정의되는 다른 문화는 가난한 사람들과 관련되었다. 2차 세계대전 이후에 문화적 구분은 민족과 신앙보다는 '인종'과 훨씬 더 밀접하게 연결되었다. 언어, 억양, 복장 규정 등과 같이 이전에 사회적 구분을 했던 많은 표지들은 적어도 현대의 영국에서는 거의 모두가 사라졌다. 예를 들어, BBC의 표준말은 지역의 방언으로 보완되거나 대체되었고, 복장 측면에서 광범위한 하이스트리트 패션(high street fashion 역자 주: 트랜디한 전형적인 시내 중심가 쇼핑 거리의 패션)—주로 세계적인 브랜드와 의상의 캐주얼화에 기초하여 생겨난—의 형성은 많은 시각적인 문화코드를 바꿔놓았다. 게다가 '더 나은' 계층에 대한 존경의 종식은 오랜 계급기반의 사회 계급제도로부터 벗어나도록 만들었으며, 이들에 대한 존경은 예를 들어 유명 인사의 지위와 같은 것으로 대체되었다. 록우드(Lockwood, 1966)가 지적하였듯이 일정 부분 사회 변화와 특히 정보를 민주화시키고 모든 권력의 보루에 대한 도전이 가능하게 된 대중매체의 영향으로 인해 '경의를 받던 특정 사람들'의 시대는 지나갔다. 잉글하트(Inglehart, 2008)는 국제적인 차원에서의 '자기표현 가치'의 향상이 모든 형태의 외부적 권위에 대한 존경의 변화를 가져오고 있다고 보았다.

나아가 중산 계층이 대거 증가한 반면 노동 계층은 급격히 줄어들었다. '계층(class)'에 대한 정의처럼, '중산 계층'을 정의하는 방식도 여러 가지가 있다. 다이애나 페렐(Diana Farrell)은 '중산 계층'이 발생하는 지점을 대략 기본적인 음식과 주거비용을 사용한 후에 자기 수입의 3분의 1이 여유롭게 소비될 수 있는 비용으로 남는 사람들이라고 제시하였다. 이러한 사람들은 휴가를 갈 수 있고, 핸드폰, 냉장고뿐 아니라 심지어 자동차와 같은 소비재도 살 수 있다. 이들은 또한 건강관리를 증진시키거나 자녀를 위한 교육 계획도 세울 수 있다. 이 맥락에 근거한다면, 역사상 처음으로 세계 인구의 절반 이상이 중산 계층인 셈인데, 이는 주로 신흥국가들의 급격한 성장 때문이다(Farrell, 2009). 그러나 이러한 수치가 서구에서는 훨씬 높게 나타나고 있다. 미국, 독일, 영국, 캐나다에서는 약 80퍼센트, 즉 인구의 대다수가 중산계층인 셈이다. 중산 계층 성장률의 증가 추세를 보면 현재 중국이 전 세계에서 가장 많은 부르주아 가구 수를 보유하고 있다(Adler, 2008). 모든 나라에서 중산 계층의 인구수는 급속한 속도로 지속적인 성장을 할 것으로 보인다. 특히 인도, 중국과 같은 신흥 경제국에서는 향후 20년 동안 30억 명의 중산 계층 소비자가 나타날 것으로 추정된다(Kharas, 2010).

중산 계층의 성장은 하루에 미화 1달러 미만으로 살아가는 사람들의 비율이 높게 나타나고 있는 현실과는 대조된다. 물론 많은 중산 계층의 가정들은 과도한 부채를 안고 있거나 실업에 빠지는 등 재정적 위기를 겪을 수도 있기에 이들이 재정적으로 안전하다고 말할 수만은 없다. 그러나 세계 곳곳에서의 중산 계층 성장은 국가 내에서와 국가들 간에 사람들이 자신과 다른 사람들을 보는 방식을 근본적으로 바꾸어 갈 것이다. 중산 계층의 사람들은 여행에서 자유롭게 소비하고, 통신 특히 인터넷에 투자하고, 더욱 폭넓게 지식을 쌓아가며 그들의 교육적 수준을 높여갈 수 있다. 그리고 이러한 과정을 통해 다른 사람들에 대해서도 계속해서 학습한다. 앞서 제언하였듯이, 보다 부유하고 더 나은 교육을 받은 사람들의 집단정체성은 약화되어 갈 것이다(Stone and Muir, 2007).

세계의 인구가 급속하게 중산 계층화가 되고 있다는 사실은 분명히 축하할 일이다. 수억 명의 사람들이 처음으로 빈곤에서 벗어난 개발도상국의 성장은 특히 그렇다. 예를 들어 300만 명의 중국인들이 15년 전만 해도 전혀 즐기지 못했던 스키를 지금은 자유롭게 향유할 수 있게 된 것만 봐도, 서구에서 오랫동안 가능했던 기회들을 이제 개발도상국의 사람들도 누리게 되었다는 것은 의심의 여지가 없다. 그러나 개인의 성취를 위한 보다 큰 기회들과 가혹한 빈곤에서 벗어난 안도감과 함께 동반되고 있는 심오한 변화 중 하나는 사람들이 현재 새로운 방식으로 서로 연결되기 시작했고 전례 없는 수준으로 국경과 문화 장벽을 넘고 있다는 것이다. 이것은 다양한 나라에서 온 중산 계층의 사람들이 과거에는 거의 불가능했던 방식으로 친밀성을 공유하기 시작하고 있다는 현실을 통해 알 수 있다. 물론 이러한 일들이 그저 함께 나이키, 소니, 버버리 제품들을 구매한다거나, 함께 바르셀로나 또는 맨체스터 유나이티드 축구팀을 응원한다거나, 단순히 파리 혹은 방콕에서 만나는 것 정도일 수도 있지만, 보다 향상된 상호문화적인 이해와 관계는 이 같은 새로운 상호연결성의 필연적 결과이다.

여기에 정체성이 사회 계층을 기반으로 새롭게 구축되고 있다는 증거가 있다. 이제 정체성은 정치 지도자들과 공동체 지도자들에 의해 국가 차원에서 옹호되었던 '수직적인' 형태에서 공동체들과 국가들 사이의 연결을 더욱 강조하는 보다 더 '수평적인' 형태로 전환 중에 있다. 맨수리(Mansouri, 2009)는 호주와 다른 나라들의 연구를 바탕으로 하여 호주에 사는 이주 청년들은 동시대 세계의 많은 이주 청년들과 감정, 생각, 경험 등을 공유하며, 또한 새로운 미디어와 다문화적인 환경에 친숙하게 자라나는 청년들과 일상적으로 감정, 생각, 경험 등을 공유하고 있다는 점을 지적한다. 맨수리는 터키와 호주 원주민, 태평양열도 주민들을 포함하여 다양한 민족성을 지닌 청년들이 이제는 그들의 특정 민족성보다는 청년들끼리의 연결에 치중한다고 제언하였다. 영국의 한 설문조사는 청년들의 93퍼센트가 세계의 다른 지역에 있는 사람들의 삶에 영향을 주는 현안들에 대해 배우는 것을 중요하게 생각하고 있으며, 영국 청년들도 이 경향으로 나아가는 듯하다고 지적하였다(Ipsos-MORI/Geographical Association Survey, 2009). 특히 '페이스북 세대'에서 소셜 미디어의 잠재력이 아직 평가되지는 않았지만, 중동의 극적인 사건들이나 2011년의 '아랍의 봄'은 사람들이 갈수록 국경을 넘고 싶어 하며, 국경을 가로질러 연결될 수 있다는 점을 시사한다. 그리고 페이스북의 사용자 수는 상업적 출처들에 의해 일부 추측들이 공개되어지긴 하였지만, 알려진 바에 의하면 10억 명에 육박한다고 하며, 다른 소셜 네트워트 사이트들 역시 성장 중에 있다. 그래서 가족과 지역적 범위를 넘어선 새로운 친밀성들에 대한 잠재적 가능성은 계속해서 매우 중요해질 것이다.

맥기(McGhee, 2005)는 세계시민 정체성들의 등장을 주목하며 신노동당 정책을 비판했다. 맥기가 반대하고 있는 이들의 '주의(doctrine)'에 따르다 보면 '정체성과 문화와 전통이 보호주의자(preservationist)와 연관된 공공연한(광적인) 충성이나 과거를 지향하는 경향과 연결 지어져 편견, 적대감, 양극화, 불신, 혐오를 촉진시킬 여지가 있다고 보는 것이다. 맥기는 정서적으로 '뜨거운(hot)' 형태의 정체성이 유감스럽게도 '차가운(cool)' 충성으로 대체되고 있다고 보고 있는데, 이는 '유동적(flexible)이고 얕은(thin) 연대성으로 특징지어지는 보다 차분한(calmer) 세계시민적 사고'로의 대체이다(p.172). 맥기는 세계시민적 사고가 단순히 소수만의 문제가 아니라 모든 이들의 변화가 요구되는 사항이라 보았고(p.167), 의구심 가득한 시선으로 정치적 영역 특유의 접근법에서 그 문제를 찾으려 하였다.

맥기(McGhee, 2005)는 신노동당 정부의 의제를 자유를 제한한다는 점에서 우려한다. 그러나 그는 국제적, 지구적 경향들의 영향에는 거의 혹은 전혀 주의를 기울이지 않은 채, 국가 내의 소수 집단과 다수 집단 간의 관계에만 초점을 맞추고 있다. 맥기와 같은 접근법은 여러 다른 상황들에서도 보여 지고 있다. 예로 프랑스어를 사용하는 퀘벡 주와 더 넓은 캐나다와의 관계를 보면 그렇다. 부샤르(Bouchard, 2011)는 다수 문화의 '합법적인' 이권과 소수자와 이주민들의 압박 앞에서 다수의 문화를 영속시키고 유지하려는 욕구를 우려하였다. 버넷(Burnett, 2004)은 이 논쟁에서 맥기와 정치적으로 같은 입장을 취하고 있고 정체성 개념 개혁의 기저에 동화주의적인 경향이 있음을 발견한다. 그럼에도 그는 민족국가 내에서 다수/소수라는 이원적 지위의 역사적 경계를 넘으려 하지 않는다. 물론 이러한 경계들은 여전히 중요하지만, 특히 초다양성의 시대에서 성장하고 있는 젊은 세대들에게는 더 이상 정체성을 형성하는 유일한 요인이 아니다(Ali, 2003).

맥기(McGhee, 2005)는 정체성이 획일적이지 않고 층위가 있으며, 역동적이고, 맥락화 되어 있다는 가능성을 무시하고 있는 것 같다. 그에게 정체성은 동화의 지점으로 통합하거나 아니면 보호 가능한 분리된 영역들을 다양화하거나 둘 중의 하나이다. 그리고 이러한 단순화한 선택에 직면하여, 그는 후자의 입장을 선택한다. 그러나 정체성은 맥기가 제안하듯이 단순히 '뜨겁다'거나 '차갑다'라고 할 수 없을뿐더러 전적으로 '인종'과 관련되어 있지도 않다. 정체성은 여러 구성요소들로 이루어져 있는데, 전반적인 개념에서 이러한 구성요소들의 특징 중 일부가 보다 강하게 나타났으며, 다양한 시기와 다양한 맥락에 따라 다양한 강도(強度)로 나타난다. 이러한 '층위'는 이전 저서에서 상세하게 논하였으며(Cantle, 2008), 고용, 언어,

문화, 신앙, 민족, 국적, 장소와 관련하여 사람들이 자신을 정의하는 방식을 포함하고 있다. 또한 국내 및 국제 미디어, 디아스포라의 영향, 다른 집단 간의 결혼, 여행의 결과로 완전히 새로운 요소들이 부상하고 있다는 점도 명백하다. 시간이 지남에 따라 변화하는 사회 내의 역동적이고 끊임없는 유동성은 놀랄만한 일이 아니다. 예를 들어, 영국에서 '아일랜드인'은 여전히 민족 집단을 일컫지만, 적어도 더 이상 '폴란드인'이나 '루마니아인'과 같은 여러 다른 민족 집단들보다 어떠한 실질적인 정당성도 갖지 못한다.

이것이 바로 많은 서구 국가들에서 정체성을 개념화할 때 발생하게 되는 고질적인 문제이다. 역사적 입장이 완전히 바뀌었거나 이동하였음에도 불구하고 이전의 정체성 개념은 여전히 남아 있다. 정체성이란 고립되어 존재하지 않고 '인종', 민족성, 문화와 같이 사회적, 정치적으로 구성된다는 홀(Hall, 1992)의 관점을 대부분의 학자들이 매우 열렬히 지지하고 있는 것처럼 보이지만 아이러니하게도 이들은 여전히 정체성에 대한 고정적인 관점을 옹호하고 있다. 실제로 '흑인', '백인', '무슬림'에 대한 개념이나 '문화'를 설명하기 위한 다른 일반적인 용어들은 동질화되고 있다. 과거에는 국가 역시 압도적인 '동일성'으로 자신을 정의하였으며, 국가 자체를 '인종'으로까지 보았다. 여기서 인종은 나와 다른 집단 간 문화의 세세한 차이들을 덮어버리는 포괄적 기술(記述)이었다. 국가가 보다 다양한 개념을 반영하기 위해 인종 개념을 허물고자 했을 때조차, 이는 더 고정되고 동질화되었다. 예를 들어, 모두드(Modood, 1988)는 '흑인'의 정치문화와 분리되는 구별된 '아시아인' 정체성을 개념화하려고 시도하였지만, 그 범주 내에서 다시 문화다양성을 억누르는 '새롭게 구체화된 범주'를 만들게 되었다(Solomons and Back 1996, p.135).

'혼합 인종' – 인종 구성의 전승

'혼합 인종(mixed race)'으로 사람을 분류하는 것은 인종(그리고 민족, 신앙, 문화, 국적)이 개념화되어 논의되었던 부적절한 방식을 가장 잘 보여주고 있다. 이것은 오늘날의 다양성을 반영하기 위한 근거라기보다는 인종차별적이었던 과거의 불행한 유산이다. 다른 집단 간의 결혼은 서로 다른 민족 간의 성적인 관계라는 의미로 인해 최근까지도 법적으로나 사회적으로 무겁게 경계 지어진 금기로써, 이런 상황에서 혼합 인종의 개념을 논의한다는 것 자체가 불가능했다. 다른 인종과의 결혼은 1960년대까지 미국을 포함한 여러 나라에서 실제로 법에 위배되었다. 혼합 인종은 항상 표준의 범주에 부합하지 않는 사람들에 대한 '나머지' 형태의 정체성이었으며, 이는 인종적 순수성에 대한 과거 인종 역사에 뿌리를 두고 있다.

> 피부색과 같은 가시적인 차이가 드러나는 곳에서 발생하는 문화 간 결합에 대해 사람들이 갖는 (특별히 배타적이지는 않더라도) 역사적이고 동시대적인 신경증은 순수혈통의 통일과 인종적 순수성 같은 불가능한 가정들(assumptions)에 따른 필연적 귀결이다.
>
> (Coombes and Brah, 2000, p.4)

그러나 전 세계의 정부들은 일반적으로 단일한 정체성을 갖고 있는 집단에게 자금을 지원함으로써 사회적 지위의 특별한 형태를 조성하였다. 또한 협의와 협상을 담당하고 있는 집단에 이러한 인식과 특권을 부여하고 '순수성 선호'에 대한 관념을 일반적으로 지지하고 있는 시민 사회 단체, 종교 지도자, 지역 사회 단체들을 주로 지원하였다. 혼합 인종 집단을 위해서는 이 같은 인정이나 지원이 제공되지 않았다. 그럼에도 불구하고, 영국에서 가장 빠르게 성장하고 있는 소수 집단은 혼합 인종이다. 국적, 민족, 신앙, 문화의 관습들을 아우르고 있는 이 집단 내에서는 어떤 동질성에 대한 과시도 있지 않으며, 있을 수도 없다. 그러나 우리는 여전히 '흑인', '아시아인' 또는 '무슬림' 같은 용어들 내에서 이러한 동질화가 가능하다고 믿는다. 혼합 인종 범주의 기록은 특정 '순수' 태생으로 고려되지 않는 사람들의 숫자를 알려줄 뿐이다.

'혼합 인종'이라는 용어가 논쟁이 되었다는 것 또한 그리 놀랍지는 않다. 이 용어는 어떤 사람들에게는 경멸적인 어조를 지닌 불순한 인종이라는 표현이었으며, 다른 한편으로는 혼합 인종인 사람들의 정체성이 혼란스럽고 뒤섞여 있다는 표현이었다. 그러나 '혼혈(half-breed)', 뮬라토(mulatto 역자 주: 흑인과 백인 사이의 혼혈아) 또는 '혼혈아(half-caste 역자 주: 백인과 인디언의 혼혈아)' 같은 모욕적인 용어들보다는 그래도 '혼합 인종(mixed race)'이 보다 중립적인 용어로 보인다. '이중' 또는 '다중적인 전승'과 같은 대안적인 용어가 현재 일부 지역에서 선호되고 있기는 하지만, 어쨌든 순수 출신과 그렇지 않은 출신 '사이에 있는 정체성'과 관련된 인지는 여전히 부족하다.

더욱이 대부분의 서구 국가에서 혼합 인종 사람들은 '순수한' 백인 혈통이 아니므로 흑인이어야 한다는 인종차별적인 가정에 기반하여 일반적으로 '흑인'으로 분류되었다. 이것은 백인 어머니와 흑인 아버지 사이에서 태어났지만 언론과 미디어에서 습관적으로 '흑인'으로 묘사되는 오바마 대통령을 보면 쉽게 알 수 있다.

사회적 금기와 법적 규제를 통해 오랫동안 인종 간의 성적 관계를 억제하고 제도적으로 '순수한' 출신을 선호하였음에도 불구하고, 혼합 인종의 수는 빠른 속도로 증가하고 있으며 사회적인 우려를 불식시키고 있다. 이들은 적어도 분명하게 피부색과 사회적으로 구성된 다른 차이들을 넘어선 사회를 기꺼이 보고자하며, 또 볼 수 있게 하고 있다. 사람들의 상호문화적 결합에 대한 선택이 증가하고 있으며 이러한 현상을 무시할 수 없게 되었다.

영국에서는 1991년의 인구 조사 이전까지 혼합 인종 사람들이 식별되지도 집계되지도 않았다. 변화하는 환경에 대한 전체 규모의 인지는 불과 최근에서야 나타나기 시작하였다. 잉글랜드와 웨일즈는 2001년에 거의 70만 명의 혼합 인종 사람들이 있었는데, 8년만인 2009년 이후에는 거의 1백만 명으로 증가하였다(ONS, 2001). 이는 대단한 성장률이라 할 수 있다. 이 범주는 모든 소수 집단들 중에서 가장 빠르게 성장하고 있으며, 이 가운데 아동의 약 9퍼센트가 현재 혼합되었거나 또는 다중의 유산을 가진 가정에서 살고 있다(Platt, 2009). 그러나 혼합 인종의 범주화는 여전히 과소평가되고 있는 듯하다. 우선, 이 사람들은 자기정체성을 지니도록 격려 받고 있지 못하며, 영국의 인구 조사 분류에서는 '혼합 유형'에 관하여 단지 '백인과 카리브해 흑인', '백인과 아프리카 흑인', '백인과 아시아인' 그리고 '그 외의 혼합 유형'이라는 네 개의 집단만을 제안하고 있다. 다중적인 전승을 포함하여 얼마든지 다른 조합으로도 명기할 수 있기는 하지만, 단지 위의 특정 집단만을 제시하고 있으며, 여기에 신앙과 국적, 다른 많은 민족들과 같은 다양한 요소들에 관한 '혼합성'의 개념은 제시되고 있지 않다.

흥미롭게도 상호문화적인 이해를 발전시키고 집단들 간의 긴장을 줄이기 위한 수단으로 혼합 인종의 성장을 장려하고자 하는 시도는 거의 없다. 쿰베스와 브라(Coombes and Brah, 2000)는 문화적 혼합과 사회적 혼합과 관련해 많은 논쟁의 근간이 되고 있는 인종적 순수성을 보존하고자 하는 생각을 지니고 있다. 이들은 '동화주의자'로서의 인종적 혼합을 장려하는 과거의 시도들을 일축하려는 경향을 보인다. 물론 이러한 시도들은 주로 식민지적 상황 하에서 유리한 위치를 차지하기 위한 것이었지만 말이다.

실제로 '혼합된 성분들에 의해 커피색이 된 사람들'이라는 〈용광로(Melting Pot)〉라는 팝송[1]의 가사를 인용하자면, 백인, 흑인, 다른 민족들이 혼합된 일종의 미분화된 집단이 만들어지는 것을 두려워하고 있다. 누군가는 현재의 구분들을 넘어서는 공통적 인간성을 보고자 하지 않는 것이 그렇게 나쁜 바람인가라고 생각할 수도 있다. 그러나 이러한 생각들이 우리를 단순한 선택의 상황으로 이끌 수도 있다. 모든 성분이 섞이고 함께 용해되어 각자의 특수성을 잃게 되는 '수프'같은 요리로 표현되는 '동화(assimilation)' 혹은 구성물들이 같은 접시에 있지만 각각의 고유성을 유지하는 '샐러드 볼'이나 '볶음 요리'로 불리는 '다양성 모형' 사이의 선택과도 같은 상황이 그것이다. 이것은 '층위의 분리'가 없고(Cantle, 2008), 문화를 역동적이고 맥락적인 것이 아닌 고정된 관점으로 보면서 다시금 단순한 양자택일을 강제한다.

알리(Ali)가 '현실 세계'의 어린이를 대상으로 한 연구(2003)를 보면 어린이들은 '혼합 인종'의 의미에 대해 매우 잘 대처하고 있으며, '혼합 인종'을 특정한 상자 속에 넣는 것을 꺼려하고 있음을 알게 되었다. 어린이들은 정체성을 맥락적으로 인식하고 있었다. 많은 어린이들에게 '인종'은 언제나 그들 삶의 가장 두드러진 특징이 아니었다(p.170). 그렇지만 어린이들이 그들의 선생님으로부터 배운 것은 상당히 제한적이고 이상(理想)적이었다. 이를테면 "단일문화와 민족의 지위라는 고정되고 국한된 개념"이라든가, 문화가 의도치 않게 의미해왔던 위계적인 개념 아래에서의 "다른 문화에 대한 관용"같은 것들이었다(p.168).

긍정적으로 의도된 반인종차별주의 교육이 역설적으로 인종과 정체성에 대한 고정된 관념을 강화하게 된 것이다. 알리(Ali, 2003)는 그녀가 '혼종성(hybridity)'이라고 칭하고 있는 '다중성(multiplicity)에 대한 인정을 포함시킨 반인종차별주의 교육이 시급히 요구된다'(p.178)고 제안하였다.

> 문화 형성이 갖는 복잡성 때문에 교육 영역에는 독서와 활동을 통한 어린이들의 문화 역량 강화와, 교사들의 숙련된 '문화 항해의 기술(cultural navigation skills)'이 요구된다. 이러한 과정에는 새로운 민족성을 보다 본질적으로 반영하는 모델을 숙고해야 한다.
>
> (p.179)

판쇼우와 스리스칸다라쟈(Fanshawe and Sriskandarajah, 2010)는 단일정체성에 대해 깊게 우려하였다. 공공정책연구소의 '당신은 나를 상자 속에 가둘 수 없다'라는 출판 제목은 그들의 입장을 처음부터 분명히 한 것이었다. 그들은 다음과 같이 지적한다.

> 초다양성 시대의 사람들은 단일정체성을 중심으로 파악될 수 없고, 미리 정해진 집단들에게 어떤 충성을 하는 것에도 갈등을 느낀다. 특정한 '요소들'로의 정치적 목적을 위한 행동주의는 많은 사람들에게 적합해 보이지 않으며 불평등의 실제 원인들을 다루는 데 있어서도 효과적이지 않다. 더 이상 범주화 속에서(예를 들어 '흑인', '게이', '아시아인' 또는 '장애인') 그 사람이 누구인지, 어떤 삶을 살고 있는지, 어떤 정체성을 가지고 있는지, 정부와 사회로부터 그들이 필요한 서비스가 무엇인지를 한정지어 단정해 말할 수 없다. 선택 상자와 같은 방식의 접근은 표준 분류 밖에 있거나 벗어나는 사람들의 수가 점점

많아지고 있다는 것을 간과했다. 그러나 여전히 사회는 민족정체성을 분명한 경계가 있는 고정된 의미로 다루고 있으며 공적 기관에서도 규격화된 선택 상자의 분류를 요구하고 있다.

(Franshawe and Sriskandarajah, 2010, p.5)

초다양성에 대한 정책적 대응은 단순히 신앙, 민족 그리고 국적의 조합에 기반한 범주들을 더 만들어 낼 뿐이었다. 알리(Ali, 2003)는 이에 대해 다음과 같은 비판은 한다. 다중적 위치를 쉼표나 혹은 하이픈이 붙은 정체성으로 만들어 버린다는 것과 이는 단일한 '인종' 정체성들의 새로운 혼합 버전 형태인 후기-인종 체제의 진화일 뿐이라는 것이다(p.18). 영국에서는 민족 분류 범주에 있어 제한된 수의 혼합 인종 집단들을 추가로 포함시켰다. 그렇지만 이것은 초다양성의 복잡성을 반영하기 위한 시도가 아니었다. 인구 조사에서는 종교가 더 두드러지게 나타났음에도 불구하고, '혼합 인종'은 종교 간 결합보다는 여전히 거의 전적으로 민족성에 초점을 두고 있었다. 더 많은 범주가 만들어지게 된다는 것은 여전히 너무도 부적절한 어구인 '나머지'에 많은 사람들이 속하게 됨을 의미할 뿐이다. 이것은 더 많은 개별 집단들의 '차이'를 드러내는 보다 많은 범주에 대한 부담감만 증가시킬 뿐이다. 대부분의 서구 국가들은 수백 가지의 정체성 범주를 쉽게 개발할 수 있었음에도 모든 사람을 위한 적절한 '상자'를 제공하지 못했다.

그럼에도 위와 같은 변화의 영향은 있었다. 우선, 많은 공적/사적 영역의 기관들은 현재 민족 출신, 신앙, 성별, 성적 지향, 장애, 연령 그리고 그들의 직원과 고객을 돌보는 책무에 대하여 일상적인 모니터를 실시하고 있다. 이 정보는 평등을 장려하고 차별을 방지하기 위한 측정 범위를 알려주었다(Cantle, 2008, pp.174-178 참조). 이렇게 측정된 결과는 분명 투명성 및 성과의 측면에서 발전이 있었고, 특히 소수 공동체들을 대표하는 공정한 제도적 협의에 대한 신뢰 향상이라는 점에서 어느 정도 성공을 거두었다. 그러나 여전히 '정치적 올바름(political correctness)'에 대한 규탄을 야기하고 있다. 초다양성과 혼합 인종의 혼종성에 대한 현재의 현실을 조정하고 맞추기 위한 평등 프로그램들이 실패해 왔다는 것은 의심의 여지가 없다. 이것이 명백하게 드러나는 분야는 입양 정책과 그것에 관련한 관행만한 것이 없다. 예비 부모와 입양될 아이의 완전한 민족적 일치를 찾는 일은 많은 어린이들에게 자신들이 사랑받을 수 있는 새로운 가정을 찾는 기회를 박탈하였다. 인종을 초월한 입양은 국가 및 민족 동일시에 대한 우려와 연관되어 있다. 특히 흑인들은 영국 백인과는 완전히 다른 '뿌리'로부터 유래한 서로 다른 문화를 갖고 있다고 가정했다(Ali, 2003, p.8). 그러나 이것은 역시 서로를 너무도 다르게 구분 짓고 있는 뿌리 깊은 의식에서 나왔다. 어느 '인종'의 사람들이 다른 '인종'의 사람들에게 사랑과 지원을 해줄 수 없다는 것은 상이한 정체성이 심리적인 문제와 혼란을 야기하게 될 것이라는 가정에 기인한다. 일부 혼합 인종 입양이 과거 인종차별적인 맥락에서 성공하지 못했다는 것은 사실이지만, 많은 '자연적인' 가족들이 사실상 어떤 면에서 '혼합 인종'이고, 보다 넓은 전승의 영역을 고려할 때 '혼합'은 새로운 '정상'의 많은 부분이 되고 있다는 점에서 현재의 정책은 실제 현실을 인식하지 못하고 있다. 또한 입양 정책이 후기-인종 체제의 하나일 뿐이며 사회적 산물로 전락할 수 있다는 점도 간과했다.

사회적 합의들은 정책과 그 실행보다 앞서 나아가고 있으며, 알리(2003)의 어린이들에 대한 연구 결과가 뒷받침하고 있다. 브라이닌 등(Brynin et al., 2008)은 새로운 세대에서는 민족적 동료의식의 하락이 지속될 것이라 보고 있다. 새로운 세대는 동료를 선택하는 데 있어 민족성보다는 비슷한 교육, 우정, 태도 그리고 신념을 보다 더 의미 있는 근거로 여기는 일반적인 경향을 보여주고 있다. 또한 나이가 많은 사람들과 비교하여 젊은이들의 일반적인 경향은 서로 다른 종교의 사람들과 관계를 형성하거나 결혼을 할 가능성이 더 크다는 증거도 있다(Platt, 2009, p.9). 그리고 혼합 인종의 결합과 그 아이들의 급격한 성장은 이러한 전망을 뒷받침하고 있다.

무슬림 공동체와 축소

우리가 받아들인 정체성의 개념을 개혁하려는—그리고 심지어 절박한— 또 다른 이유는 서양의 굳어진 동질적 정체성 렌즈를 통해 무슬림 공동체를 바라보아 왔던 방식과 관련된다.

9/11이라는 비극적 사건이 발생한 지 10년 이래로, 알카에다 테러의 위협을 줄이기 위해 국가 차원에서 여러 가지 전략들이 개발되었지만, 세계를 더 안전한 곳으로 만들었는지는 의심스럽다. 다른 많은 나라에서 모방한 영국의 방지 프로그램(Prevent Programme) (HM Government, 2008)은 단일정체성 집단에 초점을 맞추며, 동질화되고 굳어진 무슬림 정체성을 지닌 무슬림 중심의 산업을 만들었다는 점에서 이례적이었다.[2] 공동체의 동질화는 정부의 영역만이 아니다. 데미르백-스텐(Demirbag-Sten, 2011)이 지적하였듯이, 스웨덴 공공 TV 방송국인 '할랄(Halal) TV'는 우리의 정치인들처럼 미디어가 얼마나 이슬람교를 통해서만 무슬림과 소통할 수 있다는 믿음을 주는지 보여주고 있는 분명한 예이며, 이러한 접근은 '무슬림들에게 강렬한 낙인을 찍는 것'이다. 그러나 이것은 이른바 '테러와의 전쟁' 이전에

국가와 공동체 전체를 둘러싼 '무슬림 문제'라는 생각과 일치한다. 이에 대한 국제적 맥락에서의 시각은 비판적이었는데, '서양'이 전 세계 무슬림 공동체를 바라보는 방식과 무슬림 공동체가 서양 사회를 포함한 서양의 정체성을 바라보는 방식 때문이었다. 알카에다와 다른 극단주의 조직들은 여러 지역에 있는 무슬림을 위해 행동하기를 주장하면서 '전쟁'의 관념을 고취시켰다. '테러와의 전쟁'은 9/11 이후 정치적으로 유포되었으며 언론과 미디어에서 정치인들에 의해 널리 사용되었다. 통속적으로 말하면 대중적인 용어로 '테러와의 전쟁'은 무슬림은 적이라는 의미이며, 헌팅턴의 저서(Huntingdon, 2002)인 '문명의 충돌'은 현실이 되어가고 있음을 의미하였다.

무슬림은 소위 '다문화주의의 실패'와 관련해 가장 많이 거론되어 왔다(4장 참조). 무슬림은 끊임없이 하나의 동질적인 공동체로 투영되어 왔으며, 베일 착용, 강경파 설교자, 그리고 동성애자의 권리를 공격하는 모습 등으로 대중 언론의 많은 기사들을 통해 나쁘게 묘사되어 왔다. 전 세계적으로 무슬림 공동체에 대한 묘사는 점점 더 부정적으로 흘러갔다. '우리'는 '그들'과 전쟁 중이고 '그들'은 '우리'와 전쟁 중이다. 카디프 대학의 최근 연구(Moore et al., 2008)를 통해 입증된 바에 의하면 이러한 '낙인찍기'의 규모는 1,000개의 신문 기사에서 급진적 무슬림에 대한 언급이 온건파에 대한 언급에 비해 17대 1로 우세하게 나타나고 있었다. 영국에서 무슬림들과 관련하여 사용된 가장 일반적인 명사는 '테러리스트', '극단주의자', '전투적' 그리고 '이슬람주의자'였다. 게다가 이와 우연의 일치로 등장하게 된 국면은 잉글랜드 방위 연맹(English Defence League)과 같은 잉글랜드 극우 단체들의 성장이었다. 잉글랜드 방위 연맹은 특히 '반무슬림' 단체들로 결성되었고, 유럽 전역에서 대중적인 지지를 얻은 이들은 다른 극우 단체들과 함께 공동의 대의명분을 만들어 갔다.

방지 전략(Prevent Strategy)에는 무슬림 공동체에 대한 더 많은 다양성과 견해들을 보여주고 그들에 대한 묘사를 개선하기 위한 어떠한 계획이나 프로그램도 포함되지 않았다. 방지 전략은 오히려 신화—여전히 전체 무슬림 공동체 주위를 배회하는 지속적인 경계와 감시 프로그램—를 강화시키는 효과를 낳았다. 무슬림 공동체가 스파이 행위를 하고 있다는 많은 혐의들이 있어왔으며(Kundnani, 2009) 어느 정도 과장되거나 오해가 있었음에도, 이에 대한 인식은 매우 실제적으로 남아 있다.

이전 정부는 방지 전략이 문제가 있다는 것을 스스로 인정하였다. 당시 지역사회 · 지방정부부 장관이었던 존 덴햄(John Denham)은 다음과 같이 말하였다.

> 우리는 이 기금에 붙어있는 꼬리표를 인지하고 있다. 극단주의적인 폭력을 방지한다는 것이 무슬림 공동체 전체와 특히 이 방지 작업에 동참한 사람들에게 낙인을 찍은 것으로 보인다.
>
> (Denham, 2010)

새 정부도 이와 유사한 입장을 가지고 있는데, 처음에는 역효과를 낳을 수 있는 기존의 접근법을 교정하기 위해 매우 열중하였다. 새로운 국가안보 장관인 네빌-존스(Neville-Jones) 남작 부인은 첫 인터뷰(흥미롭게도 이슬람 TV채널과 함께)에서 즉각적으로 무슬림 공동체에 불균형적인 영향을 미쳤던 방지 전략 및 기타 안보 조치에 대한 재검토를 지시하였다(Neville-Jones, 2010). 그러나 방지 전략의 기치 속에서 여전히 많은 프로그램들이 정보에 근거하지도 증거에 기반하지도 않은 채 여전히 일반화된 감시 형태를 취하고 있다. 이 프로그램에서 수십만 명의 공무원들은 무슬림들의 직장, 학교, 칼리지나 대학교, 또는 공동체에서 무슬림들을 주시하고 있으며, 잠재적인 위협이 될 만한 상황을 식별하도록 요구받고 있다. 방지 전략의 본래 목적은 바뀐 게 없었다.

> 무슬림에 대한 접근법 교정에 성공하기 위해서 우리는 다음을 보장할 필요가 있다.
>
> - 폭력적인 극단주의자들의 목소리를 좌시하지 않는다.
> - 사람들이 이슬람에 대한 보다 많은 범위의 대안들과 권위 있는 견해들에 접근하며 논의에도 참여할 수 있도록 한다.
> - 공동체는 폭력적인 극단주의를 거부하는데 도움이 되는 도구와 지원의 범위를 확대한다.
> - 해외의 주류 목소리가 영국 안에서도 서로 공명될 수 있도록 한다.
>
> (HM Government, 2008)

이와 유사하게 2009년 업그레이드된 버전(HM Government, 2009)에는 '폭력적인 극단주의를 조장하는 사람들 중단시키기', '공동체 회복력 증대하기', '이데올로기 신봉자들이 악용하는 분쟁을 다루기'라는 목표를 추가하였다.

그러나 이러한 목표가 방지 전략에 적용되면서 오히려 전체 무슬림 공동체를 표적화하는 결과를 초래했다. 안-니사 협회(An-Nisa Society 역자 주: 무슬림 여성, 어린이, 청소년 등 무슬림 가족의 복지를 위해 일하는 협회)를 대신하여 칸(Khan, 2009)은 많은 무슬림과 그 외 기구들(organizations)에 대한 견해를 다음과 같이 요약하였다.

> 방지 전략을 통해 '잠재적인 테러리스트'로서 전체 무슬림 공동체를 표적으로 삼아 테러리즘을 다루는 정부의 접근 방법은 결함이 있고 위험으로 가득 차 있다. 우리는 이러한 전략이 공동체 결속을 만들어 내고 테러리즘을 제거하기보다는 오히려 불협화음을 만들고 공동체의 긴장을 악화시킬 가능성이 있다고 믿는다.

방지 전략에 있어서 가장 눈에 띄는 우려 사항은 잠재적인 테러리스트들로서 전체 무슬림 공동체를 표적으로 삼는 것, 공동체 결속과 공동체 개발 계획에 반테러주의를 포함시킨 것, 지방 의회의 핵심 서비스에 방지 전략을 강화시킨 것이다.

무슬림의 신앙 정체성에 초점을 맞추고 있는 방지 전략은 무슬림에 대한 시각을 확장시키기보다는 제한시켰다. 아마르티아 센(Amartya Sen, 2006)은 현재의 접근법은 역설적이게도 종교 정체성과 권력 구조를 강화시키는 효과를 낳았다고 보았다.

> 무슬림들의 다원적 정체성들(plural identities)과 이슬람 정체성 사이의 혼동은 기술적(記述的)인 잘못일 뿐만 아니라, 우리가 살고 있는 불안정한 세계에서 평화를 위한 정책들에 대한 진지한 물음들을 제기시킨다. […] 이러한 종교 중심의 정치적 접근과 제도적 정책의 영향은 ... 비종교적 제도와 운동의 중요성을 낮추는 반면, 종교적 목소리와 그 권위를 강화시키는 결과를 낳고 있다.
>
> (Sen, 2006, pp.75,77)

게리 영(Gary Younge, 2009)은 이를 현실적인 측면에서 분명하게 설명하고 있다.

> … 정부는 종교를 통해 그들을 정의하면서 무슬림에 대한 접근을 계속하고 있다. 그들에 대해 부모, 학생, 근로자, 세입자로서 바라보며 말하는 경우는 거의 없다. 그들이 다른 다양한 사람들과 공유하고 있는 문제들에 대해서는 생각하지 않는다. 그들의 일상생활을 어떠한 방식으로 향상시킬 수 있을지를 찾고자 하는 전문가 자문위원회를 소집하지 않는다. 정부는 그들을 마치 다른 어떤 방식으로는 이해될 수 없다는 듯이 무슬림으로 소환하고, 무슬림으로 대화하며, 무슬림으로 주목한다.

영국 의회의 하원 공동체들(The House of Commons Communities)과 지방자치선별위원회(Local Government Select Committee, 2010)도 이 견해를 지지하면서 정체성의 상호연관성을 다음과 같이 지적하였다.

> 방지 전략에서 무슬림에 대한 단일한 초점은 도움이 되지 않는다. 공동체의 어느 단면에만 초점을 맞추는 프로그램은 낙인을 찍어가며 잠재적으로 소외시킬 뿐이며, 사람들의 어떠한 측면도 다른 사람들과 별개로 존재하지 않는다는 사실을 간과한 처사이다.

바틀릿 등(Bartlett et al., 2010, p.23)은 '서구 민주주의 국가들을 보면 미디어를 통해 그리고 무슬림의 종교적 노선에 의해 무슬림에 대한 동일시가 증가되고 있다'고 보았다.

따라서 방지 전략이라는 기치 속에서 반테러리스트 프로그램과 연결되어 있는 정치적 의제는 무슬림 공동체 내의 다양성을 거부해 왔으며, 다양성의 정도와 본질을 밝혀 온 연구들과는 대조를 보인다. 사실 영국의 무슬림 공동체는 세계에서 가장 다양한 공동체들 중의 하나이다(iCoCo, 2008). 국적, 민족, 종파, 부족, 씨족, 정치적 동맹, 공동체 협력 등의 수많은 다양성에도 불구하고, '무슬림성(Muslimness)'으로 구별되고 '분리된 공동체' 전체로 정의되는 상황이 만들어졌다.

무슬림 공동체에 초점을 두는 것은 무슬림성을 강화하고 동질화하는 것을 도왔을 뿐만 아니라 다른 공동체들에서 가하는 폭력의 위협을 잘 드러나지 않게 만들었다. 또한 정부가 극우파와 외로운 늑대형 살인자들(lone wolf killers 역자 주: 자생적 테러리스트를 일컬음)에게 충분한 주의를 기울이지 못하였고 보다 일반적인 사회적 불안도 예견하지 못하였다. 확실히 영국은 2011년 9월의 폭동에 제대로 대처하지 못하였다. 새로운 방지 전략(HM Government, 2011)은 보다 폭 넓은 역할을 뒤늦게 제안하고 기타 종파와 극우파의 폭력을 관할하기 시작하였지만, 실제로 이러한 위협을 감시하는데 거의 어떠한 영향도 주지 못하였다. 그리고 성장하는 극우 조직과 증가하는 그들의 지지자들에게까지 접근할 수 있는 프로그램이나 극단주의에서 테러리즘으로 이행되는 것을 방지하는 광범위한 감시 프로그램도 없었다. 소수 정체성을 본질화 하려는 경향은 소수와 다수 사람들 사이에 높은 장벽을 쌓도록 거들뿐이다. 이러한 경향은 소수와 다수 사이를 유사성으로 위장하게 만들었고, 결과적으로 소수 집단 내에서 나오는 대안과 때로는 좀 더 온건하고 의견을 달리하는 목소리를 듣기 어렵게 했다(Jurado, 2011).

서구 정부의 무슬림 공동체를 향한 고압적인 초점에도 불구하고, 무슬림 정체성이 형성되고 묘사되던 방식이 변화된 주된 계기는 무슬림 공동체들 내부로부터의 '아랍의 봄'이라는 형태였다. 아랍의 봄은 무슬림들이기도 한 독재자들이 주도하는 억압적 정권에 반대하는 자유 투사 내지는 '민주화 운동가'로 그들을 드러내는 효과를 가져왔다. 또한 그동안의 일반적인 묘사와는 다르게 반군을 적어도 어떤 '서구적'인 가치와 일치시켰다. 더욱이 반군은 리비아에서 나토(NATO)가 주도하는 세력과 동맹을 맺었으며, 다른 여러 나라들로부터 실체가 잘 드러나지 않는 또 다른 형태의 지원을 받았다. 갑자기 중동의 무슬림들은 서구의 친구가 되었고, 용감한 자유의 투사와 민주주의의 지지자가 되었다. 이들이 무슬림이라는 사실은 거의 언급이 되지 않았었는데, 다만 이와 같은 갈등 이후에 이들이 다시 새로운 무슬림 근본주의자로서의 정체성을 택할 수도 있다는 우려의 목소리는 나오고 있었다.

서구 정부는 무슬림 공동체에 대한 인식 변화의 노력을 거의 해 오지 않았으며, 오히려 국제 분쟁과 반테러리즘 활동의 정당화를 통한 부정적인 정체성을 강화시켜왔다. 주목할 만한 사항은 상당수의 무슬림 인구가 있는 영국—영국만 약 200만 명—과 그 외의 다른 나라들이 자국에 거주하는 많은 수의 무슬림 시민들에 대한 부정적 이미지에 대해 대응하려는 노력을 하지 않고 있다는 것이다. 오히려 대중 언론과 미디어의 일부 지면들에서 무슬림들은 주류 사회와 양립할 수 없는 가치를 지닌 '제5열(fifth column 역자 주: 국내의 스파이집단, 적과 내통하여 국내에서 파괴행위를 하는 사람들)'로 꾸준히 묘사되고 있다. 더욱이 무슬림 테러리스트의 위협에 반격하려는 정부의 주도로 이러한 대중적인 견해 역시 지속되고 있다.

다양하고 역동적이며 선택에 기초한 정체성

다문화정책과 정체성에 대한 개념 간의 관계는 여러 측면에서 문제가 있어 왔다. 다문화주의(4장 참조)의 '방어적' 형태와 '진보적' 형태는 둘 다 정체성과 보편주의적 가치 개념에 반하는 경향이 있었다. 다문화주의 정책을 지지하고 있는 사람들은 보편적인 가치에 대한 요구를 소수 집단에 대한 공격적 행위로 간주하며 소수 집단의 가치를 열등하거나 타당하지 않은 것으로 몰아가는 시도로 보았다. 따라서 보편적인 가치를 증진하는 것은 동화의 수단으로 비추어질 수 있기 때문에 제한되었다. 일반적으로 보편적이라고 받아들여지는 생각과 가치들, 가령 여성이나 소녀들의 권리를 위한 진보적인 접근법이 전체 공동체 내에서 똑같은 레벨로 보편적일 수는 없다. 보호된 합의 속에서 소수 공동체들은 그들의 유산에 대한 과거의 개념을 고수하도록 장려되었다. 서구 사회는 세계화와 초다양성이라는 보다 넓은 맥락에서 변화되고 있는 상황을 인지하고 적응할 수 있는 기회들을 뒤로 하고 있다. 일부 소수 공동체들은 그들의 유산에 대한 과거의 이상적인 견해에 너무 집착해서 그들 본국에서의 사회와 문화의 변화 속도를 따라가지 못하거나, 앞서 말한 것처럼 더 이상 존재하지 않는 살아있는 과거의 유물이 되기도 하였다(Powell, 2004).

물론 '가치'는 '정체성'과 동일하지 않지만, 우리가 자신과 다른 사람을 어떻게 이해하고 있는지는 우리가 지니고 있는 공통된 생각에 어느 정도 좌우된다. '통합'의 핵심은 사람들이 어느 수준에서 '통합'을 하고 어느 수준까지 '분리와 구별'을 할 것인가에 관한 선택이 중요하다. 다문화주의는 2차 세계대전 후 도입된 이래로 인종 차별적인 논쟁에 의해 지배되어 왔기 때문에 정체성 역시 가시적인 차이에 한정되어 왔으며, 모든 눈에 띄는 특징들이 정체성의 유일하고 가장 중요한 결정요인으로 간주되었다. 그러나 세계화와 초다양성은 이 논쟁의 측면을 바꾸고 있다.

'인종'은 정체성의 개념에 영향을 주는 잘못된 노선을 지속시켜 왔다. 그렇지만 이미 인종주의는 생물학적인 기반에서의 인종적 결정요인보다는 오히려 보다 미묘하고 섬세한 요소를 고려하는 문화적인 결정요인으로 상당 부분 이동하였다. 흑인/백인이라는 이원적인 축은 점차 약화되고 있는데, 이는 소수/다수라는 전통적인 개념에 기반한데다가 소수 집단 내에서 또 집단들 사이에 우월성/열등성이라는 복잡한 요소가 이미 가정되어있기 때문이다. 그러나 '인종'에 대한 관념이 극우파에게 강한 영향을 주고 있는 것과 마찬가지로 반인종주의자들도 인종정체성 본질주의자에 대한 방어를 위해 이분법적인 구분 안에 갇혀 있기 때문에 여전히 인종은 지배적인 영향을 주고 있다.

그러나 '인종'이라는 맥락은 단순히 소수 공동체를 중심으로 하여 전개되는 것만은 아니다. 집단정체성을 위협하는 것으로 보였던 전후 다문화주의에 직면한 서구 사회의 대다수는 일반적으로 자신들의 단일문화 개념—백인, 기독교인, 그리고 단일한 (또는 몇 개의) 역사적 언어 집단에 기반한—을 고수해왔다. 인종주의와 차별에 대항하여 이들을 보호하기 위해 소수민족을 중심으로 보호막을 제공하고 이들의 과거 유산을 고수할 수 있도록 만들어진 다문화주의 정책은 아이러니하게도 동시에 주류 공동체의 단일문화 개념을 강화시켰다. 예를 들어, 많은 서구 국가의 사람들은 자신들을 특별히 기독교인으로 생각하고 있지만, 사실 기독교 세계는 현재 서구 세계 밖에 살고 있는 기독교 인구의 규모가 급증하고 있음을 알아채지 못하고 있다. 아프리카와 아시아에서 기독교인의 성장이 특히 현저하며 기독교 교회 공동체들의 3분의 2이상은 서유럽과 북미 이외의 지역에 있다(Seko, 2004).

공동체 전역에서 '차이의 층위'(Cantle, 2008)에 개입하고자 하는 시도는 거의 없었으며, 어느 사람이 단지 하나의 '집단성'에 속하는(Sen, 2006, p.20) '단일 소속'이라는 가정을 종식시키고자 하는 시도 또한 없었다. 오히려 한 쪽에서는 직선으로 동화되는 정체성을 개념화하고 있으며, 다른 한쪽에서는 집단 소속감에 대한 완전한 분리와 배제를 개념화하고 있다. 혼합되고 있는 혼종적인 형태의 정체성은 물론 시간이 지나면서 변화될 수 있는 정체성에 대한 논의가 이어지고 있음에도 불구하고 말이다. 점점 더 많은 사람들은 더 이상 어떤 고정된 생각에 얽매이지 않는다. 이것은 혼합 인종과 관계된 경우에 가장 분명하다. '인종'은 더 이상 사람들을 분리시키는 중요 기준이 아니며 사람들이 공통적으로 가지고 있는 다른 것들보다 덜 중요시 되고 있다. 특정 '인종'의 생물학적 우월성에 대한 생각이 줄어들게 되면 혼합 인종 사람들의 지위가 바뀌고 2등 시민의 범주로서 '나머지' 존재라는 생각도 사라지게 될 것이다. 그러나 공동체와 신앙 지도자들이 여전히 사람들을 단지 그들의 신도로 조종하고 그들에게 영향력을 행사하려고 하는 한, 변화는 기대할 수 없다. 순수성에 대한 특권 의식을 가지고 있는 단일정체성의 행보를 멈추게 할 수 있는 국가 제도가 바뀌지 않는 한 말이다(이후의 장 참조). 민족 분류와 모니터링의–우리가 '어떤 하나의 정체성으로 규정되지 않고', 더 나아가 '인간으로서의 소속'을 위한– 실제적 변화가 필요하다. 일부 비평가들이 주장하기 시작한 것처럼, 우리가 인종에 대해 보다 민감해져야만 서로를 '비슷한 희망, 열망, 문제를 지니고 있는 인간'(Mirza, 2010)으로 바라보게 되고, 비로소 인종에 기초한 민족 분류와 모니터링 중단을 요구할 수 있다. 정책 수단을 통한 '공정성' 보장의 중요성에도 불구하고 사실상 모든 평등성 평가에서 소수민족들은 여전히 상당한 불이익을 받고 있다. 상호문화주의라는 새로운 모델의 실천을 위한 함의들은 8장에서 논의될 것이다.

다문화정책은 주로 식민지 이주 역사와 '인종'에 초점을 둔 과거에 여전히 뿌리를 두고 있기 때문에 여러 가지 측면에서 세계화와 초다양성의 영향에 대처할 수 없다. 우선, 인지가 가능한 집단—언어, 민족, 신앙, 국적 또는 이러한 차이들의 몇 배에 이르는 모두를 조합한 것에 기초하는 집단—의 수가 너무나 많다는 것은, 예산은 말할 것도 없이, 수백 가지로 구별되고 조합된 형태들에 별도의 대의권을 주고 조정을 협상하는 것이 단순하게 실행될 수 있는 일이 아니라는 것을 의미한다. 그럼에도 불구하고 주로 식민지 이주 형태에 기초한 단일정체성 공동체 지도자들의 핵심 일원들은 오랜 기간 동안 유지되어 왔으며, 이들은 보다 넓은 공통 의식을 만들기 보다는 오히려 공식적으로나 암묵적으로 국가의 지지를 받으며 '차이'를 계속하여 장려하고 있다. 다양한 현안들—주로 보다 긴급한 문제들—에 직면해 있는 새로운 이주민 집단은 관계를 위협이 아닌 역동성과 새로운 상호작용의 형태에 기초한 다문화 정치의 필요성을 분명하게 보여주고 있다. 예를 들어, 영국의 아일랜드 공동체는 더 이상 '다른 공동체'로 간주되지 않으며, 차별을 거의 받지 않고 있으며(비록 여전히 민족 집단으로 분류되더라도), 이제는 다른 정체성으로 거의 인식되지도 않고 있다. 이탈리아 공동체도 마찬가지로 미국의 정치적 감시망 아래에서 벗어났다. 반면에 로마(Roma 역자 주: 롬인(Rom)의 복수형 Roma는 북부 인도에서 기원한 유랑 민족으로 보통 차별적으로 '집시'로도 불린다) 공동체는 많은 유럽 국가들처럼 영국에서도 다문화적인 현안의 최전선에 있는데, 2001년 이래로 '아시아인' 혹은 '아프리카인'으로 구분되거나 아니면 민족 출신에 따라 구분되고, 지금은 새롭게 부상되고 있는 '무슬림' 정체성과도 연결되고 있다.

실제로 '인종'에 대한 중요성이 감소되고 있는 상황에서 더욱 세분화된 민족과 혼종정체성들로의 이동이 나타나고 있다. 민족, 신앙, 국적을 조합한 정체성들은 주로 동일한 근본적 맥락에서 센(Sen)이 말하는 '다원적 단일문화주의'(Sen, 2006) 측면과는 별개의 범주로 나타났다. 무슬림들은 가시적이고 주로 비백인 소수자이며 쉽게 '다른 사람'으로 간주될 수 있기 때문에, 무슬림 공동체는 극우 세력의 공격을 정면으로 받고 있다. 특히 인종에 대한 대용물로 신앙이 거론되면서 인종 비방은 계속 이어지고 있는 셈이다. 모든 신앙은 격렬한 논쟁의 대상이 되어왔음에도 불구하고 더욱 현저하게 '공적 영역'으로 부상하였으며(Dinham and Lowndes, 2009), 많은 나라에서 그저 형식적인 예배를 치를 뿐인데도 서구 국가들은 신앙을 집단정체성과 개인정체성의 중요한 구성요소로 둔갑시키고 있다. '테러와의 전쟁'이라는 서구의 발언과 무슬림 공동체에 대하여 사람들이 갖는 생각의 등식은 의심의 여지없이 분리된 양측의 신앙 정체성을 강화하고 동질화하는데 기여하였다. 앞서 언급하였듯이 신앙과 관련한 디아스포라의 영향은 이제 기술의 활용과 보다 저렴해진 여행비용으로 국가와 대륙의 경계를 넘어 지속되고 있다. 따라서 프랑스, 네덜란드를 비롯한 일부 나라들에서 얼굴을 베일로 가리는 것과 같은 가시적이고 신앙적인 상징을 제한하려고 하였음에도 불구하고, 대부분의 서구 국가들에서는 더 이상 특별하게 국가 영향력으로 신앙을 강제하지는 않는다.

또한 이와 함께 심도 깊은 사회적 변화가 일어나고 있다. 가장 주목할 만한 것은 성적 지향에 관하여 동성애/이성애의 구분을 넘어 레즈비언, 게이, 바이섹슈얼, 트렌스젠더, 인터섹스(이하 LGBTI)로 구별하고자 하는 움직임이 있으면서 사람들은 다른 방식으로 자기 자신을 밝힐 수 있게 되었다. 물론 이는 여성 운동이 100년 이상의 상당 기간을 인내하고 노력하며 정치적인 목소리를 꾸준히 낸 성과로서 영국 및 다른 나라들이 일상생활에서 성에 대한 인식과 범주화의 변화를 이끌어 낸 결과이기도 하다. 이러한 성공적 흐름에 경제적 · 정치적 권력의 성장이 뒤따르며 보다 세분화된 일련의 정체성을 주장할 수 있게 되었다. 이것은 '서구 대중들' 사이에서, 특히 젊은 층의 관용 수준이 상승된 것을 반영하고 있다. 잉글하트(Inglehart, 2008)의 연구 결과에 따르면 이러한 가치들은 외국인, 게이, 레즈비언을 포함하는 외집단에 대한 폭넓은 관용 신드롬으로서 1970년에서 2006년 사이에 성평등이 크게 강조되면서 변화되었다. 또한 장애를 가진 그룹들은 특히 장애가 점차적으로 의학적인 모델보다는 사회적인 모델로 수용됨에 따라 보다 당당하게 자기 자신을 인식할 수 있게 되었다. 이것은 9개의 '보호되는 특성'으로 기술된 영국의 단일 평등법의 결과로서 정체성과 관련된 권익을 상당 부분 인정받게 된 그룹들에 대해서도 동일하게 적용되었다. 이전의 차별금지법은 모순점을 보완한 단일법(single act)으로 대체되었다. 이제는 '보호되는 특성'인 나이, 장애, 성 전환, 결혼과 동거, 임신과 출산, 인종, 종교, 신념, 성적 지향의 이유로 사람들을 불공정하게 대할 수 없게 되었다. 이를 토대로 모든 사람은 하나 또는 그 이상의 보호되는 특성에 해당되기 때문에 모든 사람들에 대해서 '다양하다'거나 '다르다'고 말할 수 있게 되었다.

물론 '인종'은 정체성의 중요한 측면—여전히 민족과 신앙 집단들을 아우르는 법적 정의로도 사용되고 있지만—의 하나로 남아 있다. 그러나 정체성은 사회적, 민족적, 언어적 집단의 보다 넓은 범주로 확산되었으며, 여러 혼종적인 형태로 발전되었다. 공적 영역에서 혼종적 정체성이 상당히 인정받고 있다는 것은 '인종'의 중요성이 훨씬 줄어들면서 보다 긍정적이고 합리적인 기반에서 차이를 논의하는 것이 더욱 쉬워졌음을 의미한다. 상호문화주의는 다문화주의 안에 있는 인종에 기반한 정체성의 형태를 훨씬 더 다각적인 형태로 변화시킬 수 있는 잠재력이 있다. 그러나 이들 사이의 연결이나 감정이입이 없는 단순한 '다원적 단일문화주의'의 형태가 되는 것은 경계해야 한다.

국가는 또한 다음의 사실을 깨달을 필요가 있다. 집단정체성과 민족정체성은 아래에서부터 위협받고 있으며 사람들이 다양한 방식으로 삶을 살아가면서 새로운 결합들을 선택할 수 있는 가능성이 훨씬 많아지고 있기 때문에 위로부터도 위협받고 있다는 점이다. 국제적인 영향력은 정치와 사회적인 측면에서 지금 어느 때보다 강해지고 있으며, 공식적인 측면은 물론 비공식적인 측면에서도 국가 및 지역의 영향력과 경쟁하고 있다. 실제로 국가는 국제적인 힘을 통제할 수 있는 권한이 세한되고 있으며, 국가 차원에서 이루어지는 민주적 절차의 실행도 세계화의 영향력으로 그 한계성이 드러남과 동시에 합법성도 잃어가고 있다. '민주주의의 결핍'은 정치적인 문제뿐만 아니라 사회적인 문제로도 빠르게 부각되고 있으며 나아가 보다 많은 불안들을 야기할 수 있다. 현재 많은 정당들과 정치적 운동은 '민족국가에로 권력을 송환'시키고자 상당한 애를 쓰고 있는데, 이는 특수한 재정적 위기와 더불어 유럽에서는 계속적인 추동력을 얻고 있는 상황이다. 이들의 희망은 단순하다. 민족국가와 이들의 정당들이 경제에 대한 통제력을 되찾고, 시민들이 이러한 힘을 행사할 수 있는–주로 유권자 투표의 하락세를 뒤집음으로써– 민주적 정치 절차를 재정비하고, 국가의 지위와 긴밀하게 연계해 발전시키는 것이다. 그러나 세계화의 흐름을 뒤로 되돌리기는 쉽지 않아 보인다. 따라서 위와 같은 퇴보적인 열망들은 국제적인 차원에서 민주주의 체제를 발전시키고자 하는 진보적인 선택과 세계적인 협력 및 초국가적 형태의 정체성 형성에 대한 진지한 고려와 시도들을 혼란스럽게 만들고 있다.

사람들은 자신의 정체성이나 적어도 정체성의 일부 측면을 이전보다 더욱 넓어진 범주에서 선택할 수 있으며, 더 쉽게 국가, 종교, 민족 배경이 다른 사람들과도 접촉할 수 있게 되었다. 더욱이 현재의 공동체 구조와 본질주의자, 또는 순수한 형태의 인종이나 신앙 정체성에 도전하는 개인들 간의 관계는 계속해서 발전되고 있으며, 무엇보다도 이러한 것들이 사회 · 문화적 형태로 구성되어 가고 있다. 정체성 개념은 더 이상 민족국가 내의 차이들에 국한되지 않고 있으며 다수와 소수 간 '인종' 차이의 조정에 대한 세계 대전 후의 선입견으로부터도 자유로워지고 있다.

세계화와 초다양성은 개인정체성과 집단정체성에 깊게 영향을 미치고 있다. 개인과 공동체들은 정체성 문제로서의 유산, 신앙, 언어, 지역, 지방, 국가, 국제적 개념을 새롭게 끌어내고 있고, 역동적이며 다양한 맥락에서 시간이 지남에 따라 변화하는 혼종정체성이나 다중정체성도 고안해 내고 있다. 다문화정책과 관련된 정치 과정은 정체성의 역동적이고—점점 복잡해지고 있는— 두드러진 특징들에 대해서 보다 분명하고 유연한 대응을 발전시켜야 한다. 정책과 실천을 위한 새로운 개념 체계로서의 '상호문화' 모델은 이후의 장에서 논의될 것이다.

4장

다문화주의의 '실패'

상호 의존적으로 연결되어 가고 있는 세계 속에서 우리가 함께 살아가기 위해 무엇을 어떻게 배워가야 할지에 대한 적극적인 논의가 필요한 때에 '다문화주의의 실패'라는 진단은 혼란을 가중시켰다. '다문화주의'는 대부분의 현대 국가들의 현실을 묘사한 것이라고 할 수 있다. 즉, 인구의 다수 집단과 토착민들을 비롯하여, 현재 영구적인 정착을 위한 여러 가지 단계에 있는 다양한 민족과 신앙 배경을 지닌 이주민 집단들이 있으며 이는 전 세계 대부분의 나라들이 마주하고 있는 현실이다. 이러한 상황을 볼 때 —가장 예외적이고 극단적인 관점들을 제외하고— 다문화주의가 단순히 현대 사회의 다문화적 성격 때문에 실패했다는 식의 논의는 발전적이지 않아 보인다. '실패'라는 언급은 다문화주의 정책들이 변화하고 있는 사회의 구성에 부적절하게 반응해 왔다는 인식에서 비롯되었다. 게다가 '실패'라는 논쟁 때문에 대중들의 인식 속에는 여러 다양한 배경에서 온 사람들이 실제로 사회의 안정과 연대에 어떤 식으로든 위협을 가할 수 있는 존재로 각인되었다. 이는 또한 다문화정책이 공정하고 안정된 조화로운 사회를 만드는 데 실패했다는 것에 대한 반증이기도 하다. 적어도 객관적인 현실(상당한 수준의 불평등, 인종주의, 공동체 내의 긴장)과 주관적인 현실(계속되는 다양성에 대한 정서적인 저항과 이러한 경향을 멈추거나 되돌리려는 욕망) 모두에서 평가되었기 때문이다. 특히 이러한 견해들은 다문화정책이 민족국가 내에서 공동체들의 분리를 촉진시켰다는 것에 근거하고 있다.

그러나 '실패'에 대한 보다 최근의 견해를 보면 현재의 정치 및 국제적인 맥락과 연관되어 있으며, 특히 서구 민주주의 내에서 무슬림 공동체들과의 관계를 드러내고 있다. 영국 총리(Cameron, 2011)는 그가 시사한 '국가 다문화주의(state multiculturalism)'의 실패를 거의 전적으로 무슬림 공동체에 혐의를 두고 있으며, 이것이 그의 연설에서 주요한 부분을 차지했다. 독일의 앙겔라 메르켈 총리는 독일 다문화주의의 '전적인 실패(utter failure)'를 언급하면서(Merkel, 2010), '터키나 아랍 공동체와 같은 다른 문화권에서 온 사람들을 통합하는 것은 더 힘들다'라는 동료 정치인들의 다양한 보고서와 의견을 자신의 발언에 차용했다. 프랑스 대통령인 니콜라스 사르코지(2011) 역시 다문화주의의 실패를 언급하였다. 그의 언급은 다문화주의의 기본적인 특성을 바꾸기 보다는 이에 대한 논쟁의 새로운 국면을 초래했다.

최근 유럽평의회(Council of Europe)의 보고서(2011)인 「함께 살아가기(Living Together)」는 현재의 다문화주의에 관한 까다로운 논쟁을 설명하고 있으며 개념적인 틀보다는 다양한 원칙과 정책 지침을 제공하고 있다.

> 우리는 이 논쟁에 대해 잘 알고 있을 뿐만 아니라 '다문화주의'라는 용어가 매우 다양한 방식으로 사용되고 있다는 것도 알고 있다. 즉, 서로 다른 나라 안에서의 다양한 사람들과 다양한 상황들을 함의하면서 —이것이 이데올로기인지, 일련의 정책인지, 아니면 사회적 현실인지— 결국 명확하기보다는 혼란을 야기하고 있다. 그러므로 우리는 이 용어의 사용을 피하고 그 대신 유럽 사회가 다양성과 자유를 조합할 수 있는 정책들과 접근 방식을 찾는데 집중하기로 결정하였다.

그러나 이러한 두루뭉술한 접근법(본 챕터의 내용이다)과는 달리 이미 다양한 집단들은 공동의 사회를 공유하는 방식에 대한 새로운 접근법들을 만들어 가기 시작했다.

다문화주의의 초기와 '방어적인' 형태

다문화주의의 초기 형태는 '방어적'인 형태를 취하고 있었다. 핵심은 인종주의와 차별로부터 소수민족을 보호하고 소수 공동체들에게 평등한 기회들을 비슷하게나마 제공하는 긍정적 조치 프로그램(positive action programmes)을 개발하는 것이었다. 그러나 이러한 접근은 접촉과 갈등을 피하는 방식에 치우치면서 심각한 수준의 분리를 발생시켰다. 긍정적 조치 프로그램은 불평등을 줄이기는 하였지만, 아이러니하게도 차이를 강화하고 분리된 발전을 촉진하는 결과를 낳았다. 그럼에도 긍정적인 측면은 영국과 같은 나라들이 이 과정에서 소수민족의 유산 보호, 동화에 대한 거부, 다양성에 대한 이해, 관용 및 공정한 행동 등에 대한 약속을 공표하였다는 것이다.

이주는 최근에서야 대규모로 진행되었지만 이것은 새로운 현상이 아니라 수 세기에 걸쳐 이루어져 왔으며(예를 들면 Winder, 2004 참조), 그 결과로 인해 '인종'에 기반한 수많은 논란들이 야기되어져 왔다. 주류 공동체가 가지고 있는 적대감의 대상은 시간이 지나면서 변화되어 왔다. 예를 들어, 영국에서는 1차 세계 대전 이전까지만 해도 유대인 공동체에 초점이 맞추어져 있었지만, 시간을 더 거슬러 올라가 보면 아일랜드 소수민족과의 갈등이 있었다. 다시 최근으로 돌아와 지난 20년 동안은 카리브해 흑인 공동체와 국가의 관계가 심각했었는데, 1970년대까지 극심한 인종주의를 경험한 이들이 1980년대에 들어 폭동의 중심에 서게 된 것이다. 그러나 이제는 이들에 대해 거의 보편적으로 받아들여 진 분위기이다. 이와는 또 다르게 다시 무슬림 공동체가 2001년 이후로 악마화 되어 졌는데, 그야말로 초다양성 시대에 벌어지고 있는 일이다. 이주민 공동체뿐만이 아니라 디아스포라와 초국가적인 기준틀 안에서 서로 관계를 맺어가고 있는 이 시기에 말이다.

다문화주의에 대한 개념은 전후(戰後) 이주의 증가로 인해 발전하였다. 이 시기의 이주는 이전의 이주로 인해 나타나는 사건들과는 다르게 매우 '가시적'이었으며 '인종'에 의해 분명하게 구분되었다. 이 기간 동안 영국 다문화주의의 여정은 그리 쉽지만은 않았다. 다른 많은 유럽 국가들과 마찬가지로, 소수민족의 유입은 분노와 적대감을 유발시켰다. 그들 이전의 이주민들처럼, 1950년대와 1960년대 새로운 흐름이었던 카리브해와 동남아시아 사람들은 열악한 주택 환경과 육체노동으로 떠밀렸으며, 저숙련과 저임금 고용을 제공하는 고용주들의 주위에 주로 무리지어 살았다.

새로운 이주민들은 불신과 양가감정의 대상이 되었다. 영국인들이 우월한 '인종(race)'이고 '유색인들(coloureds)'—당시의 공식적인 보고들에서는 물론 대중적인 담론들에서 사용된 용어—은 열등하다는 생각에 길들여진 사람들에게 전후 재건 사업이나 공공서비스 구축에 이주민들이 필요하다는 사실과 이주민들에 대한 분노는 별개의 문제였다. 이주를 제한하자는 요구는 자주 반복되었으며, 이에 대한 대응으로 행정상의 상당한 제한들이 뒤따랐다. 결국 차별금지 법안이 1965년에 도입되었음에도 불구하고 차별의 분위기는 여전히 고조되었으며, 정점에 도달하였던 것은 1968년 상당히 대중적인 지지를 얻었던 이넉 파월(Enoch Powell)의 '피의 강(rivers of blood)'이라는 인종차별적 연설에서였다. 소수민족들이 그들에 대한 비판이 나타나기 시작하면 신속하게 결집하는 좌파와 연합하여 그들 자신과 반인종차별 지지자들 주위에 방어적인 지지 체계를 구축하는 일은 다반사였다.

다문화적인 분리성에 기반한 방어적이고 보호적인 정책은 정치적으로 나눠진 양측 모두에게 지지를 받았다. 우파는 통합과 인종의 혼합을 원칙적으로 반대하였으며, 좌파는 적개심이 촉발되고 소수민족의 문화유산이 약화되는 것을 우려하였다. 그럼에도 불구하고 '좋은 인종 관계 증진'—실제로 1968년 입법안에 포함되었으며 현재까지도 법령집에 남아있는—이 시도되었다. 그러나 이것이 실제적으로 목적의식을 갖고 시행된 적은 없었으며(제한된 조치들에 관한 논의는 Cantle, 2008을 참조), 부상하는 다문화 모델에 대한 논의는 더욱 인종차별주의자들의 정서를 자극하는 기회를 제공하고 극우파에게도 활력을 불어넣는 것으로 보였다. 그러나 사회 정의에 대한 요구는 무시할 수 없었으며, 1960년대 후반에는 미국 내의 여러 발전적 성과들로부터 뒷받침되는 '흑인'의 적극적인 정치의식이 싹트기 시작했다. 이로 인해 주로 소수민족 집단들이 지리적으로 집중되어 있는 지역과 그 이웃들을 대상으로 하는 많은 개선 프로그램들이 나타나게 되었다. 이것은 평등기회정책의 범주에서 지원되었는데, 주로 직장과 공공 주택과 같은 주요 서비스들에서 나타나는 차별에 맞서는 것이 목표였다. 보다 논란의 여지가 있었지만 긍정적 조치 프로그램 또한 기반을 확대하였다. 예를 들면, 1980년대 후반 흑인 주도 주택조합의 도입은 유럽의 흑인과 소수민족 리더십에 있어 가장 인정받는 투자 중의 하나였다. 이러한 조치들은 어느 정도 성공을 거두었으며, 그 조치들 배후에 있는 가치와 이념 중의 일부는 영국의 자유주의적 다문화주의와 연관된 '공정한 행동'의 일환으로 내재화되었고 보다 널리 채택되었다. 그러나 이러한 조치들은 불공정한 특혜라는 생각을 무심결에 강화했으며, 가난한 다수 공동체들의 분노를 야기했다.

인종주의와 차별이 만연했던 종전 직후의 시기에는 당시의 정책들 대부분이 불가피하게 법과 규제 체계를 통해 관용과 평등의 기회를 부과하였으며, 다양한 공동체들 간의 접촉을 줄이거나 피함으로서 갈등과 긴장을 최소화하려고 하였다. 이러한 정책들이 그 당시에는 옳았다고 볼 수 있다. 그러므로 '실패'의 이유는 결과적으로 접근법을 변화시키고 사회, 경제, 정치 환경의 변화를 고려하는 행동의 부족으로 볼 수 있다.

영국의 정책 조정이 실패한 원인은, 문화 다양성이 보다 일반적으로 받아들여졌다는 신난과는 달리 사실은 수년간 인종주의와 외국인 혐오증이 지속되었고, 그럼에도 그것이 공공연하고 직접적인 차별은 아니었다는 믿음, 그 자체에서 기인한다. 이는 모든 직업 영역에서 나타난 소수민족 출신들의 성공, 다수 공동체 내에서 다른 인종들 간의 결혼 증가, 극우 정치 조직이 증가하지 않는 것 등을 통해 확인되는 듯 보였다.

그러나 이러한 견해는 안일한 생각으로 판명되었고, 영국의 여러 북부 마을에서의 폭동 후에 작성된 2011년 공동체 결속 검토 보고서(5장을 참조)를 통해 이의가 제기되었다. 이 보고서는 다양한 공동체들이 주도하는 '평행한 삶', 이들 사이의 상호작용 증진에 대한 거리낌, 그로 인한 '다른 사람들'에 대한 오해와 두려움에 초점을 맞추었다. 이 보고서는 다문화주의 정책에 대한 실제 반대는 없었던 것으로 보이지만 긍정적인 지지도 거의 없었던 것이 분명했다고 지적하였다. 그리고 다수 공동체가 소수 공동체에 대해 가지고 있는 깊은 분노를 실제로 다루지 않았으며, 고압적인 문화로 보이는 '정치적 올바름'이라는 포장, 그 안에서 사실상 적대감을 유지해왔다는 점을 지적했다.[1] 또한 이 보고서는 지금까지의 다문화주의 정책이 제도화된 분리를 조장함으로써 다른 배경의 사람들이 서로에 대해 배워가며 고정 관념과 잘못된 신화들의 부당함을 증명할 수 있는 기회를 제한하였다고 보았다.

이전 정책들이 의도적으로 분리를 조장하거나 장려한 것은 아니었다. 실제로 대부분의 정책 개입은 차별을 방지하는데 초점을 두었다. 이러한 정책은 변화를 받아들이지 못하거나 받아들일 수 없는 주류 백인 공동체의 적대감에 직면한 소수민족을 인종주의와 차별로부터 보호하기 위해 본질적으로 '방어적'일 수밖에 없었다. 그러나 란지트 손디(Ranjit Sondhi, 2009)가 설명하였듯이 분리는 이러한 정책들의 결과였다.

> 다문화주의의 실천은 통합의 복잡성을 고려하지 않았고, 통합의 과정을 중재하기 위해 민족의 문화와 관습을 허용함으로써 공공질서와 다수에 속한 사람들과 소수에 속한 사람들의 관계를 관리하는 데에 주로 집중해 왔다. 소수민족의 언어, 종교와 문화적 관습은 장려되었으며 점차로 다름에 대한 권리가 평등에 대한 권리를 압도하였다.
>
> 이와 같은 다문화정책은 의식하지 못하는 사이에 문화를 거래하는 자칭 공동체 지도자들에 의해 문화적 · 공간적으로 구별된 공동체의 형성을 이끌었다. 공동체들 마다 차이의 규모와 정도에 따라 중요성과 발전 정도를 표시하고 마치 화폐처럼 취급되었다. 다시 말해 재화와 서비스의 분배 과정에서 차이가 분명히 드러나면서 혼종이 아니라는 이유로 모든 것들을 얻을 수 있었다. 이것은 이웃과의 관계에 있어 전적으로 분리된 민족 세계를 살아가는 경향으로 나아갔다. 즉,

더 넓은 사회 문제들에 결코 참여하지 않거나, 다른 사람들의 문화를 알려고 하거나 경험하려 하지 않고, 심지어 자신의 민족, 종교, 문화, 언어적 배경과 다른 가족들과는 저녁식사조차 함께하지 않으면서 모든 세대가 누에고치와 같은 존재로 살아가는 일종의 스스로 자처한 격리와도 같았다.

결과적으로 사회 전체에서 말하는 체계와는 거리가 멀게 된 다문화주의는 고립되어 있는 특정한 소수민족에게만 말하고 있었다. 이러한 다문화주의는 다수 문화와 쌍방향의 소통을 저해하는 소수민족 문화의 이국적인 모습과 본질주의를 유지하는데 기여하였다. 다문화주의는 또한 노착빈 공동체 내에서 박달되고 불이익을 받는 부문에 대해 무엇을 해야 하는가라는 물음에 침묵하였으며, 구성원들이 지향해야할 관용으로부터는 멀어지게 했고 극단주의자들의 품으로 더 가깝게 가도록 만들었다.

손디(Sondhi)는 이 논쟁의 핵심에 있는 매우 중요한 점들을 제시한다.

첫째, '다를 수 있는 권리'에 의해 '평등할 수 있는 권리'가 가려졌다는 것이다. 이것은 '동화'라든가 전통유산 및 소수민족의 특수성 상실을 동조하는 말이 아니며, 그저 모든 공동체가 자신의 특수성을 잃지 않으면서 다른 사람들과 함께 공통성을 발전시킬 수 있어야 한다는 입장이다. 이것은 비평가들 가운데 넓게 공유되었고 극단적인 입장과는 구별된 이와 같은 견해는 정치적 스펙트럼을 넘어서도 공유되었다. 그러나 거의 보편적으로 합의된 이 원리를 '어떻게 실천할 수 있을지'에 대한 문제가 남아있다. 파레크(Parekh, 2000, p.56)가 제시하듯이 '공동체 간과 공동체 내에서 핵심 가치에 대한 약속에 기초하는' 하나의 국가—그러나 많은 공동체들의 공동체로 이해되는—라는 영국의 비전은 이러한 접근을 따르는 것 같다.

그러나 하산(Hasan, 2010)은 깊은 견해 차이를 나타내었다. 그는 파레크가 「다민족 영국 미래 보고서(Parekh, 2000)」에서 '편향적이고 허울만 그럴듯한 주장'을 하고 있다고 비난했으며, 파레크의 저서인 『다문화주의 다시 생각하기(Parekh, 2000a)』에 대해서도 이와 유사하게 비판하였다. 적응하고 변화할 수 있는 다른 문화들과의 비판적인 연대에 관한 진정한 의미에 대해서는 입에 발린 말을 하면서, 소수민족 문화 주위에 '방해하지 말라'는 팻말을 세우려 하는 파레크의 입장을 특히 비판한다. 하산은 '서구 국가들이 이러한 소수 문화와 신앙을 수용하기 위해서는 국가의 공적 책무에서 자유주의적 보편주의로 방향을 전환해야 한다'는 파레크의 관점이 소수민족을 위한 특수하고 분리된 장소를 만든다고 보았다.

같은 방식으로, 하산은 또한 모두드(Modood)가 『다문화주의 정치(Modood, 2005)』에서 무슬림의 특별대우에 대한 요구를 수용하는 방식으로 세속주의를 재정의한 것을 비판한다. 실제로 모두드는 이 사례로 이후의 논쟁(Modood, 2011)에 어느 정도 기여하였다. 그는 '권력이 어디에 위치하는지를 인식하는 데 있어서 보다 더 경험적이며 사회적으로도 적절하다'는 근거로 정치적 세속주의와 세속적 국가에 대한 개념을 지지하였다(ibid., p.102). 모두드는 '공적 종교를 탈피'하고 '종교의 제도적인 인식을 다원화'(ibid., p.104)해야 한다고 설명한다. 그러나 세속주의 개념은 근본적인 원칙도 없고 쉽게 변화되며 맥락에 휩쓸리기 쉽다.

'다를 수 있는 권리'에는 정치적인 요인뿐만이 아니라 문화적인 요인도 개입된다. 이러한 점에서 '다를 수 있는 권리'는 정체성 정치의 개념으로도 특징지어질 수 있다(이후의 지면에서 더 논의될 것이다). 그리고 이 권리는 일정 집단을 위시한 정치적 이익을 창출하기 위해 분명한 차이를 찾고 있는 정치 지도자들과 공동체 지도자들에게 이용되거나, 차이에 대한 부각이 대의권과 지원에서 보상이 있다는 것을 빠르게 학습한 공동체들에 의해 이용되고 있다. 따라서 '정체성 정치'는 공동체 협력에 반하는 작용을 하며, 경쟁을 조장하고, 심지어 공동의 갈등에도 기여하였다(Cantle, 2001). 이러한 현상은 다소 어려움이 따르더라도 소수민족 구성원의 수가 적고 양측의 기준에서 어느 정도 협상을 할 수 있었던 시기에는 관리할 수 있었다. 그러나 초다양성의 시대에는 매우 심각한 문제로 부상할 수밖에 없다.

둘째, '자기 분리(self-segregation)'가 실제로 존재하는지에 대한 논쟁에 관한 것이다. 이를 부인하는 많은 관점들은 자기 분리라는 생각이 다문화주의의 눈제에 대하여 '소수민족을 비난하는 것'과 마찬가지라는 입장이다. 이러한 접근의 가장 전형적인 예는 핀니와 심슨(Finney and Simpson, 2009)을 들 수 있다. 이들은 논쟁이 되고 있는 분리에 대한 어떠한 개념도 인정하지 않으면서 분리에 대한 대부분의 논의를 인종과 이민에 관한 '신화와 장황한 이야기'(p.162)의 일부로 보려한다. 그러나 이들은 열변한 바로 다음 페이지에서 '소수민족 인구 규모를 측정했을 때 분리가 증가하고 있다'고 인정한다(p.163) (심지어 그 밖에 다른 요인으로 인해 측정을 시도하였던 것은 오직 그들뿐이었지만). 심슨과 그 외 연구자들(2007)은 실제로 많은 아시아 젊은이들이 잉글랜드의 두 북부 소도시의 혼합된 지역에서 살기 원했다는 것을 강조하면서, '백인과 아시아 청년들은 인종 구성과 연관된 측면에서 부분적으로 그 지역에서 일체감을 느끼고 호의를 갖고 있다'는 것을 분명하게 보여주는 연구 결과를 내놓았다. 이것은 자신의 지역 공동체에 대한 견해와 선호도를 실제로 보여주는 몇 안 되는 연구 중의 하나인데, 거기에서는 '장황설과 신화'를 언급하지 않았다. 인종적 측면의 사회 맥락에서나 역사적으로 사람들이 신앙, 사회 계층, 기타 친밀함에 근거하는 곳에서, 자신과 같은 생각을 공유하는 사람들과 모이고, 개인정체성과 집단정체성에 있어 공통유대를 가지려 하는 것은 당연한 일이다. 중요한 것은 이러한 공통유대가 어떤 대가를 치르더라도 보존되어야 하는 원초적이고 '자연스러운' 것인지 아니면 보다 보편적인 정체성의 개념에 기초하여 다른 사람들과의 연결과 유대를 확립하고 구축해야 하는 것인지에 대한 부분이다. 이것은 다문화주의자와 상호문화주의자 간의 근본적인 관점의 차이를 반영한다. 이 차이는 아래의 내용에서 이어지며, 7장에서 더 논의될 것이다.

왜 특정 그룹이 주거를 비롯한 여러 면에서 함께 모이는지 이해하려는 노력은 다문화주의의 논쟁에 있어 '그들을 비난하는 것'과는 전혀 다른 문제이다. 인종평등위원회(Commission for Racial Equality)의 전 의장이자 소수민족 출신인 허먼 아우즐리(Herman Ouseley)는 브래드퍼드에 대한 연구에서 이 점을 발견하였다(Ouseley, 2001).

> 서로 다른 민족 집단들이 점차 자신들을 다른 집단으로부터 분리시키고 자신들과 같은 사람들로 구성된 '안전지대'로 물러나고 있다. 그들은 단지 서로를 피할 수 없는 경우에만 이따금씩 연결되어 진다. 가게에서, 거리에서, 직장에서, 여행을 할 때, 그리고 의도적으로 선택해서 가는 아시아인 소유의 레스토랑에서 그러하다. 자발적으로 인종이 분리된 학교에서의 교육은 이러한 상태를 가장 극명하게 보여주고 있다.

그리고

자기 분리는 다른 사람들에 대한 두려움, 괴롭힘과 폭력 범죄로부터 안전하고자 하는 욕구에서 비롯되며, 또한 자기 분리만이 신앙, 문화 정체성, 소속의 유지와 보호의 유일한 수단으로 보는 믿음에 기인한다.

'자기 분리'는 소수 집단에게만 적용되는 것이 아니라 다수에 속하는 사람들이 '백인 이탈(White flight 역자 주: 백인이 다른 인종과의 거주를 피하려고 다른 지역으로 빠져나가는 현상을 일컬음)'을 일으킬 때에도 해당된다(Cantle, 2008, pp.80-81 참조). 그러나 일부 그룹에 적용된 '자기 분리'는 자기 분리의 실체에 대한 적절한 용어가 아니다. 특히 소수자들의 입장에서 그것이 자발적이지 않고 전적으로 자유로운 선택도 아닐 때에는 더욱 그러하다. 사회화 과정의 산물로서 사회적이고 정서적인 유대, 제도적 제약, 사회경제적 요인들과는 자발적 본성이 의미하는 바가 확연히 다르다. 그래서 자기 분리라는 문제에 대한 손디의 접근법은 보다 깊이가 있으면서도 현실적이다. 손디는 그것이 자기분리의 실체이며, 따라서 냉철하게 공개적으로 논의되어져야 한다고 본다. '인종'에 대한 모든 논의에서와 같이 극우파는 이 논쟁을 도용하고 이용할 수 있는 기회로 삼고자 할 것이다. 그렇다고 이러한 논의를 억제하는 것 역시도 극우파의 주장을 수용하는 것과 다를 바 없다.

이러한 손디의 접근법에 대해 비판하는 측(주로 공동체 결속에 대한 비판)은 경제적인 격차를 경시하고 있다고 말한다. 이 주장은 특히 공동체들 간의 긴장과 갈등은 거의 전적으로 빈곤과 박탈에서 기인하고 있으며, 어떻게든 이것을 마술처럼 없애버리면 사람들은 분명히 조화롭게 살아갈 것이라는 관점에 기초한 학문적인 견해(5장 참조)를 지지한다. 어떤 면에서, 이것은 고전적인 마르크스주의의 입장에 기초하지만, 뒷받침되는 입증들

없이 매우 단순한 근거만을 조합하여 제시한 주장들이다. 특히 이러한 비판은 다음과 같은 점에서 잘못되었다.

- 좋지 못한 공동체 관계와 특히 인종주의의 원인이 빈곤이라는 주장은 상대적 박탈과 절대적 빈곤의 개념을 구별하지 못한 것이다. 빈곤이 주로 박탈당했다거나 '가난한' 사람들의 한 부분으로 평가되고 있음에도 불구하고, 대부분의 비평가들은 상당히 단순한 방식으로 '빈곤'을 다수 공동체와 소수 공동체 간의 직업과 자원에 대한 경쟁과 동일시한다. 어떤 경우에는 경쟁이라는 요인 자체가 차이의 핵심이 되기도 한다. 그렇지만 다양한 공동체들의 상대적 박탈감이 동일하더라도, 집단들 간의 적대감 수준은 지역의 위치와 여러 다른 맥락에 따라 다양할 수 있다. 상대적 박탈감을 가진 어떤 집단은 그 원인을 찾아 필요한 조취를 취하는 반면 유사한 상황에 처한 어느 집단은 무조건 다른 집단을 공격하려 드는 모습을 보이는 데, 그 설명이 빈곤만으로는 충분하지 않다. 굿윈(Goodwin)은 유럽 전역에 있는 극우에 대한 연구에서 '이민에 대한 대중의 반응을 움직이는 데에 문화 위협에 대한 감정이 경제 위협에 대한 감정을 능가했다고' 결론짓고 있다(Goodwin, 2011c).
- 인종주의와 다른 구분들이 절대 빈곤에 기인한다는 주장은 가난한 사람일수록 더욱 인종주의자가 되기 쉽다는 은연중의 주장과 함께 마찬가지로 거짓이다. 이것은 증거가 있기 보다는 주로 가난한 사람들에 대한 고정관념에 근거한 것에 불과하다.
- 사실상 민족성(그리고 모든 차이)은 계층 및 사회경제적 지위와는 별개의 독립된 변수이다. 그러나 근본적인 불평등을 은근슬쩍 넘어가

기 위해 인종주의의 제반 문제들을 무시하는 정부의 처사로 인해 모든 편견과 차별이 경제적인 뿌리에서 비롯된다는 생각(그리고 모든 정부가 그저 일구이언한다는 생각)으로 치우치게 된다. 편견의 원인과 공동체 결속의 요인들에 대한 연구는 여전히 비교적 미흡하기는 하지만, 편견은 자율적이며 사회경제적인 지위를 초월하여 나타난다고 명백히 지적하고 있는 실증적 연구들이 증가하고 있다. 로렌스와 히스(Laurence and Heath, 2008)가 보여준 것과 같이, 여기에는 다양한 민족 집단의 관계성과 지역의 광범위한 민족 혼합 및 불이익과 박탈감—그리고 심지어 '모든 박탈된 지역의 결속력이 낮은 것은 아니다'—을 포함한 다양한 요소들이 얽혀 있다.

- 이데올로기와 가치들의 근본적인 차이는 사회경제적 규모의 수준과 독립적이다. 이러한 차이는 지역적 또는 국가적인 것 못지않게 국제적이거나 디아스포라적이라 할 수 있으며, 완전히 사회경제적 구조의 맥락 밖에 있다고 할 수 있다. 다문화주의에 대한 대부분의 논의는 초다양성과 글로벌 소통에 대한 지금의 현실을 반영하기보다는 다수의 사람들과 소수의 사람들 간의 조정을 중심으로 이루어졌다.
- '차이'는 민족성에 국한되지 않고 성적 지향, 장애, 신앙과 종파 및 기타 특성을 포함한다. 따라서 경제적 구조의 일부가 아니라 깊은 사회심리적인 근원을 갖고 있다. 예를 들어, 동성애 혐오 폭력, 세대 간 갈등이나 장애인에 대한 혐오 범죄가 단순히 빈곤 때문이라고 주장하는 경우는 거의 없다. 오히려 편견과 무지가 강한 요인으로 작용한다고 받아들여지고 있다.
- 차이와 '다름'에 대한 긍정적인 태도는 다른 배경의 사람들에게 얼마나 노출되어 있는지와 관련되어 있으며, 이들과의 관계에 참여하

고 상호 작용할 수 있는 기회가 매우 중요하다. 주목해야 할 점은 일반적으로 가난한 사람들은 위와 같은 기회가 더 적기도 하고, 그렇다 보니 차이에 대한 생각이 실제 현실이 아닌 부정적인 신화적 기반의 고정관념이 많은 편협한 환경 아래에서 살아가는 사람이 많다. 그러나 이것은 빈곤 자체에 의한 것이 아니라, 기회와 보다 넓은 삶의 가능성이 결여되었기 때문에 나타나는 작용이다.

이러한 논의들은 5장에서 보다 구체적으로 다루겠지만, 지금 단계에서는 공동체 관계의 개선을 위해 계획된 프로그램들이 긍정적인 결과를 낳았다는 점과 특히 '접촉 이론'(Hewstone et al., 2006, 2006a, 2007, 2008, 2008a)은 이러한 성공을 기초로 하여 새롭게 조명되고 있다는 점에 주목하고자 한다. 마찬가지로, 소속에 대한 공통의식을 기반으로 하여 학교, 직장, 공동체에서 다양성에 대한 긍정적인 이미지를 만들기 위해 개발된 프로그램들이 어느 정도 영향을 미치고 있는 것으로 나타났다. 다시 말해, 이러한 프로그램들은 아직 충분한 연구가 이루어지지는 않았지만, 참여자들의 결과가 긍정적이며 일부 공동체들은 다양하고 통합된 사회에 대해 보다 긍정적인 이미지를 갖고 있는 것으로 나타났다(Cantle, 2008, pp.178-188).

이러한 논의 가운데 어떤 것도 불평등과 박탈의 영향을 부정하지는 않는다. 그러나 여기에 자원의 분배나 직업 및 서비스 접근에서 불공정성이 느껴지거나 어느 집단이 특별대우나 혜택을 받고 있다고 보이면, 그 사람들을 향한 적개심을 유발할 수 있다. 더불어 가난한 사람들은 국가가 배분하는 자원에 더욱 의존할 것이고 자립도도 낮아질 것이다. 나아가 소수민족을 향해 더욱 일반적인 적대감을 양산하는 정치적 논쟁으로 인해 극우파와 반이주민 정서가 사회경제적인 지위와 무관하게 널리 확산되고 있다(이 장 뒷부분을 참조). 실제로 새로운 이주민에 대한 적대감은 해당 지역에 오랜 기간 살아온 다른 소수민족 주민들에게도 나타나고 있다.

진보적 다문화주의

진보적인 형태의 다문화주의는 일부 유럽 국가들의 동화주의 경향(특히 가장 두드러진 프랑스)과 동시에 영국의 분리주의 모델에 대한 의존을 벗어나기 위해 개발되었다. 캐나다의 접근법이 아마도 이러한 모델의 가장 적합한 예시일 것이다(이 개념은 캐나다의 프랑스어를 사용하는 주에서 제기되었다. 이후의 내용 참조). 캐나다 정부[2]는 1971년에 세계 최초로 다문화주의를 공식 정책으로 채택하였으며, 다음과 같은 비전을 제시하였다.

> 모든 시민은 평등하다. 다문화주의는 모든 시민들이 자신의 정체성을 지키고, 그들의 선조들에게 자부심을 갖고 소속감을 가질 수 있도록 보장한다. 수용(acceptance)은 캐나다인들에게 안정감과 자신감을 주고, 다양한 문화에 대한 개방성과 수용력을 높인다. 캐나다의 경험은 다문화주의가 인종적, 민족적 조화와 이문화적 이해를 장려하고 있음을 보여준다.
>
> 상호 존중은 공통 태도의 발전을 돕는다. 새로운 캐나다인들은 이전의 캐나다인들과는 달리 정치적 절차와 법적 절차를 존중하고 합법적 수단을 통해 현안들을 다루길 원한다.

다문화주의를 통해, 캐나다는 모든 캐나다인들의 잠재력을 인식하고, 그들의 사회통합을 촉진시키며 사회, 문화, 경제, 정치적 문제들에 적극적으로 참여하도록 장려한다.

모든 캐나다인은 그들의 태생에 관계없이 법 앞의 평등과 기회의 균등을 보장받는다. 캐나다의 법률과 정책은 인종, 문화유산, 민족성, 종교, 조상과 출신 지역의 다양성을 인정하며 남녀 모두의 양심, 사상, 믿음, 견해, 표현, 단체 결사와 평화 집회의 완전한 자유를 보장한다. 이러한 모든 권리를 포함한 우리의 자유와 존엄성은 캐나다의 시민권과 캐나다의 헌법, 그리고 권리와 자유 헌장에 의해 보장된다.

[…] 캐나다인으로서, 그들은 자신들보다 먼저 온 다른 모든 캐나다인들과 함께 민주주의의 기본 가치들을 공유한다. 동시에 캐나다인들은 그들이 특정한 집단으로 동일시되길 원하던 원하지 않던 어떠한 불이익이 없이 스스로 선택할 자유가 있다. 그들의 개인적 권리는 전적으로 보호되며 집단에 대한 억압을 두려워 할 필요가 없다.

캐나다 다문화주의의 비전은 실제로 진보적이며 '이문화 이해', '공통 태도', '소속감', 그리고 '다양한 문화에 대한 개방과 수용'을 강조한다. 또한 '자신의 정체성을 지키고' '그들의 선조들에게 자부심'을 가질 수 있는 권리를 제공하는 한편, 다양한 집단들 주위에 방어적인 장벽을 구축하기보다 다른 사람들과의 협력과 일체감을 분명하게 강조한다. 나아가, 더욱 진보적으로 캐나다인들은 '그들이 특정한 집단으로 동일시되길 원하든 원치 않든 간에 … 집단에 대한 억압을 두려워할 필요가 없이, 불이익을 받지 않고 그들 스스로 선택할 자유가 있는' 개인이라고 제시한다. 이것은 단일한 신앙이나 민족정체성('국가 다문화주의'일 수 있는, 이후 참조)으로 정의되는 동질 집단인 공동체와 그 지도자들에게 지지를 받고 있는 영국의 모델과는 대조적이다.

다문화주의에 대한 영국의 접근은 이러한 방식으로 성문화되어 있지는 않았으며, 긍정적인 비전이라기보다는 주로 사건들에 대한 반응으로서 많은 우여곡절이 따르는 문제들에 법률적이고 정치적인 개입을 하면서 발전하였다. 이러한 영국의 접근에 가장 적절한 사례로서 인종주의와 불관용이 실제 공동체의 긴장을 초래했던 1966년 당시 내무부 장관이었던 로이 젠킨스(Roy Jenkins)가 제시한 비전 성명을 들 수 있다.

> '통합'은 어쩌면 다소 느슨한 단어일 것이다. 나는 통합이 이민자들에게 자신의 민족적 특성과 문화가 상실되는 것을 의미한다고 생각하지 않는다. 나는 정형화된 영국인이라는 누군가의 잘못된 비전으로 인해 모든 사람들을 공통주형에 넣어 하나의 복사본처럼 바꾸려는 '용광로'가 이 나라에 필요하다고 생각하지 않는다.
>
> 그러므로 나는 통합을 고르게 하는 과정이 아니라 상호 관용의 분위기 속에서 문화다양성을 수용하는 평등한 기회라고 정의한다. 이것이 목표이다. 우리는 과거와 현재의 다른 공동체들과 같이 이 목표에 완전히 도달하기에는 조금 부족할 수 있다. 그러나 문명화된 삶과 사회 결속에 대한 세계적 평판을 유지하고자 한다면, 우리는 그 성취에 가까워지도록 보다 더 나아가야 한다.
>
> (Jenkins, 1966)

이 성명은 다양성이 가치가 있고 유지되어야 하며 '영국인'이 되는 여러 가지 다양한 방법이 있다는 것을 인정하고, 동화를 피하기 위해 노력하겠다는 분명한 약속을 한다. 그럼에도 불구하고 '하지 말아야 할 것'의 언급은 '방어적'으로 보일 수 있다. 유감스럽게도 이러한 일반화된 성명과 약속은 '민족적 특성과 문화'가 실제로 의미하는 것이 무엇이고, 차이의 요소에 대한 다른 의미 있는 이해를 어떻게 고려할 것인지에 대한 보다 섬세하고 단계적인 접근으로의 전환이 아니다. '문화'라는 용어는 신앙, 생활 방식의 선택, 정치적 관점, 가족 및 사회 구조, 공동체 전통, 언어적 · 예술적 · 음악적 선호, 직업 및 비즈니스 유형, 역사적 선례와 '가치'에 대한 보다 일반적인 생각들을 포괄하면서 매우 느슨하게 사용되었다. 그래서 다문화주의는 파레크의 2000년도 보고서인 「공동체들의 공동체」(Parekh, 2000)에서 구상하고 있는 '다민족 영국의 미래'와 매우 부합하는 '문화적, 공간적으로 구별된 공동체들의 창출'(Hussain et al., 2007)과 맥을 같이 한다.

그래도 최근에는 분리와 통합에 관한 논쟁의 맥락 내에서라도 '분리의 층위'(Cantle, 2008)를 분류하려는 시도가 있었다(6장에서 더 자세히 논의된다). 이는 이러한 분리 영역들의 상대적인 중요성을 고려한 시도였음에도 불구하고 재차 렌틴과 티틀리(Lentin and Titley, 2011, p.45)와 같은 열렬한 다문화주의 이론가들의 적대감을 불러왔다. 그렇지만 일부 영역에서 특히 고용과 관련하여 특수성을 종식하려는 시도는 오랫동안 다문화주의의 바람직한 목표로 여겨졌고 지속적인 정부 계획(예를 들어 Home Office, 2005)으로 제시되었다. 그러나 그 당시 다문화 이론에서 수용하고 흡수할 만한 것은 '통합(integration)'에 대한 개념보다는 '포용(inclusion)'이라는 용어였다. 라트클리프(Ratcliffe, 2004)는 '포용적인 사회를 상상하는 것'으로서 '인종', 민족성, 차이에 대한 자신의 비전을 제시하지만, 이것을 '개념화 하는 것은 쉽지 않다'고 말한다(p.7). 그렇지만 라트클리프는 포용적인 사회에 대한 '핵심 특징들'의 제시를 넘어서서 '인종주의와 차별에 대한 비난', '높은 수준의 물질적 평등', "'타인'에 대한 의심과 적대감을 불러일으키는 강경한 분리주의 제거"의 지지와 함께 '차이를 존중하는 문화'를 이루기 위해 분투하였다(p.166).

라트클리프는 또한 '포용'이 일정 수준의 통합을 요구한다거나 분리 혹은 동화라는 '양자택일'이어야 한다는 기존의 입장에서 한발 물러선다. '포용하기' 위해서는 실천적인 수준에서의 통합이 요구된다. 즉, 개인은 공통 기반에서 의사소통을 하고, '타인'과 함께 일을 하고, 동일한 훈련이나 교육 과정에 참여하는 것이 필요하다고 자각하게 된다. 나아가, 개인은 평등을 구현하기 위해 사회적, 경제적, 교육적, 정치적으로 더 성장하려는 열망과 그러한 가치를 공유해야 한다. 그러므로 '포용'은 다수나 '주류' 공동체에 책임을 부여하면서 소수민족들(그리고 다른 불이익을 받는 집단들)에게 손을 내밀어 '받아들이는' 통합 활동을 제시하는 방식이다. 반면에 '통합'은 소수민족들에게 사회의 일부가 되기 위한 적응과 변화—심지어 동화—를 요구하기 때문에 논란이 되었다. 마찬가지로, 일부 논평가들은 '배제'가 소수민족들이 다수의 배타적인 행위에 의해 동등한 기회를 거부당하는 것을 함의하는 방식으로 사용되었던 반면(예를 들면, the Social Exclusion Unit, 2004 참조), '분리'는 분리되기를 바라는(극단적인 관점에서, 그러나 많은 사람들이 부분적으로는 인정하는, Finney and Simpson, 2009 참조) 소수민족들에 대한 비난이나 일종의 '희생양'으로 간주되었고 분석한다.

다문화주의의 용어가 공유 사회에 대한 공통성과 소속감과 더불어 문화적 특수성을 신장시키려는 보다 진보적인 다문화주의 형태로 발전하고자 했던 시도는 합의점을 찾지 못했다. 일부에서는 또한 다문화주의라는 용어가 매우 다양한 방식으로 이해되기도 했다. 공동사회 네트워크(Communitarian Network, 2002)는 공동체들을 결합시키면서도 문화의 특수성을 꽃피울 수 있는 '매우 중요한' 가치인 '통일성 내의 다양성(diversity within unity)'에서 출발하는 보다 진보적인 다문화주의의 개념을 만들고자 했다. 나아가 이 접근은 공동체 결속의 기치 아래 개발된 보다 구체적인 기획들과 함께 전개되었다. 이들은 언어의 공통성, 상호작용 및 토론을 통해 발전하는 공유 가치, 상호 신뢰와 이해를 혼합하고 촉진시키는 제도의 수립을 강조하면서도, 문화적 특수성을 보존하고 불평등에 맞설 것을 제안하였다(Cantle, 2001). 공동체 결속은 영국 전역의 지역에 기반해 있는 실무자들에게 대부분 보편적으로 받아들여졌지만, 초기에는 소수 집단을 약화시키는 근본적인 정치적 의제로 보았기 때문에(Lentin and Titley, 2011, p.45) 일부 학자들은 반대하였다(5장 참조). 그러나 다문화주의에 대한 상호문화적 관점에서의 비판은 '개인의 자율성이나 보편주의는 다양한 맥락이 있다는 주장들과 연관된 문화 관념'에 근거하고 있음을 시사하며(Hammer, 2004), 미어와 모두드처럼 공인된 다문화주의자들의 생각에 변화를 일으키기 시작하였다. 이들은 '지적 전통으로서 다문화주의의 유래'를 재검토해야 한다고 보았으며(Meer and Modood, 2011), 새로운 상호문화적 모델을 받아들이기 보다는 현재 '다문화주의의 재정립'(Meer and Modood, 2008)을 요구하고 있다.

그러나 이것은 학문적이거나 이론적인 논쟁이 아니다. 전 세계의 많은 국가들은 한 편에서는 소수 집단의 권리와 본질적인 특수성, 다른 한편에서는 모든 시민들이 동의해야 한다고 생각하는 핵심 가치인 공통성과 책임, 이 둘 사이의 균형을 맞추기 위해 분투하고 있다. 네덜란드는 '민족적 차이를 무시하는' 새로운 정책을 내세우며 원래의 보다 자유주의적 형태의 다문화주의를 폐기하였다(Meer and Modood, 2008). 그리고 프랑스는 얼굴에 베일을 쓰는 것을 금지할 것인지, 스위스는 미나레츠(Minarets 역자 주: 이슬람 사원의 뾰족탑)의 건축을 금지할 것인지, 덴마크에서는 모하메드를 묘사한 만화의 출판을 허용할 것인지, 호주는 원주민들 안에서의 아동 학대 혐의에 개입할 것인지, 퀘백 주에서는 영어 사용자(특히 새로운 이주자들)에게 프랑스어를 강요할 것인지의 물음들이 실제 논란이 되었으며 전 세계에까지 반향을 일으켰다. 특히 극우파는 이러한 논란들을 이용하면서 그들의 호소를 소위 생물학적 차이보다는 문화적 차이에 투영하여 조정하기 시작하였다(Cantle, 2011).

유감스럽게도 다문화주의의 패러다임은 진보적인 개념에서조차 소수 집단과 다수 집단, 디아스포라, 그리고 국가 간 경계를 넘어선 다면화된 과정 인식에 실패하였다. 그들의 논쟁은 주로 국가 내의 다수 공동체와 소수 공동체 사이의 조정에 국한되었으며, 여전히 '인종'을 흑/백이라는 이원적인 관점으로 강화했다. 통합결속위원회(Commission for integration and Cohesion: CIC)가 왜 '다문화주의'라는 용어의 사용을 거부하고, 이 용어가 혼란스러운 특성이 있다고 느끼며, 초점을 복합적 사회사업을 만들기 위한 실천적 정책에 두어야 한다고 생각하였는지 이해하는 것은 어렵지 않다. 말하자면, 인종, 신앙, 문화는 중요하지만 복잡성의 유일한 요소는 아니다. 이것은「우리의 공유된 미래(Our Shared Future」(CIC, 2007a, 13)라는 통합결속위원회(CIC)의 보고서 제목에 담겨 있다. 마찬가지로 유럽평의회(Council of Europe, 2011)는 심지어 '다문화주의'라는 용어의 사용을 거부하며, '함께 살아가기(Living Together)'라는 개념을 선호하였고, 보다 실천적인 적용에 중점을 두기를 원했다. 이러한 배경 가운데 보다 새롭고 전향적인 상호문화주의 개념이 대두되었으며, 다문화주의의 짐을 덜어내고 세계화

시대의 다양성을 위한 새로운 비전을 제공하려 한다.

'국가 다문화주의'

데이비드 캐머런(David Cameron, 2011) 총리는 이러한 담론 속에 '국가 다문화주의(state multiculturalism)'라는 용어를 언급하면서 다음과 같이 부연하였다.

> 국가 다문화주의의 교의 아래에서 우리는 다른 문화들이 분리된 삶을 살도록, 각각의 문화들과 주류의 문화가 떨어져 살도록 장려하였다. 우리는 그들이 소속되길 원하는 사회의 비전을 제시하는 데에 실패하였다.

그리고

> 심지어 우리는 이러한 분리된 공동체들이 우리의 가치에 반하는 방식으로 행동하는 것을 허용해 왔다.

캐머런이 언급한 '국가 다문화주의' 개념은 국가가 나서서 소수 공동체들이 분리를 유지하도록 장려하는 것이었다. 그는 국가가 분리주의가 촉진되는데 있어 실제로 어떤 기제를 사용했는지에 대해서는 거의 언급하지 않았지만, 그의 발언 대부분은 '강제 결혼의 공포', '모스크 내 증오 설교자', '인터넷 채팅에 공유된 극단주의자들의 견해' 등에 골몰하면서 영국

내 무슬림 공동체 문제에 초점을 맞추었다.

적어도 영국에서 국가는 '방어적 다문화주의'의 접근과 마찬가지로 공동체들의 거리를 떨어트려 놓음으로써 갈등과 긴장을 통제하려고 모색했다는 점에서 어찌 되었든 지금까지 분리주의를 조장했던 것은 사실이다. 또한 공동체 결속 정책과는 달리 소수 공동체들이 '포용'되었다고 느끼는 —앞에서 한 번 논의했듯이— 사회의 비전 역시 거의 제공하지 못했다.

총리는 정부 정책이 분리를 장려하는 방식이라고는 인정하지 않았는데, 그럼에도 여전히 '국가 다문화주의'는 그 영향력이 유효해 보인다. 연설에서는 삶의 분리를 막거나 사람들이 함께 살아가도록 독려되어져야 한다는 어떠한 내용도 제시되지 않았다. (그리고 결과적으로 이후에 정부가 '통합 전략'으로 도입한 어떤 특정한 조치도 없었다(DCLG, 2012).) 오히려 초점은 '가치'에 있었고 이것은 소수의 극단적인 실행—주로 무슬림 공동체—에 관한 매우 단순한 용어로, '그들'이 '우리'와 통합되지 못한 것으로 표현되었다. 이러한 점에서, 그들이 통합을 거의 수용하지 않거나 전혀 수용하려 들지 않는 공동체로 비추어 졌다. 분명해 보이는 것은 '통합'을 통해 무슬림 공동체가 기꺼이 그들의 가치를 바꾸고 서구 문화에 적응해야 한다고 생각이었다. 같은 연설에서 캐머런은 무슬림 공동체에 대한 일반화를 자제하길 원한다고 주장했지만, 이러한 접근은 '문명의 충돌'(앞의 내용 참조)이라는 개념을 강화시킬 뿐이었다.

그동안 '국가 다문화주의'는 의도적으로 때로는 알게 모르게 다양한 공동체들의 '분리된 삶'의 지원 여부를 판단할 때 잠재적으로 영향을 미쳐왔다. 다문화주의 초창기 때의 방어적인 형태에 내재되어 있던 그 방식대로 말이다. 대부분의 경우, 국가 주도로 소수 집단을 대신하여 그들을 차별에서 보호하거나, 보다 평등한 기반 위에서 고용, 교육, 건강 및 기타 서비스들에 접근하도록 지원하기 위해 개입해 왔다. 이러한 개입은 일반적으로 '문화적 분리'라는 토대 위에서 제공되었다. 2001년 이후 '단일정체성' 규정이나 서비스 재정 지원에 대한 이의가 제기되었으며(Cantle, 2001), '공동체 결속'의 필요가 거론되었고 이러한 요구는 2007년 결속에 대한 추가 검토를 통해 강화되었다(CIC, 2007). 전 노동당 정부는 이 사안에 대한 책임을 효과적으로 회피하였고, 대체로 결정을 지역 차원으로 넘겨버렸다(DCLG, 2008). 그리고 새로운 연립정부는 총리의 발언과 최근의 통합 전략에도 불구하고 아직까지 뚜렷한 비전을 제시하지 못하고 있다(DCLG, 2012).

국가는 여러 영역에서 문화와 신앙의 분리를 직·간접적으로 촉진하는 여러 제도적 장치들과 시설들을 지원한다. 가장 주목할 만한 것은 신앙(그리고 민족)의 노선을 따라 구체적으로 개발된 교육을 제공하는 것이다. 특히 북아일랜드는 실제로 학교의 약 95퍼센트가 개신교나 가톨릭에 기반을 두고 있고, 잉글랜드에서도 많은 학교들이 국가의 지원에 따라 공식 · 비공식으로 나누어져 있다. 잉글랜드에서 초등학교 36퍼센트와 중등학교 18퍼센트는 2007년에 종교적인 성격을 띠게 되었다(Department for Children, Schools and Families, 2008). 이 학교들의 대부분은 잉글랜드 교회에 원조를 받고 있으며(중등학교 205개와 초등학교 4,441개), 가톨릭에서도 많은 중등학교(343개)를 운영하고 1,696개의 초등학교를 관리하고 있다. 또한 100개 이상의 초등학교와 55개의 중등학교가 다른 기독교 신앙들, 유대교, 이슬람, 기타 신앙들에 의해 운영되고 있다(ibid., p.15). 학교의 분리가 공동체 결속에 영향을 미친다는 우려가 나타났으며(Cantle, 2001) 신앙에 기반하여 선택한 학교들 간의 민족적 분리 수준이 얼마나 열악해졌고(Osler, 2007), 사회를 나누고 있는지를(Kymlicka, 2003; Runnymede, 2008) 증명하는 연구가 계속되고 있다.

영국에서 종교는 민족과 신앙 사이에 강한 일치가 있다는 점에서 '인종을 규정한' 것이나 다름없다. 나아가 종교적이지 않은 학교들을 포함하여, 보다 일반적으로 학교를 선택하는 관행 속에서 특정 공동체에게 이익이나 불이익을 유발하는 과정을 허용해왔다. 예를 들어, 인기 있는 학교는 지원자가 지나치게 몰렸을 때 인근 지역 지원자들을 우선적으로 뽑는 원칙을 지키지 않았고, 이런 식으로 분리된 학교들이 있는 지역 또한 분리되었다. 이와 같은 학교와 거주지 분리가 동시에 발생하는 상황은 미국과 같은 다른 나라들에서도 명백히 나타난다(The Eisenhower Foundation, 2008). 게다가 영국에서 그들이 거주하고 있는 지역의 외부에 있는 학교를 선택할 수 있는 부모의 선택권 보장은 고등교육의 선택이 민족과 신앙의 노선을 따라 행사된다는 것을 의미했다. 이것은 최근 몇 년 동안 더욱 문제가 되고 있으며, 학교의 학생 분리에 대한 2006년 국가 연구는 현재 학교 분리가 그들이 위치한 거주 지역의 분리보다 더 크다는 것을 발견했다(Johnston et al., 2006). 국가의 역할은 신앙에 근거하여 분리된 학교를 지원하는 것에 국한되지 않고, 영향력이 있는 신앙 집단들과 복지 서비스 제공자들에게 특권을 부여하고 후원을 하는 것이다. 신앙 집단의 '특권'은 일반적인 측면과 신앙 정체성을 신뢰하는 특정한 신앙 집단과 관련된 여러 방면으로 확대되었다. 신앙 집단들을 대우하고, 그들의 특정 관점에 대해 함께 토론하며 의사결정 과정에서 특별한 역할을 부여함으로써, 신앙 집단과 민족 집단들의 역할과 장소를 제도화하고 정체성을 다지며 동질화하였다. 이러한 점에서 무슬림 공동체는 최근에 가장 주목할 만하다(Jurado, 2011). 실제로 신앙에 기반한 집단들은 이러한 과정에 참여하고, 연대를 발전시키며, 그들의 공동체에 서비스를 제공하는 재정 지원을 받을 수 있다. 비슷한 수준의 영향력을 갖고자하는 세속 집단들을 제외하고는 이러한 제도에 대해 누구도 의문을 제기하지 않았다. 비록 공정한 기반에 있는 듯이 보일지라도 실상 정체성에 기반한 정치 제도를 더욱 영속시키는 것을 도울 뿐이었다. 그러나 학교와 관련하여 보다 명확하고 폭 넓게 적용한 갤러거(Gallagher, 2004)는 '분리에 대한 단순한 사실은 젊은이들에게 그들이 근본적으로 다르다는 암묵적인 메시지를 주었다'고 지적한다.

분리된 신앙과 문화에 근거한 규정은 다문화사회가 변하였고 이 사회가 현재 새로운 문제들에 직면해 있다는 것을 거의 인식하지 못한 채 수년에 걸쳐 발전하였다. 예컨대 교육적 측면에서 영국의 교회들은 국가가 학교 운영에 대한 책임을 받아들인 때를 기념하는 1870년 포스터 교육법(Forster Education Act) 이전부터 오랫동안 교육을 제공했지만, 당시에는 새로운 체계를 도입한 것이라기보다는 근본적으로 규정의 틈새를 메운 것뿐이었다(Howard, 1987, p. 111). 학교 규정의 이중적 기반은 여러 문제들을 겪으면서 오늘날에도 지속되고 있다(Runnymede Trust, 2008 참조). 현재의 상황에 이의가 제기될 때마다 오히려 제도적 합의는 강력한 정치적 압력 단체들을 발전시켰고 그들이 제공한다고 믿는 '부가 가치'의 사례들을 제시하였다(예를 들어, 잉글랜드 및 웨일즈의 가톨릭 교육 서비스, 2010 참조).

과거 인구의 신앙분포에 근거한 현재의 신앙특권 규정은 이러한 제도들이 차츰 지지기반을 잃게 될 뿐만 아니라 역효과까지 낳을 수 있다. 정부는 영국에서 비교적 새롭게 성장하고 있는 종교들이 신앙에 기반한 교육에 대한 국가 보조와 관련하여 이전과 동일한 지위의 특권을 누릴 수 없다면 불공정한 대우로 이어지게 된다는 것을 인정하였다. 결국 이러한 지원을 받으며 자신의 학교 설립을 요구할 수 있는 신앙의 수가 증가하고 있다. 이로 인해 공동체 내부와 공동체들 사이의 분리는 증가하고 있으며, 이들은 '국가 다문화주의'의 이익을 취하고 있다.

라이시테(laïcité 역자 주: 프랑스 공화국의 건립 이념과 같이 하는 프랑스의 정교분리 원칙)라는 프랑스의 원칙은 약 100년 동안 프랑스 법으로 기술되어 국가와 교회의 분리를 뒷받침하였으며, 다문화주의의 퇴보적인 동화주의 모델을 지지하는 프랑스의 원칙으로 여겨졌다. 라이시테는 프랑스가 동질적인 단일문화 사회에서 다민족과 다종교 공동체로 전환하는데 있어 잘 대처할 수 있게 하였다. 프랑스에서 제도적인 분리는 일반적으로 학교와 정부기관에서 신앙의 역할에 대한 논란을 적어도 부분적으로 피해 왔다는 것을 의미한다. 그렇지만 프랑스의 모델은 공적 영역에서 신앙을 거의 전적으로 부정해야 했으며, 이러한 입장은 신앙 활동 규정에 대한 국가 지원과는 매우 다르다. 주로 얼굴의 베일과 머리의 두건 착용을 금지하는 것과 같은 조치는 사신의 신앙을 표현하지 못한다는 심각한 논쟁으로 이어졌다.

현재 모든 국가들이 소수 신앙을 지닌 많은 사람들로 구성되어 있다는 것이 의미하는 바는 유입되는 이주의 불가피한 결과로서 많은 서구 국가들 내의 공적영역에서 다양한 신앙이 증가했다는 말이고 이에 따라 신앙이 다문화주의의 주요 요소가 되었다는 것이다. 영국은 신앙과 국가가 비교적 강하게 분리되어 있고 정부는 '하나님의 일을 한다(do God)'[3]고 제의하지 않았음에도 불구하고, 영국은 국교회가 있으며 특히 대표성에 있어 잉글랜드 교회(역자 주: 성공회)에 특권—예를 들어 상원 의원 중에 26명이 주교이다—을 주고 있다. 또한 기독교 신앙은 공식 기념일의 주요 의례와 배열에 있어서 대표성, 중요성, 참여권을 갖고 보다 일반적인 특권을 누린다. 최근에는 방지 의제(Prevent agenda)에 따라 극단주의에 대응하기 위해서, 다른 신앙들, 특히 대부분은 무슬림의 대표 자격을 발전시키려고 노력하였다. 그럼에도 불구하고 영국은 세속주의 입장을 고수하고 있기 때문에 신앙 조직이 행사하는 영향력은 상대적으로 약한 수준이었다. 그리고 이것이 공적 영역에서 기독교 신앙이 영향력이 있는 미국과 대조되는 부분이다. 미국은 만일 그/그녀가 '하나님의 일을 한다'라고 말하지 않는다면, 어떤 주류 정치가라도 당선될 희망을 가질 수 없다. 미국은 국교회가 없음에도 불구하고 이것이 현실이다.

종교 정체성은 그들의 '인종'과 민족성과 더불어 인지되는 것이다. 따라서 신앙 집단들은 가시성이 있다는 의미에서 공적 영역에서 뿐만이 아니라 현재 다문화사회를 조직하는 일부로 여겨진다. 사실상 신앙에 기반한 집단들은 포교 활동으로 보이는 일(신앙이 있다는 것과 신앙을 지원하는 일이 그들의 신앙에 대한 공적인 신뢰를 의미하지만)에는 일반적으로 재정 지원을 받지 못했다. 그렇지만 우리의 현재 다문화주의 체계는 별도의 재정 지원과 대표성을 보상해 주면서 갈수록 분리된 정체성을 장려하고 있다. 전부터 이러한 '단일집단 기금(single group funding)'이나 '단일정체성 기금(single identity funding)'(Cantle, 2001; CIC 2007 and NIVCA, 2004, p.200)에 대한 우려가 있어왔지만, 현재의 정부도 이전의 정부도 이러한 관행에 의문을 제기할 뿐 실제로 할 수 있는 일은 없다고 여긴다.

단일정체성 기금은 진보적인 다문화주의의 개념 아래에서 발전하였다. 이것은 불이익을 받는 집단들에게 자원을 제공한다는 기치로 정당화되었고, 그들의 이익을 대변하는 리더십과 지지를 개발할 수 있는 충분한 자원을 제공하였다. 즉 그러한 집단들은 보다 평등한 기반에서 공공 서비스에 접근할 수 있고, 기금의 주요 규정 내 빈틈을 잘 찾아내 맞춰가고 있으며, 자신들의 유산을 보호하고 있다(Cantle, 2008). 그러나 초다양성의 시대에는 너무 많은 집단들이 관심과 기금을 위해 경쟁하고 있으며, 분리된 지원과 규정은 해당 자원을 크게 증가시키는 결과를 가져오면서, 단일정체성 기금 정책과 실행을 관리하는 것이 거의 불가능해졌다. 또한 이러한 기금은 주류가 고안한 규정으로서 소수 공동체들을 '지속적으로 실패하게 만들고', 다양성의 현실을 인정하고 변화시키기보다는 소수 집단의 요구에 완강하고 무신경한 태도를 유지하게 한다는 역효과가 문제시되었다(Miah, 2004, p.90). 또 일부 사람들은 단일정체성 기금이 분리를 촉진하고 공동체들 사이의 가교와 협력을 방해하는 다문화주의 모델을 강화한다고 주장하였다(Hussain et al., 2007).

새로운 이주민 공동체에 어떠한 목적을 지닌 기금을 지원하여 이들의 역량을 구축하고, 거버넌스 과정과 시민 사회에 완전히 참여할 수 있도록 해야 한다는 강력한 주장이 있다. 그러나 욕구(그리고 여타의 공동체들과 전반적으로 공유할 수 있는 것)를 확인하기보다는 그들의 정체성에 기초하여 지속되는 재정 지원은 국가가 특정 정체성을 도구화하고 있다는 것을 의미한다. 민족성과 신앙을 기반으로 한 집단에 대한 재정 지원은 그간 평등한 기회와 자격을 제공하지 못하는 바람에 지속적으로 비판의 대상이 되었고, 이 때문에 점점 더 공정한 수준의 대표성과 규정을 바꿔왔다. 오늘날에도 이러한 결함은 여전히 존재하며, '영국은 얼마나 공정한가?(How Fair is Britain?)'(EHRC, 2010)라는 물음을 던진 최근의 포괄적 연구에서는 서로 다른 공동체들과 이해관계가 얽힌 수많은 불평등의 증거들이 발견되었다. 사실상 가장 염려스러운 점은 이들이 발견한 '특별히 큰 차이들'이 일부 민족과 종교 집단을 위한 교육, 고용, 훈련에서 나타난 것이 아니라, 소수 민족을 배경으로 하는 대부분의 사람들이 그들의 자격, 나이, 직업에서 기대한 것보다 벌이가 적었고, 무슬림 남성과 무슬림 여성의 급여에서 가장 큰 편차가 있다는 것이 드러난 것이다(ibid., p.671).

평등인권위원회(EHRC)는 정체성이 또한 크고 작은 불이익의 정도를 결정한다고 분명하게 말하고 있다.

우리 모든 사람들은 출생이라는 우연한 사건의 덫에 걸려 있다. 우리의 운명은 너무나 쉽게 성이나 인종에 의해 결정되었으며, 우리의 기회는 너무나 자주 나이, 장애, 성적 선호, 또는 깊이 자리 잡은 종교나 신념에 좌우되어, 우리를 다른 사람들의 눈에 덜 중요한 존재로 만들었다. 그리고 여전히 우리 가운데 너무나 많은 사람들은 인생을 올바르게 출발할 수 있는 물질적 혹은 사회적 자본이 없는 가정에서 태어난다.

(EHRC, 2010, p.7)

앞서 재정 지원의 방법에 대한 문제가 언급되었지만, 고용과 훈련, 예술, 스포츠, 역사와 유산, 건강, 주택, 교육 그리고 다른 여러 분야의 현장에서 프로젝트를 위해 특정 정체성 집단에 대한 재정 지원이 필요할 수 있다. 물론 새롭게 부과된 공공 지출 비용의 감축은 이러한 접근 방식을 어느 정도 축소시키기도 했다. 그러나 한편으로는 극우의 성장에 대응해야 하고 다른 한편으로는 소수 신앙과 민족 집단의 특권에 대한 일반의 우려가 있다. 현재 다수의 백인 공동체는 소수 집단에게 집중된 계획들을 저울질하고 목표하는 지원을 요구하면서 '단일한 정체성' 형성과 강화의 입장을 고수하고 있다(Runnymede, 2009).

영(Younge, 2009)과 센(Sen, 2006)이 서구 국가에 있는 무슬림 공동체에 관하여 언급한 것처럼, 누군가가 동질적인 정체성을 강화하려 의도해도 특정 민족과 신앙에 기반한 집단들의 상대적인 박탈과 차별에 대한 대응은 결국 그들의 렌즈를 통한 조치일 뿐이다. 이러한 긍정적 조치의 방식으로는 '사회적 약자 우대 정책'이라 할 수 있는 실질적 조치가 부족하였기에 전반적으로 중단되었다. 직접적으로 이익을 주는 지원과 같은 형태보다는 더욱 평등한 기반 위에서 집단들의 경쟁이 가능하다고 보았기 때문이다. 하지만 특정 집단과 관련해 새로 드러난 불이익이 있는지에 대해서는 계속 지켜봐야 한다. 예를 들어 로마 공동체(Roma community 역자 주: 집시 공동체)를 로마인(Roma people 역자 주: 집시)이라는 그들의 정체성에 기초한 방식으로 대할 것인지, 아니면 다른 접근법을 발전시켜야 하는지의 문제가 남아 있다.

그러나 긍정적인 조치는 무슬림 공동체와 관련해서는 매우 분명하게 행사되었다. 3장에서 지적했듯이, 매우 최근까지 오로지 무슬림 공동체에만 초점을 맞춘 (그리고 많은 서구 국가에서 모방한) 영국의 '방지' 프로그램 조치는 종교 자체를 더 강화시켰는데, 무슬림 정체성을 강화하고 동질화하는 역효과를 가져왔다(Jurado, 2011). 마찬가지로 영국의 다른 지역에 살고 있는 아일랜드인 공동체와 관련해서도 북아일랜드의 갈등이 절정기였을 동안에 그들의 내적, 외적 정체성이 고조되는 가운데, 같은 방식의 프로그램들이 '의심스러운 공동체'를 만들어 내게 하였다(Hillyard, 1993).

정체성은 또한 보다 분명하지 않은 방식으로 장려되고 '표시되었다'. 특히 민족과 신앙을 모니터링 하는 것이 지금은 관례화되었고, 사람들은 '인종' 또는 민족성, 신앙, 성별, 성적 지향, 연령, 장애라는 제한된 범주를 따라 자신을 어떻게 생각하는지 표시할 것을 요구받았다. 이러한 정보들은 대부분의 공공 기관과 마케팅 기회를 잡고 싶어 하는 사기업들에 의해 수집되었다. 민족과 신앙의 부호화(coding)는 특히 교육, 주거, 건강, 고용 및 기타 공공 서비스 부문에 널리 퍼져있다. 이러한 모니터링은 불이익을 다루고 서비스의 간극과 차별의 문제를 확인하는 수단으로 다시금 발전했지만, 특정 정체성을 사회적, 경제적으로 두드러지게 했다. 특정 복장의 금지와 같은 공공 영역에서의 정체성 표현의 제한과 이와 같은 표현들이

야기할 수 있는 우려들을 사람들에게 알리면서 정체성의 부정적 측면도 부각되었다.

'정체성 정치'는 특정 공동체나 집단이 자신의 이해관계를 위해 힘을 집결하고, 선호하는 서비스 규정과 시설에 영향력을 행사하며, 이러한 방식으로 '자연스럽게' 지지를 얻으려고 생각하는 정치인들의 지원을 받았다(Demirbag-Sten, 2011). 뮤어(Muir, 2007, p.6)는 정부가 '다문화주의의 낡은 정치—연대를 희생하더라도 차이를 고무시키는—'로 돌아가 고삐를 쥐려하고, 현재 공유된 민족정체성과 지역정체성의 중요성을 강조하는 '정체성 정치'의 새로운 흐름을 밝혀냈다. 이러한 방식으로 국가는 경쟁적 충성심을 자극해 여러 다양한 정체성에 반작용하는 새로운 정체성 의식을 만들려고 하였다. 이것은 시민권을 장려하였던 이전 정부에 비해 한참이나 뒤쳐진 것이며(Cantle, 2008, pp.162-170 참조), 분리된 정체성을 지지하는 국가로 되돌아가려는 시도이다.

국가의 역할은 공동체 내와 공동체들 간의 구분과 긴장에 대응하고 이를 조정하는 것이며, 특히 현대 다문화사회와 관련해서는 '모두가 허용하고 필요로 하는 모니터링'의 일환으로서 '주류' 다수 공동체와 새로운 이주민 공동체 간의 조정을 협상하는 것이다(Giddens, 1991, p.16). 핵심 사안은 울프(Wolfe, 2002)와 부샤르(Bouchard, 2011)가 옹호한 것처럼 국가가 다수를 차지하는 공동체의 문화적 이익을 유지할 수 있어야 하는가를 중심으로 논의되어 왔지만, 국가가 제공하는 필수적 규제의 역할은 입법 프로그램과 영향력이 있는 보다 세밀한 전략들을 포함해 복잡하다(보다 상세한 논의는 Cantle, 2008, pp.95-100 참조). 국가는 중립적인 행위자가 아니다. 심판관의 역할을 할 뿐만이 아니라 규정집도 만들고 있다. '국가 다문화주의'는 현재의 상황에 내재되어 있는 일부분이다. 그러나 국가의 힘과 영향력이 이전 장에서 논의하였던 것처럼 변화를 제한하고 있다. 그리고 중국이 구글(Google)을 제약하고 있다는 것이 증명된 것처럼, 심지어 서구 민주주의의 영역 밖에 있는 다른 국가들조차 국제적인 소통에 있어 실질적이고 효과적으로 통제하기 위해 분투하고 있다.

상호문화적인 모델 아래에서 국가의 역할은 사람들이 새로운 다문화적 현대성에 적응하고 맞춰갈 수 있도록 장려하는 주도적인 변화의 주체가 되어야 한다는 것이다. 국가는 국경 내에서 과거에 얽매어 공정성에 대한 개념을 협상하는 데에만 초점을 맞추지 말고, 세계화를 고려하여 보다 전향적인 의제를 숙고할 필요가 있다. 그러나 우리의 현실은 국가차원에서조차 뮤어(Muir, 2007, p.17)가 설명한 '공유 정체성에 대한 새로운 담론'과는 거리가 멀다. 그는 이 담론을 매우 '초기 단계'로 생각했으며, 배타적인 대외 강경론의 '국기를 흔드는 것'에 대한 반감 때문에 '특히 좌파에게는 어려운 영역'으로 보았다. 하지만 이것은 국제적인 차원에서 보다 중요한 문제이다. 이는 상호의존성을 포용해야 하는 민족정체성과 정치의 유연성이 불가피하기 때문에 사실상 편협한 마음으로 '국기를 흔드는 문화'에서는 논의가 진전될 수 없다. 아마도 데이비드 캐머런(David Cameron, 2011)이 부지중에 지적했듯이, '국가 다문화주의'는 모든 사람들이 속하기를 원하는 미래 사회에 대한 어떠한 비전도 가지고 있지 않다. 그렇기 때문에 비전을 제시하는 것은 새로운 상호문화적 모델의 과제이다.

다문화주의와 '인종'

대부분의 서구 국가들 내에서 다문화주의는 본질적으로 '인종'에 관한 것이었다. 1950년대와 1960년대의 맥락은 '인종'을 다루는 것이 불가피하였으며, 주로 백인이 아닌 이주민들의 유입과 관련된 초기의 문제들을 중재하기 위해 도입된 조치들은 거의 전적으로 인종의 긴장과 갈등에 대처하기 위해 고안되었다. 예를 들어 영국의 주요 법률은 일련의 '인종 관련' 법을 통해 이루어졌고, 인종 관계를 개선하고 인종에 기인한 차별을 다루기 위한 다양한 위원회와 규제기관이 세워졌다.

수년에 걸쳐, 그리고 특히 9/11이라는 잔학행위 이후에는 초점이 신앙의 차이로 옮겨졌다. 특히 소위 무슬림/기독교인으로 구분되는 대응 차원에서 그러하였다. 다문화에서 '문화'는 여러 다양한 방식으로 이해되기 시작하였는데, 현재 사회적으로나 정치적으로 현저해진 민족, 신앙, 국적, 언어 등 여러 범주들을 중심으로 전개되고 있다. 또한 이러한 차이들의 일부나 전부를 조합한 형태를 띠기도 한다.

'인종'의 개념—따라서 인종적 차이—은 오랜 세월 유지되지 못했다. 실제로 제2차 세계 대전 이래로 우리는 고착된 인종 구별과 우월성에 대한 위계를 세우려고 했던 유전학자들의 사이비 과학적 명제의 완전한 붕괴를 목격했다. 인간 게놈에 대한 이해의 진보는 근본적인 의미에서 뚜렷한 인종적 특수성에 대한 개념을 대부분 수포로 돌아가게 했다. 대중영합주의자의 눈에도 '인종'이라는 관념은 더 이상 대다수 사람들에게 '차이'를 심어주기에 충분하지 않았다. 이것은 그들의 호소 방향을 변경시켜 '인종적' 차이보다는 문화적 차이로 초점을 맞추고 있는 유럽 전역의 극우정당들을 통해 알 수 있다(Goodwin, 2011a).

'인종'은 근원적이고 경계가 있으며 고정된 것으로 보이는 민족적 차이로 재개념화 되어 지고 있다. 이러한 차이들은 가시적인 특성, 특히 신앙의 구분과 관련되면서 주로 의복의 형태와도 연관되어 졌다. 실제로 영국의 신앙에 기반한 집단 가운데, 특히나 유대인은 그들의 골상학적 측면에서의 가시성보다는 소수 정통 유대 집단의 의상이 지니고 있는 시각적인 구별성 때문에 공식적으로 '인종'으로 생각되었다. 그래서 다문화주의 정책은 인종적 차이와는 다른 가시적인 차이에 대한 대응이며, 이를 바탕으로 하여 만들어졌다. 다문화주의 정책은 이러한 '차이'의 관념에 뿌리를 내리고 있으며, 성적 지향, 성별, 연령, 장애 및 기타 특성들에 대한 폭 넓고 다양한 의제를 적용하지는 못하였다. 또한 사회 내의 '차이'로 이해하는 것이 역동적인 과정의 일부라는 것을 인지하지 못하였으며, 시대마다 차이가 지닌 경계를 마치 영속되는 고정된 개념으로 보는 경향으로 인해 모든 것은 변할 수 있다는 지점을 놓쳤다. '상호문화주의'(이후의 장 참조)는 역동적인 과정으로서 다양성의 모든 양상들을 인지해 가며, 변화하는 '차이'의 요소들과 세계화의 광범위한 영향에 대응할 수 있다고 제안한다.

다문화주의에 관한 대부분의 담론에서, '인종'은 서로 배타적이고 공통점이 없는 정반대의 이원적인 흑인/백인으로 나타났다(Chek Wai Lau, 2004, p.122). 이러한 강조는 폴 길로이(Paul Gilroy)의 저서 『유니온 잭에는 검은색이 없다(There Ain't No Black in the Union Jack)』(Gilroy, 2002)라는 제목에서도 나타난다. 식민지적인 맥락에서의 인종주의 역사와 인종차별 그리고 차별적인 태도와 방법들에 여전히 사로잡혀 있는 백인들과 그 제도에 의해 흑인 및 소수민족들에 대한 지속적인 차별은 확고히 자리 잡혔다. 물론 이러한 관점은 여전히 유효하며, 흑인/백인의 인종차별은 소위 '후기-인종 사회'의 핵심 요소로 남아있다. 실제로 길로이(Gilroy)의 2002년 판본에는 1987년 원판에 추가된 서론의 내용이 있다. 이것은 인종 정치가 크게 변화되었음을 인지한 것이다.

> 검다는 것(blackness)-희생자들 사이에서 공동의 행동과 그들의 고유어 사용을 촉진시켰던 가교-의 단순한 효과에서 또 다른 방식의 역사적 전환이 이루어지고 있다. 이는 문화와 차이를 고착화하고 도구화하는 더욱 정교하고 복잡한 방식의 모색과도 같다.
>
> (Gilroy, 2002, p.xiv)

길로이(Gilroy)는 또한 흑인 공동체들이 그들에 대한 그동안의 내적 · 외적 압력에 의해, 그리고 '인종주의 경험으로 인해 정치적 동맹을 구축하거나 혹은 거부하는 새로운 이민자들에 의해' '적극적으로 재구성되고 있다'는 것을 인정한다(ibid., p.xii). '흑인' 공동체—모든 비백인 소수자들을 포괄하기 위해 오랫동안 정치적으로 사용된 용어—의 연대는 실제로 오래전에 무너졌다. 모두드(Modood, 1988, p.399)는 일반적인 흑인 정체성의 개념을 '무의미한 키메라(chimera 역자 주: 그리스 신화에 나오는 괴물로서 다른 종과 결합하여 새로운 종을 만들어 내는 유전학적 기술을 의미하기도 함)'로 묘사하였으며, 이 개념에서 아시아 문화가 분리되고 구별되었다고 생각하였다. 더불어 지난 10년 동안, 특히 9/11 사건 이후로 무슬림 정체성은 특히 '아시아인'이라는 용어와는 분리된 또 다른 정체성으로까지 여겨지고 있다.

2005년 버밍엄에서 발생한 로젤스(Lozells) 폭동은 영국 내 인종 관계에 새로운 국면을 가져왔다. 이 폭동은 민족 간 갈등 혹은 '흑인에 대한 흑인(Black-on-Black)' 폭력의 중요한 첫 번째 사례이다. 도시의 북서 지역에서 발생한 아시아인 공동체와 아프리카 카리브인 공동체 간의 폭력 사건은 5번의 살인 미수를 포함하여, 2명의 사망자와 347건의 범죄를 발생시켰다.(Latchford, 2007). 다문화주의 이론가들은 이 폭동에 대해 거의 언급하지 않았으며, 유감스럽게도 흑인과 소수민족 공동체들의 연대가 무너지면서 나타난 일탈 현상으로 간주하였다. 사실상 '흑인에 대한 흑인'의 폭력이라는 말은 인종주의에 반대하며 공통의 원인을 모색해야 하는 흑인 공동체의 연대를 약화시키는 것으로 간주되어 비난의 대상이 되기까지 하였다. 물론 현실 속에서 인종주의는 여러 측면에서 나타나고 있다. 소수민족 및 서로 다른 신앙 공동체 내에서와 공동체들 사이에서—또한 백인 공동체 안에서와 백인 공동체들 사이에서도— 분명히 발견된다. 로젤스 사건만큼 심각하지는 않지만, 다양한 공동체 간의 긴장과 폭력에 대한 많은 사례들이 있다. 초다양화된 사회에서 서로 다른 집단들 간의 이토록 오랜 반목과 갈등은 수년 동안, 심지어 수 세기동안 논쟁이 되어오면서도 여전히 함께 살아가고 있는 현실을 보여주고 있다.

'흑인' 정체성이라는 생각 자체가 동질화를 조장한다. 그러나 이러한 동질화는 소수민족에 대한 정치적 목적으로 사용되었다. 다만 모든 소수민족들을 당연히 '비백인'—즉, 자신들과 구별되고, 대부분은 열등한—이라고 간주했던 백인 공동체에게만은 적용되지 않았다. 그러나 백인 공동체 역시 동질화되어 왔으며, 백인 공동체 또한 무너지고 있다. 실제로 '백인'의 정의가 문화적인 노선을 따라 나타났다거나, 또는 신앙이나 민족적 차이로 분명히 구분된다거나 하는 어느 경우에도 문제가 있다. 동유럽에서 서유럽을 향한 이민으로 여러 구별된 집단들이 만들어졌다. 이들 중 일부는 (특히 발칸 국가들에서는) 다른 집단들과 오랜 반목을 지속해 왔고, 타국으로 이민을 간 후에야 서로가 가깝다는 것을 알게 되었다. 영국에서 아일랜드 백인은 과거의 긴장이 모두 사라졌음에도 여전히 '백인'의 범주에서 분리된 민족 집단으로 생각되고 있다. 새로운 백인 이주민 집단과 '주류' 백인 공동체(그리고 BME(역자 주: Black and Minority Ethnic 흑인과 소수민족)의 초기 이주민) 사이에서도 긴장이 나타났다. 영국 정부의 지역 조사(DCLG, 2009) 결과, 사람들이 '다른 배경을 지닌 사람들과 잘 지내고 있다'고 생각하지 않는, 그래서 가장 많은 긴장된 공동체들이 있는 곳은 백인이 다수이며, 주로 동유럽 공동체들이 있는 지역이다. 이곳은 어떤 유형의 다양성에도 익숙하지 않은 주로 시골 지역이었다. 그 지역에는 동유럽 이주 노동자들이 비교적 많은데, 전형적으로 식품류의 수확, 가공, 포장이나 원예 산업과 같이 주로 분리된 일터에 있으며, 주거 또한 작업장에서 가까운 임시 가건물 형태의 분리된 장소이다. 영국은 백인 집단들 사이의 종파 갈등 형태로 일어난 북아일랜드의 개신교와 가톨릭 공동체 간 최악의 폭력을 목격하였다. 이러한 갈등은 상대적으로 낮아보였지만 스코틀랜드에서도 일어났다. 그러나 백인 공동체 내의 분쟁과 갈등은 '백인에 대한 백인' 폭력으로 불려 진다거나 '인종주의자'의 폭력으로는 간주되지 않았다. 길로이(Gilroy, 2002)가 위에서 설명한 것처럼, 이것 역시 '문화와 차이를 고정시키고 도구화하는, 복잡하고 고도로 차별화하는 방식'의 일환이다.

백인 혹은 흑인 정체성이라는 겉으로만 그럴싸한 개념이 점차 차별화되면서 형성된 사회적이고 정치적인 구조화는(Cantle, 2008, pp.101-122 참조) 이들 정체성의 끊임없는 유동성과 강한 맥락화를 보여주고 있다. 게다가 다문화정책에서 '다'를 구성하는 것과 '문화'를 구성하는 것이 전 세계적으로 매우 동일한 방식이라고 생각되어질 수 있지만 실상은 그렇지 않다. 다문화사회의 속성을 보면 한 개나 두 개로 어렴풋이 구별될 수 있는 적은 구성원의 소수민족이 있는 단일문화 사회에서부터 인구의 상당수가 구별되고 분리된 집단들로 이루어진 사회에 이르기까지 매우 다양하고 광범위하다.

부샤르(Bouchard, 2011)는 사회가 지니고 있는 매우 다양한 역사와 인구 구성에 대한 사회 유형을 아래와 같이 구분하였으며, 이에 따라 '민족-문화 다양성 관리'에 대한 다양한 이해 방식을 개발하였다. 부샤르의 유형 분류는 다음과 같다.

- 국가는 평등한 기반 위에서 다수/주류 문화에 대한 인정 없이 민족-문화 집단들로 구성됨. 부샤르는 호주와 영어를 사용하는 캐나다 같은 '국가'들이 이 범주에 속하며, 거의 모두가 이주민으로 구성된 국가로 논란의 여지는 있지만 앵글로/켈트계의 사람들이 어느 정도 다수 또는 '주류' 공동체의 역할을 한다고 보고 있음.
- 소수 또는 다수의 규모와 역사에 상관없이 모든 집단에 대해 공적 삶에서 민족-문화적 유사성을 근본적으로 주장하는 동질성의 패러다임(일반적으로 동화주의 모델로 프랑스, 이탈리아, 일본과 같은 국가가 여기에 해당됨).
- 둘 또는 그 이상의 민족 집단이나 하위 집단으로 구성되며, 때로는 민족국가로 공식인정되어 영속성이 승인된 '양(bi-)'극성 또는 '다(multi-)' 극성 사회의 집합(말레이시아, 볼리비아, 벨기에, 스위스와 같은 민족국가들이 여기에 포함됨).
- 다양성을 최근에 이주해 온 소수민족이나 오래전 이주해 온 소수민족과의 관계로 생각하고 관리하며, 다수의 주류 문화 집단을 기본으로 대하는 이원성의 패러다임. 부샤르는 프랑스어를 사용하는 캐나다 퀘벡 주가 호주 원주민이나 캐나다 원주민 공동체와 유사한 위치에 있다고 제언함.
- 다른 종족 간 결혼을 통해 국가의 민족-문화적 다양성이 점차 줄어들어, 결국 민족-문화의 구성 요소로부터 분리되어 새로운 문화를 창출한다는 생각에 기초한 혼합(mixité) 패러다임(기본적으로 라틴 아

메리카, 특히 브라질과 멕시코 사례에서 잘 나타남).

부샤르는 특히 프랑스어를 사용하는 캐나다와 영어를 사용하는 캐나다의 구별에 집중했다. 캐나다는 '문화' 차이를 표시하는 거의 유일한 요소가 언어인 나라이다(그래서 보이는 차이보다는 들리는 차이가 대표된다고 말할 수 있다). 언어의 차이가 역사적 차이와 문화적 차이를 만들거나 부각시킬 수 있음에도 반드시 언어를 양극성 혹은 이원성이라는 다문화적 패러다임의 일부로 간주하지 않는 나라들도 있다. 에스토니아와 같은 구 소비에트 연방 국가들이 이에 포함된다. 현재 에스토니아는 러시아어를 사용하는 사람들과 에스토니아어를 사용하는 사람들이 분명하게 구분되고 있다. 벨기에 역시 언어의 구분에 대해 평등하게 명시하며 이를 오랜 기간 유지해 오고 있다. 그러나 두 나라는 모두 새로 이주해 온 가시적인 소수민족들과 연관해 다문화적 구분을 이해하는 경향이 있다. 다시 말해, 대부분의 국가에서 다문화주의에 대한 생각은 여전히 문화보다는 '인종'을 중심으로 이루어지고 있다.

부샤르의 유형 분류는 여전히 문화를 민족이나 국가에 근거한 방식에 의존하는 경향이 있지만, 그는 사회의 '상호문화적'인 개념을 발전시키려고 했으며, 다양성의 여러 형태들을 이끌어내기 시작했다.

이와 관련하여 영국의 공동체 결속 프로그램은 어느 정도 더 진척이 있었다. 이 프로그램은 잉글랜드 북부의 '인종' 폭동에 대한 대응으로 처음 만들어졌지만, 사회 계층, 연령, 장애, 성적 지향을 포함한 모든 형태의 차이를 인정하고 이러한 구분을 다루기 위한 개입 방안을 고안해 왔다.[4] 이 프로그램의 특성 중 하나는 '문화'의 정의에 대한 확장이며, 개인정체성과 집단정체성에 대한 생각과 사회가 모든 구분을 넘어 어떻게 연대를 증진시킬 수 있는지에 대한 보다 최근의 생각들을 받아들이고 있다는 점이다. 다문화주의는 당연하게 그리고 필연적으로 '인종'에 몰두해 왔다. 다문화주의는 그동안 그리고 여전히 사회 내 구분되어져 있는 다른 차이들에 대한 인지에 실패하였다. 차이에 대한 새로운 생각들(이전 장에서 논의하였다)은 이미 공공 영역의 일부로 받아들여지며 개인정체성과 집단정체성의 중요한 구성요소들로 여겨지고 있다. 상호문화주의는 이러한 문제들에 보다 나은 대응을 하고자 한다. '차이'라는 것은 소수민족에 국한되지 않고 '인종'에 의해서만도 정의되지 않는다는 것도 분명히 하고자 한다. 길로이(Gilroy, 2002)는 다음과 같은 비유로 제안을 한다.

> '인종'과 인종주의에 대해 다르게 이야기하는 나라가 있다. 상호-혼합은 평범함으로 해방되고, '인종'은 무의미하며, 인종주의는 오래전에 사라진 제국주의 역사의 후유증일 뿐이다. 유쾌한 문화 전복으로 일상성의 해방감을 만끽하고 있는 어느 나라가 있다.
>
> (p.xxxviii)

극우와 대중영합주의자의 호소

다문화주의 정책과 다문화사회의 근본적인 원칙에 대한 반대는 공통의 유대를 형성하고 있는 극우 집단들에게서 가장 열렬히 나타났다. 그러나 그들도 역시 인종과 이민에 집중하면서 '타자'에 대한 가정된 위협을 거래하였지만, 최근 몇 년간 접근법을 조정하면서 다문화정책 지지자들보다 문제를 다루는 데 있어 조금 더 능숙해진 것 같다. 위에서 언급한 것처럼 극우파는 백인 '인종'이라는 추정된 생물학적 우월성에 근거한 그들의 호소가 더 이상 과거만큼의 반향을 이끌지 못한다는 것을 발견했으며, 현재는 문화적 측면에서의 차이에 초점을 맞추기 시작하였다.

굿윈(Goodwin, 2011a)은 유럽 전역에서 극우파에 대한 지지가 증가하고 있는 것을 위의 변화와 관련하여 설명하고 있다. 그러나 그가 대중영합주의적 극단주의 정당(populist extremist parties-PEPs)이라고 언급한 이들 집단 중 일부는 여전히 생물학적 인종주의라는 보다 공격적인 형태를 지지하고 있으며, 이들은 주로 중부 및 동부 유럽에 널리 퍼져있다.

> 점점 … 이러한 생물학적 인종주의는 유럽인들 사이에서 사회적으로 받아들여지지 않고 있다. 결과적으로 가장 성공한 PEPs(대중영합주의적 극단주의 정당)는 인종적 위협과는 다른 문화적 위협으로 소수 집단들에 대한 프레임을 짜나가며 이 담론들을 조작하고 있다.
>
> (Goodwin, 2011, p.13)

굿윈은 극우파가 여전히 소수 집단을 다수 집단보다 생물학적으로 열등하다고 보고 있으며 내부 추종자들에게는 생물학적 인종주의를 내보이고 있다고("무대 뒤")'(ibid., p.13) 말한다. 그러나 표를 얻기 위해서는("무대 앞") 이러한 생각은 뒤로 감추고 소수 집단들이 문화적으로 위협을 가하고 있으며 서구의 가치 및 서구 사회와는 양립할 수 없다는 주장을 부각시키고 있다.

극우파는 세계화의 영향에서 비롯된 사고방식의 전환을 이해한다. 그리고 그들은 아마도 중도 정치인들보다 새로운 상황에 적응을 더 잘해 온 듯하다. 프랑스 국민전선(FN)의 지도자인 마린 르 펜(Marine Le Pen)은 이 상황을 '민족주의와 세계화 사이의 실제적 분리'라고 언급하며, '대규모의 이민을 통하여 문화정체성이 공격을 받으면서', "프랑스의 주권은 'EU에게 철저히 흡수되었다'"라고 항의한다(Le Pen, 2011).

이것은 극우파가 다수 집단의 인종적 순수성을 지키려는 의도와는 전혀 다른 대의명분을 가지고 이주를 반대하는 것이 아니다. 그들은 여전히 '비밀스러운 유대인 집단이 국제 관계를 통제'한다거나 '홀로코스트 사건은 과장되었다'고 주장하는 반유대주의와 종종 결합하는 미숙한 형태의 인종주의일 뿐이다(Goodwin, 2011a, p.13).

그렇지만 극우파는 논쟁을 제시하고 그것을 확증하는 방식으로 접근법을 조정하고 있다.

> 소수민족 집단들은 여러 가지 면에서 위협적인 존재로 생각되었다. 말하자면 다음과 같다.
>
> - 민족정체성에 대한 위협
> - 사회 질서에 대한 위협
> - 경제적 안정성에 대한 위협
> - 공공 서비스 및 복지 국가에 대한 부담
>
> 특히 이민자들과 소수민족 집단이 '민족 문화, 민족 공동체, 그리고 삶의 방식에 위협을 가한다'는 점을 강조하고 있다.
>
> (Goodwin, 2011, p.13)

굿윈(Goodwin, 2011)은 노르웨이의 사례를 통해 이러한 방향 전환을 설명한다. 1980년대의 대중영합주의적 극단주의 정당(PEPs)은 전형적으로 경제적인 노선에 따라 이민에 반대하는 틀을 세웠지만, 최근 몇 년 동안에 그들은 점차적으로 문화적인 면을 포함하는 담론을 발전시켜 나갔다. 이러한 접근은 영국에서도 나타났다. 영국국민당(British National Party, 약칭 BNP)은 특히 무슬림 소수자들에게 초점을 맞춘 캠페인을 벌여 나갔는데, 그들의 민족성에 대해서는 특별한 주의를 기울이지 않았다. 무슬림에 맞춰진 초점은 무슬림은 위협이며, '다른 사람들'이고, 영국성에 대해 해로운 가치를 지니고 있다는 식의 이슬람공포증 담론을 만들어 갔다. 인종적 우월성과 같은 낡은 개념의 접근법은 다양화 된 사회에서 성장한 일부 극소수의 젊은 층에게만 반향을 일으켰다.

현재 극우 정당은 성장하고 있다. 이들은 주류 정치인들의 일부가 부유하지 않은 백인 '주류' 공동체의 입장을 더 이상 대표하지 않는다는 점을 부각시켰고, 결과적으로 많은 유럽 국가들 내에서 중요한 선거 세력이 되었다. 영국에서도 이들은 크게 성장을 했지만, 중요한 선거에서는 아직 큰 성과는 얻지 못하고 있다. 그럼에도 불구하고 이들은 2010년에 52개나 되는 지방자치 지역에서 투표수의 10퍼센트 이상을 획득했으며 전체적으로는 56만 표를 얻었다. 불과 1년 전에는 100만 표를 얻어서 영국국민당의 두 명의 후보가 유럽 의회(European Parliament)에도 진출하였다(iCoCo, 2011). 굿윈(2011)은 결과적으로 현재 영국국민당이 영국 역사상 가장 성공적인 극우 정당이 되었으며, 2001년 이래로 총선에서의 지지율은 12배가 증가하였고, 지방 선거에서는 100배, 가입 당원은 7배가 증가하였다고 지적한다. 이는 지금 여기에서 일어나고 있는 분명한 현상이다. 전년에 비하여 기복이 있었음에도 불구하고 지난 10년간 이들의 전반적인 궤적을 보면 분명 상승세이다. 공동체 긴장을 해결하려는 지속적인 관심의 일환으로 영국에서 극우파의 활동을 모니터링하고 있는 공동체결속연구소(iCoCo_the Institute of Community Cohesion)의 가장 최근 보고서(iCoCo, 2011)를 보면 극우 정당들은 심지어 시골과 교외 지역에까지 자신들의 주장을 확장시키는 데 성공하고 있다.

유럽 전역에서 극우파는 성장하고 있을 뿐만 아니라 2009년 유럽 의회 선거에서 영국국민당이 2석을 차지했고, 오스트리아, 벨기에, 불가리아, 덴마크, 핀란드, 프랑스, 그리스, 헝가리, 이탈리아, 루마니아와 슬로바키아 모두가 대중영합주의적 극단주의 정당(PEPs)의 대표자를 유럽 의회에 보냈다(Goodwin, 2011a, p.2). 이러한 극우 정당에 대한 상승세는 오스트리아, 벨기에, 네덜란드, 이탈리아를 포함한 유럽의 여러 국가들에서 다른 정당들의 지지를 통해 정부에 진입하게 되었다. 심지어 선통적으로 보다 자유로운 스칸디나비아 국가들인 노르웨이, 핀란드, 덴마크, 스웨덴의 경우도 극우파의 지지율이 유례없이 증가하였으며, 덴마크(극우가 세 번째로 큰 정당)와 노르웨이에서는 정부의 일부를 구성하였다. 2010년 비엔나 총선에서 오스트리아 자유당(FPÖ)은 25퍼센트 이상 득표수가 증가하였고, 네덜란드에서는 자유당(PVV)이 150만 표, 득표율 15.5퍼센트로 거의 3배가 증가하였다. 극우파의 접근방식이 심지어 더욱 반민주의적이고 공격적이기까지 한 동유럽에서도 유사한 성장률을 보이고 있는데(Minkenburg, 2011), 현재 폴란드, 헝가리, 체코, 루마니아, 불가리아, 슬로바키아, 슬로베니아에서는 상당한 대중적 지지를 얻고 있다(Goodwin, 2011a). 극우 정당은 현재 서유럽과 동유럽 전역에서 정치적 하부구조의 일부를 이루고 있다.

메시나(Messina, 2011)는 유럽의 상황과 관점에서 극우 정당의 유형을 구별하였다. 그는 정착한 이주민과 새로운 이주민을 향한 배타적 증오심에 사로잡힌 '일반적인 집단', 제2차 세계대전 파시즘의 핵심 교리를 받아들여 과장된 이데올로기에 고취된 '신 파시스트 집단', 억압된 인종 중심적 이데올로기보다는 선거의 승리를 위하여 계산된 욕망을 몰고 가는 '기회주의적 우파', 통치하는 것과 보다 많은 공식적 회원 및 정기적 선거 활동을 원하는 '새로운 급진적 우파', 민족국가주의를 핵심으로 하면서 반이주를 호소하는 단일 사안 정당인 '민족국가적 우파'를 제시한다. 영국국민당은 신 파시스트 진영에 속한다.

그러나 이들 모두 정착한 이주민과 새로운 이주민을 향한 적대감, 아니면 그리핀(Griffin, 2011)이 지적한 것처럼 '변화된 역사적 조건에서의 파시즘 적용'과 프랑스 국민전선(FN)에 고취된 '신대중영합주의'의 성장을 공유하고 있다. 이러한 대중영합주의자들은 '프랑스성'과 프랑스적 삶의 방식에 대한 위협에 대해 우려하며, 수십 년 동안 가속화되어 온 세계화 과정을 멈출 수 있는 것처럼 '이민은 중단되어야 하고 문화적 정체성은 보존되어야 한다'(Le Pen, 2011)는 르 펜(Le Pen)의 부름에 찬동하였다. 르 펜의 정치적 리더십은 차이에 대한 호소와 차이로부터의 권력 기반 구축을 꾀하고 있다. 극우파를 확고하게 반대하는 게리 영(Gary Younge, 2010)은 이러한 정치적 담론에서 '정체성'과의 관련성을 분명하게 이해하고 있다. 그의 저서 『우리는 누구인가?(Who Are We?)』에서 정체성에 관하여 세계와 지역은 공생관계에 있다고—세계가 점점 작아지고 통제력이 약해지면 우리는 영향력을 행사할 수 있는 지역적인 영역으로 후퇴하기 쉽다— 지적하고 있다.

극우파 성장의 결과로서 주류 정치인들은 적어도 이 사안에 관한 유권자들의 우려에 대해 귀 기울이려는 모습을 보이면서 극우파에 대한 지지를 저지해야 한다는 의무감을 느끼고 있다. 이주에 대한 새롭고 엄격한 통제가 특히 선거를 앞둔 시기마다 주기적으로 거론되었는데, 주류 정치인들 사이에서도 '밀려들어 온다'[5]와 같은 감정적인 용어가 사용되었다. 단지 극우파의 지지를 높여줄 뿐이라는 좌파의 공격에도 불구하고 대중의 견해와 노선을 같이 하고 있다는 것을 보여주기 위한 것이다. 이러한 종류의 언어적 표현이 다문화주의에 대한 우려를 이해하고 해결할 수 있다는 그래서 여론도 달랠 수 있을 것이라는 생각은 매우 근거 없는 희망에 불과하다(Kymlicka, 2003a, p.206; Ouseley, 2004). 게다가 주류 정치인들은 '타자'를 향한 적대감이 극단주의자들에게만 국한되어 있다는 매우 잘못된 믿음을 가지고 있으며, 다문화정책과 특히 이주에 대한 분노가 더 깊어지고 있다는 것은 인식하지 못하고 있는 것 같다. 결국 문화다양성과 이주가 대중적인 지지를 받고 있지 못하고 있다는 점에서 다문화주의는 '실패했다'고 말할 수 있다. 이러한 대중적 지지의 부족은 최근의 「희망과 공포」 보고서(SET, 2011)에서 입증되었듯이 극우에 대한 분명한 지지보다 더욱 심각해 보인다.

교육신뢰재단(Searchlight Educational Trust)의 위 보고서는 영국인의 정체성, 신앙, 인종의 현안들을 연구하기 위해 착수된 것이다. 5,054명의 응답자와 91개의 질문으로 이루어진 이 연구는 지금까지 영국에서의 태도, 정체성 그리고 극단주의에 대한 가장 크고 포괄적인 조사 중의 하나이다. 그 결과는 다음과 같다

> 사회에 진보적인 다수가 없고, (조사 결과) 이민에 대한 깊은 분노뿐만이 아니라 다문화주의에 대한 회의론이 나타났다. '타자', 특히 무슬림에 대한 두려움이 널리 퍼져있었으며 영국국민당(BNP)의 파시스트적 함정이나 잉글랜드 방위 연맹의 폭력성에 대한 변화의 요구들이 우익 정당들을 향해 나타나고 있다. 이민에 대한 경제적 비관주

의와 부정적인 전망 간의 명백한 상관관계에 따라 향후 몇 년 동안 상황이 더욱 악화될 것으로 보인다.

(SET, 2011, p.30)

콥시와 맥클린(Copsey and Macklin, 2011)은 영국국민당(BNP)에 대한 시의적절한 보고서를 내놓았다. 네일 콥시(Neil Copsey)가 도입 부분에서 지적하듯이 영국국민당에 대한 선거 지지가 분명히 증가함에도 불구하고 학문적 연구는 이제 막 따라가기 시작하였다. 영국국민당은 영국에서 성장하고 있는 우파의 일부로서 반이주민과 외국인 혐오라는 대중영합주의를 호소하고 있는 영국독립당(UKIP)의 활동에 의해 더욱 고양되고 있다. 이들은 영국국민당의 '정중한 대안(polite alternative)'으로 성장하고 있으며, '논란거리인 극우의 관점을 대신할 강력한 수단'이 되고 있다(Goodwin et al., 2011). 영국독립당(UKIP)은 2010년 총선에서 90만 표 이상을 획득하였다. 게다가 작지만 매우 격렬한 잉글랜드 방위 연맹의 지원이 더해진다면, 대중과 일선에서 전체적인 극우파의 영향력은 계속 증대할 것이다.

또한 앞서 언급한 교육신뢰재단(SET)의 보고서(2011)는 다문화주의에 대한 지원이 현재 얼마나 제한적인지를 증명하였다. 보고서는 현대 영국 사회에서 말해지고 있는 6개의 '정체성 종족(identity tribes)'을 구분하였다. 정체성 종족은 '확신하는 다문화주의자'(인구의 8% 정도), '주류 자유주의자'(16%), '양가적 정체성'(28%), '문화적 통합주의자'(24%), '잠재적인 적대자'(10%), '적극적인 증오'(13%)로 나타났다. 주류 정치 정당이 이들의 태도를 지배하는 사회적, 경제적 불안을 해결하지 못한다면 '양가적 정체성'으로 확인된 사람들은 분명히 쉽게 우파로 밀려갈 것이다. 그러므로 이 보고서는 놀랍지만 1/4의 사람들만이 현재의 다문화주의 모델에 만족하고 있다는 것을 보여주고 있다.

굿윈(Goodwin, 2011)은 지난 10년간의 이주와 인종 관련 문제들의 여론 조사에 대한 매우 유용한 분석을 통해 비관적인 상황과 태도들을 확인하였다. 이 기간 동안 국민들은 일반적으로 이민에 대한 정부의 공적을 부정적으로 보았다. 이 관점은 양가적인 것이 아니다. 약 80퍼센트가 지지하는 생각은 '이민은 통제되지 않는다', 정부가 이주의 규모에 대해 '개방적이고 정직하지 않다', 이민 정책은 민감하거나 신뢰할만하지 않다는 것이었다. 더욱 우려스러운 것은 여론 조사에서 어느 정당이 이민에 대해 가장 훌륭한 정책을 제시하고 있는지 물었을 때, 설문에 참여한 다수는 그러한 정당은 없다거나, 잘 모른다고 느낀다는 것이다. 이러한 결과는 우파가 경작할 수 있는 밭이 넓게 펼쳐져있음을 시사한다.

2장에서 논의한 것처럼 보다 다양화 된 사회에서는 개인적으로나 가상적으로 미디어와 통신을 통해 보다 많은 사람들이 차이와 관계를 맺게 되는데, 그때 더욱 정체성 정치를 받아들이고 분리주의적 이데올로기를 지지하는 '다양성의 역설'이 나타날 수 있다. 다문화주의 모델에서 상호문화주의에 기반한 모델로 이동하기 위해서는 사회가 정책과 실천을 통해 정체성을 이해하고 유용하게 하는 방식의 전환과 변화가 필요하다. 이것은 이후의 장들에서 계속 논의될 것이다.

다문화주의에서 상호문화주의로의 이행

다문화주의의 초기 형태는 소수민족이 직면하고 있는 적대감과 인종주의로부터 그들을 보호하고, 공정성과 사회 정의를 위한 주장을 뒷받침하기 위해 방어적일 수밖에 없었다. 당연히 두 요소는 적절히 유지되고 새로운 모델의 일부가 될 필요가 있다. 그러나 주로 문화를 고정된 개념으로 보고 '동화에서 분리'라는 선형적인 경로에 따르는 이 접근은 '인종'에 대한 선입관에 의존할 수밖에 없으며, 이는 대부분 각 국가 내에서 소수민족의 수용 정도와 수용의 성격과 관련되었다. 다수 공동체와 소수 공동체가 나란히 살아가는 것을 받아들임에 따라, 초기 정책은 '공유 사회'—이 용어는 최근에서야 나타나기 시작했고 대체로 다문화주의에 대한 비판의 일부로 사용되었다—의 개념을 정비하고 발전시키지 못하였다. 2001년 영국에서 시작된 공동체 결속은 공정성과 권리의 원칙을 유지하면서 대화와 상호작용을 촉진시키기 위해 일련의 진보적인 조치의 과정을 이끌었다. 상호문화주의는 이 과정을 더 발전시키면서 세계화와 초다양성의 도전에 대응하는 새로운 패러다임을 제공하고자 한다.

따라서 표 4.1은 다문화주의에 대한 인식 변화와 다문화사회의 증가하는 복잡성을 반영한 상호문화주의로 발전시킬 수 있는 방법을 제시하고 있다. 다문화주의와 이것의 보다 진보적 형태로서의 상호문화주의는 표 4.1에서 나타나는 것처럼 결속사회의 필수적인 특성을 뒷받침 할 수 있다. 그러나 영국의 공동체 결속 프로그램은 대부분 지역적 : 맥락적 바탕에서 개념화되어 시행되었다는 것에 주목해야 한다. 상호문화주의라는 새로운 패러다임과 메타담화는 결속을 지원하고 촉진하기 위한 새로운 국가적 관점과 국제적 관점을 발전시킬 것이다.

표 4.1 다문화주의와 상호문화주의의 요소 및 결속 사회의 특성

다문화주의의 요소	공동체 결속의 특성	상호문화주의의 요소
고유한 문화유산의 보호	가치의 다양성	지속적이고 역동적 토대 위에서 고유한 문화유산 지원
차별금지법	차별 방지와 약화	차별과 혐오를 선동하는 원인을 다루는 경험적 학습 지원 및 차별금지법
동등한 기회와 사일로 기반의 긍정적 조치 장려*	기회의 평등 장려	모든 차이를 넘나들 수 있는 긍정적 행위 및 동등한 기회 장려
'인종'과 민족성 중심	모든 형태의 차이와의 긍정적 관계	인종, 민족성, 연령, 장애, 성적 지향, 국적 및 모든 형태의 차이에 대한 긍정적 관계 구축
국가 내의 다수/소수 중심		다수/소수 중심. 소수 그룹 내부 및 소수 그룹 사이; 국가 차원과 국제 차원 (디아스포라 포함)
구별되는 정체성과 공동체에 대한 제도적 지원		상호 작용과 이문화 접촉 및 상호 이해 장려; 스테레오타입에 대한 비판적 논의
	국가, 지방 또는 지역에 대한 강한 소속감	'소속감' 및 다양성의 가치에 대한 장려
	다양성과 권리 및 책임에 대한 높은 수준의 지식과 이해	공식적/비공식적인 시민권 및 결속에 대한 학습프로그램
	세계화와 초다양성의 역동적 특성 인식을 위한 지속적 토의와 대화	역동적이며 유연한 정체성 이해 및 증진
		국제적 차원의 상호문화 역량과 상호문화학습 지원
	국가는 세속적이고 중립적이자 외부에 대해 열린 시각과 협력적 입장을 취함	특정 문화 및 종교 정체성을 장려하는 국가 지원의 철회

* 역자 주: 사일로 기반(silo-based)에서 silo는 곡식이나 사료를 저장하는 창고로 긴 굴뚝 모양의 원통형 구조물. 서로 간 협력과 소통 대신 자신이 속한 담장 내의 이익 추구. 다문화주의의 방어적 형태는 인종/민족 간 보호를 위해 이들 사이의 장벽을 제도적으로 보장함

민주적 과정 속에서 공동체들의 유동적 특성 인지	민주적 과정에 기초해 국제 협력 기관과 리더십 지원
	수평적이고 경계를 오가는 공동체 리더십과 폭넓은 참여

다문화주의의 일부 구성 요소는 공동체 결속과 상호문화주의와 공통된다. 그러나 '방어적인' 형태는 아마도 다문화사회의 초기 단계에서 불관용과 인종차별적인 태도와 행동에 대한 적절한 대응일 수는 있었을지라도, 불가피하게 '타자'에 대한 분리, 무지, 불신을 이끌었다. 차별금지법과 기회평등 프로그램들은 소수민족(그리고 여성, 노인, 장애인)이 경험한 많은 불의를 다루기 위해 분명히 요구되었지만, 이 프로그램들은 근본적인 태도를 변화시키는데 성공했다기보다는 정치적 올바름에 대한 생각만을 강화했는지도 모른다. 상호문화적 모델에서는 이러한 정책들이 작용하는 방식이 매우 다르다. 이 부분은 이후 장에서 논의될 것이다.

공동체 결속은 다문화적 모델의 약점에 대한 대응으로 나타났다. 권리와 평등 프로그램의 틀을 토대로 구축되었으며, 상호작용을 장려하고, 특히 지역에 기반한 소속감을 발전시키며, 다양성의 속성과 가치에 대해 보다 긍정적인 그림을 그림으로써 태도와 행동을 변화시키려는 보다 야심찬 접근법을 발전시켰다. 그러나 상호문화적 모델에서는 초다양성과 세계화의 시대가 더 이상 단순히 국가적 혹은 지역적 기반 위에서만 고려되어질 수 없으며, 국가는 여러 다양한 집단들 사이를 중재하는 방법을 조절해야 하고 초국가적인 영향과 디아스포라의 영향력을 인식해야 한다는 사실을 분명히 하고 있다. 그러므로 상호문화주의는 광범위한 네트워크를 장려하고, 이해와 행동에 있어 편협한 유형을 넘어서 다른 사람들에 대한 학습과 함께 개방적인 리더십의 협업을 통한 '역동적 정체성'의 가치와 발전에 힘쓴다.

한 학습과 함께 개방적인 리더십의 협업을 통한 '역동적 정체성'의 가치와 발전에 힘쓴다.

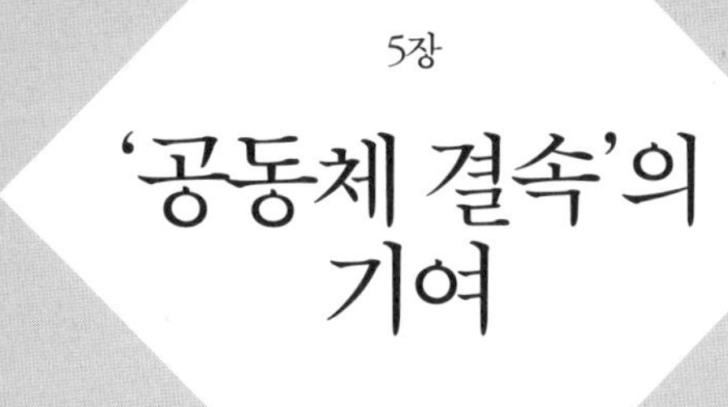

5장

'공동체 결속'의 기여

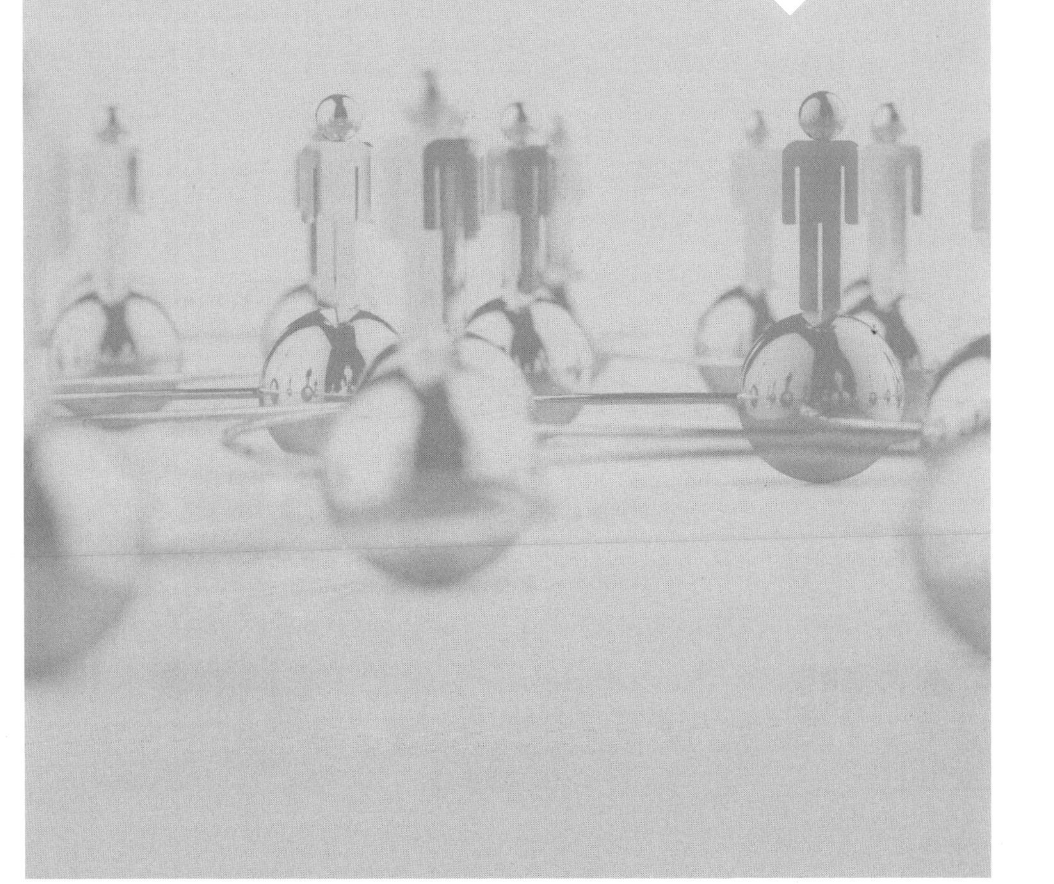

'공동체 결속(community cohesion)'의 개념은 2001년 잉글랜드에서 발생한 여러 소요 사태와 폭동 이후에 캔틀(Cantle, 2001)의 「독자적인 검토 보고서(Report of the Independent Review Team)」와 함께 확립되었다. 이것은 당시의 다문화적 모델에 대한 근본적인 도전으로 나타났다. 예상대로 처음에는 다수의 비평가들과 학자들의 반발이 있었으며(아래 참조), 그들은 이를 다양한 공동체와 소수 공동체에 대한 공격으로 보면서 변화된 접근법에 대하여 반대하는 반응을 보였다. 그럼에도 불구하고 정책 입안자들과 실무자들은 매우 호의적으로 공동체 결속 프로그램을 채택하였으며, 공동체 결속 프로그램은 2002년을 기점으로 도입되었다. 비록 이 프로그램은 처음에는 제한적이고 단편적인 것에 기초했지만, 점차 영국 전역으로 발전해 나갔으며 현재는 '주류' 활동의—예를 들면, 잉글랜드에 있는 모든 학교의 법정 의무로서[1]— 많은 부분을 이루고 있다. 공동체 결속 프로그램은 '다른 사람'에 대한 고정관념과 오해를 무너뜨림으로써 다양한 집단들 간의 이해를 구축하고 상호간의 신뢰와 존중을 형성하기 위해 시도되었다. 이 프로그램을 통한 많은 효과들이 긍정적으로 평가되었는데, 프로그램 평가는 일반적으로 프로그램 참여자들이나 지역의 공동체들에서 보이고 있는 태도와 행동의 변화에 기초하였다. 최근의 연구는 이와 관련하여 상당한 성공을 보여주고 있다(Thomas, 2011, DCLG, 2011).

소규모 프로그램들이 구분된 공동체에 초점을 맞추고 있는 것에 더하여, 공동체 결속은 다양성을 지지하는 폭넓은 여론을 증진하기 위하여 도시나 지역의 차원에서 발전하였다. 후자의 경우에는 주로 '모두가 속하고' 지역의 경제와 문화적 삶에 기여하고자 하는 다양한 배경의 사람들이 등장하는 명확한 캠페인을 포함하였다. 이러한 캠페인은 다양성에 대한 새로운 긍정적인 그림을 보여주려는 노력을 담고 있었다. 그리고 집단들 간의 공통성들을 새롭게 강조하고 있는 문화적 유산과 고유성의 가치를 인정함에 따라 다문화주의의 덜 방어적이고 보다 진보적인 형태에 가까운 모습을 보였다.[2]

실제로 처음부터 공동체 결속은 모든 배경의 사람들이 공통의 소속감과 자신들의 가치를 느끼고 비슷한 삶의 기회를 누리고 있다고 느끼며, 신화와 고정관념을 허물고 신뢰를 구축하기 위해서 다양한 배경의 사람들과 상호작용할 수 있는 '다양화된 사회'(이것은 공식적인 정의(定義)로 변화되었다. 아래 참조)를 위한 긍정적인 비전을 발전시키기 위해 도모되었다. 이것은 주로 방어적이고 부정적인 것으로 여전히 개념화되고 있는—인종차별과 식민지적 과거의 나쁜 영향들을 멈추기 위하여 노력하는— 다문화주의의 발전과는 차별화되었다. '통합'은 '순탄한 과정은 아니지만, 평등한 기회는 서로를 관용하는 분위기를 지닌 문화다양성에 동반된다(Jenkins, 1966)'고 제언한 당시의 내무부 장관 로이 젠킨스의(4장에서 언급한) 1966년 선언과는 달리 2001년 이전에는 다문화주의에 대한 긍정적인 비전을 찾기가 어려웠다.

공동체 결속은 다양화된 사회의 긍정적인 비전으로 발전하였으며 공동체 관계를 향상시키기 위한 폭넓은 범주의 프로그램들을 수행하였다. 그러나 다문화주의와 같이 이 프로그램들은 여전히 주로 국가와 지역의 제도와 프로그램들에 기반하고 있으며, 보통 도시나 지역 수준에서의 방법들을 시행하였다. 상호문화주의는 훨씬 더 폭넓은 비전을 발전시킬 수 있는 기회를 제공하고자 한다.

개념적이고 실천적인 발전

공동체 결속 개념에 대한 공식적인 국가 정의는 세 가지가 있었으며, 각각 2002년부터 2008년까지 6년의 기간에 걸쳐 점진적으로 보완 및 수정되었다. 이 개념들은 아래에 제시하였다. 세 가지 변화된 개념은 다양한 배경의 사람들 간의 강하고 호의적인 관계를 추구하고, 불평등에 맞서며, 다양성을 지지하는 견해를 긍정적인 분위기로 발전시켜 나가고자 하였다. 여타의 지역적 정의들은 공식적인 국가 정의에 의지하고 있지만, 지역적 맥락도 따로 추가되었다.

첫 번째 공식적인 정의는 캔틀(Cantle, 2001)과 덴햄(Denham, 2001) 보고서에서 직접적으로 구축되었는데, 공동체 결속 지침서의 공동저자들이 대표로 있는 지역정부연합(Local Government Association(LGA)), 부총리실(Office of the Deputy Prime Minister), 인종평등과 종교간 네트워크 위원회(Commission for Racial Equality and the Inter Faith Network)에 의해 만들어졌다.

결속적인 공동체는 다음과 같다.

- 공동의 비전과 모든 공동체들에 대한 소속의식이 있다.
- 사람들의 다양한 배경과 환경의 다양성을 인정하고 긍정적 가치로 받아들인다.

- 다양한 배경의 사람들은 비슷한 삶의 기회를 갖는다.
- 강하고 긍정적인 관계는 직장, 학교 그리고 지역 내에서 다양한 배경의 사람들 간의 관계를 발전시킨다.

(Local Government Association(LGA) et al, (2002))

약 5년 후에 통합결속위원회(Commission for Integration and Cohesion, 2007)는 수정 사항과 추가 사항들을 제안한다. 보다 복합적이고 다소 복잡한 정의가 제시되었고 '신뢰', '권리', '책임'의 개념을—아마 당시에 정부의 우선 관심사였던 시민권에 대한 관념에 기인되는— 추가하였다.

통합되고 결속적인 공동체에 대한 위원회의 새로운 정의는 다음과 같다.

- 미래의 지역 또는 국가 비전을 위한 다양한 개인과 집단의 기여에 대한 폭넓은 공유 의식
- 개인의 지역 권리 및 책임에 대한 강한 의식
- 다양한 배경의 사람들이 비슷한 삶의 기회를 경험하고 서비스와 처우에 접근할 수 있어야 한다는 것에 대한 강한 의식
- 지역의 제도에 대한 신뢰와, 서로 다른 이해관계를 조정하고 공적 조사의 대상이 될 때 공정하게 시행될 것이라는 신뢰에 대한 강한 의식
- 새롭게 도착한 사람들과 특정한 장소에—공통적으로 사람들이 초점을 두고 있는— 깊은 애착을 갖고 있는 사람들의 기여에 대한 강한 인정
- 직장, 학교 및 기타 기관들에서 서로 다른 배경의 사람들 간의 긍정적인 관계

(Commission for Integration and Cohesion(CIC, 2007))

한층 더 나아간 복잡성의 층위(layer of complexity)는 통합결속위원회(CIC) 보고서에 대한 응답으로 지역사회·지방정부부(Department of Community and Local Government, DCLG, 2008)에 의해 추가되었다.

> 공동체 결속은 다양한 사람들의 집단이 서로 잘 지낼 수 있도록 모든 공동체 내에서 일어나야만 한다. 공동체 결속의 핵심은 새로 온 거주자와 기존의 거주자들이 서로 적응할 수 있도록 해야 하는 통합이다.

통합되고 결속적인 공동체에 대한 우리의 비전은 다음의 세 가지 토대에 기초한다.

- 다양한 배경의 사람들은 비슷한 삶의 기회를 가진다.
- 사람들은 자신의 권리와 책임을 안다.
- 사람들은 서로를 신뢰하고 지역 제도의 공정한 시행을 믿는다.

그리고 서로 함께 살아가는 세 가지 방식은 다음과 같다.

- 공유된 미래와 소속의식
- 새로운 공동체와 기존의 공동체는 다양성의 가치에 대한 인정과 함께 공통점에도 중점을 둔다.
- 다양한 배경의 사람들 간의 강하고 긍정적인 관계

(DCLG, 2008a)

이러한 후속 정의들은 애초의 정의에 많은 것을 추가하였지만, 소속감, 평등한 기회, 긍정적인 상호작용이라는 개념에 매달려 결속에 대한 초점이 다소 불분명해진 경향이 있었던 건 아닌지 의심스럽다. 그러나 정책 영역에서는 특히 지지하는 지침과 문서들을 만드는데 상당히 생산적이었다. 이것은 자체적으로 세 단계의 과정을 통해 체계화되었다고 할 수 있다. 첫 번째 단계는 2001년 번리(Burnley), 올덤(Oldham), 브래드퍼드(Bradford)에서의 소요사태 이후 국가와 지역 차원에서 다양한 개입이 이루어졌다. 여기에는 아우즐리(Ouseley, 2001), 리치(Ritchie, 2001), 클라크(Clarke, 2001)뿐만 아니라 캔틀 보고서(Cantle, 2001)도 포함되었다. 이러한 초기 보고서들은 정부의 대응(Denham, 2001)과 함께 다양한 소요사태를 조사하며 작성되었고 (비록 아우즐리 보고서는 브래드퍼드 소요사태 이전에 의뢰되었지만), 수립된 일련의 공통 주제는 이후 10여 년에 걸친 공동체 결속에 관한 많은 논의 형성에 토대가 되었다. 이 보고서들은 함께 '2001년 보고서들'로 일컬어진다.

두 번째는 2002년을 기점으로 공동체 결속을 정의하는데 초점을 두었고, 지역 정부를 지원하기 위한 지침, 전략을 실행할 관련 기관, 공동체 결속의 영향 평가를 통해 공동체 결속을 공식화했다. 공동체 결속에 관해 발행된 지침서는 '공통 가치', 공동체 간, 학제 간 작업의 중요성뿐만이 아니라 불평등과 불이익을 지속적으로 다룰 필요가 있다는 것을 강조하였다. 나아가 영국 정부는 2002년에 국가 업무를 좌표화하고 직접적으로 프로그램을 시행하거나 필요하다고 느끼는 법정 단체와 자원봉사단체에게 기금을 제공하기 위해서 '공동체결속단체(Community Cohesion Unit, CCU)'를 설립하였다. 공동체결속단체는 결속에 관한 지침과 최상의 실천을 발전시킬 수 있도록 돕는 독립적인 전문 위원들의 지원을 받았다. 이 작업은 지방 정부 서비스에 공동체 결속을 주류화 시키는 중요성을 강조한 마지막 보고서인 『평행한 삶의 종식인가?』(Cantle, 2004)'로 마쳐졌다. 이러한 생각의 많은 부분은 영국 내무부(Home Office, 2005)의 간행물인 '기회 개선과 사회 강화(Improving Opportunity, Strengthening Society)'에 실렸으며, 몇 년에 걸쳐 매년 발행된 유사한 후속 보고서에 '불평등 다루기', '포괄성 증진하기', '인종주의와 극단주의에 대항하기'와 함께 '공동체 결속의 구축'이 추가되면서, 핵심 주제는 총 네 가지로 정리되었다.

세 번째 단계는 당시 내무부 장관이 지지한 통합과 정체성의 중요성에 집중되었다(Blunkett, 2004). 나아가 여전히 새롭고 아직 평가되지 않은 정책 영역을 검토하기 위해 2006년에 통합결속위원회(CIC)가 설립되었다. 그리고 이듬해에 연구 결과를 출간하였다(CIC, 2007). 이 연구는 공동체 결속 프로그램에 무게를 더하였고, 또한 '공유 미래'에 대한 보다 강한 의식을 강조하는 미래지향적인 보고서였다. 통합결속위원회의 보고서는 긍정적인 비전을 요구한다는 점에서 2001년의 이전 보고서들보다 더욱 명확해졌으며, '정부는 개방적으로 우리가 속하기 원하는 사회를 만든다(CIC, 2007, p.48)'라는 '국가 공유 미래 캠페인'을 주창하였다. '통합결속위원회'는 또한 접근 방식을 확대하고 보다 광범위한 지역의 맥락을 포괄하기 위해 공동체 결속의 정의(definition)에 관한 논의를 추진하였다. 이에 대한 반응으로 '지역사회 · 지방정부부(DCLG)'는 공동체 결속의 개정된 정의(아래 참조)를 포함하고 있는 많은 새로운 계획들을 발표하였다. 한 마디로 공동체 결속에 관한 정책 문헌은 그 폭이 풍부하며, 2001년 이래로 이 주제들이 어떻게 발전해왔는지를 증명해 준다.

정책 문헌과는 대조적으로 학문적인 출판의 수와 규모는 매우 제한적이었다. 검토 팀의 '캔틀 보고서'(Cantle, 2001) 출판과 정부 수용(Denham, 2001) 후 처음에는 공동체 결속의 개념에 대해서 대체적으로 비판적인 경향을 보였다. 그러나 지금은 이러한 양상이 근본적으로 변화하고 있는 것으로 보인다(아래에 논의되었다). 이러한 문헌들에서 초기에 우려한 것은 개념의 정치적인 입장에 대한 것이었다. 렌틴과 티틀리(Lentin and Titley, 2011)는 공동체 결속의 발전이 정부 차원에서 인종 관련 정책들을 억제하는 수단이라고 평가한 반면에, 버넷(Burnett, 2004)은 그 당시에 새로운 노동당 정부가 공동체 결속과 공동체주의의 의미를 '시민권의 개념(그리고 그 의무)과 끊임없이 확대되는 범죄의 상관관계를 밝히는 가교'로 사용하였다고 제언한다. 실제적인 증거가 없는 가운데 버넷은 정부가 강제하려 하고 있다고 말하면서 '개인의 권리는 사회적 책임과 부합되어야한다'는 '새로운 도덕적 질서'에 대한 두려움을 조장했다. 버넷은 가능한 영향이 무엇인지 그리고 왜 이러한 변화가 직접 연관된 사람들이나 사회 일반에 문제가 될 것인지에 대해 구체적인 언급을 하지 않는다. 그렇지만 버넷은 자기주장을 뒷받침하기 위해 역으로 에치오니(Etzioni, 2002)와 같은 공동체주의자를 공격한다.

그러나 버넷의 주된 취지는 그가 함께 묶어버린 공동체주의/결속 접근법이 '아시아인에 대한 지배적인 고정관념-공동적, 방어적, 비밀스러운, 사적인-'을 변화시키면서, 어떤 면에서는 이를 범죄와 연관시킨 것이 정부가 애쓴 결과라는 것을 밝히는 것이었다. 버넷은 아시아인들을 둘러싼 폭동과 사건들의 2001년 보고서에 대해 다소 편향적인 설명을 하였다. 이러한 명제를 뒷받침하는 어떠한 증거도 제시하지 못했으며, 아시아 공동체를 '손가락으로 지적한다'고 생각하는 타블로이드(tabloid 역자 주: 흥미 위주의 기사와 사진 등을 넣은 소형 신문) 언론이 소요사태를 '인종 폭동'으로 보도하는 방식이나 극우파의 성명 내지 활동 방식을 단순하게 인용할 뿐이었다. 버넷의 비판은 2001년 보고서의 저자들이 중요하게 다룬 주제들-인종평등위원회의 이전 수장 등을 포함하여 수년간 인종 평등을 향상시키고 소수 공동체를 문제가 있는 집단으로 식별하는 것을 피하고자 노력했다-과는 전혀 다른 지점에 머무른다. 2001년 보고서의 저자들에게는 이러한 주제를 다루는데 큰 주의를 기울였기 때문에 다소 당황스럽기까지 했다. 후에 버넷 스스로가 인정하듯이 공동체 결속 정책은 백인 다수 공동체가 변화할 필요성을 특히 강조하였으며(Burnett, 2006), 주요 보고서(Cantle, 2001)는 주류 백인 다수 공동체 및 특히 시민 지도자와 정부 기관에 대해 확실히 비판적이었다.

2001년 보고서들은 모든 공동체들이 직면한 구조적인 불평등과 불이익에 주의를 기울였다. 그러나 다른 사람들(McGhee, 2008, Kundnani, 2002a)로부터 지지를 받은 버넷은 보고서의 이러한 양상을 간과한 것으로 보인다. 다만 그들은 갈등의 대부분이 경제적 요소로 환원될 수 있다는 믿음에 의거한 채, 공동체 결속에 초점을 맞추었고 이러한 사안에서 의제들이 벗어나는 것을 우려하였다. 그러나 토마스(Thomas, 2011, p.91)는 지역 공동체의 결속 작용에 대한 실제 증거를 기반으로 한 첫 번째 학문적 연구에서 이러한 혐의를 일축시켰다. 또한 당시의 정부 정책 성명과 특히 2005년부터 매년 발간된 '기회 구축과 사회 강화(Building Opportunity, Strengthening Society)'(Home Office, 2005)에서도 반박되었다. 불평등에 대항하는 책무와 '가시적인 사회 정의를 만드는 것'은 2007년 공동체 결속 검토(CIC, 2007)에서 재확인되었다.

유사한 관점에서 공동체들 간의 긴장과 갈등은 거의 전적으로 빈곤과 박탈에 기인하며(4장 참조), 이러한 빈곤과 박탈이 마술처럼 사라진다면 사람들은 분명히 조화롭게 살게 되고 인종주의의 모든 형태는 없어질 것이라는 견해가 있다. 일부의 경우 이러한 견해는 고전적인 마르크스주의자의 입장에 기반을 두고 있지만, 입증되지 않은 단순화된 논리로 논쟁의 여지가 많다. 빈곤과 박탈이 분명히 공동체를 구분하는 일정의 역할을 하지만, 이러한 비평은 여러 가지 측면에서 오류가 있다. 빈곤이 바람직하지 못한 공동체 관계와 더 나아가 인종주의에 책임이 있다는 주장은 상대적 박탈과 절대적 빈곤 사이의 개념을 구별하지 않은 것이다. 빈곤이 주로 박탈당했다거나 '가난한' 사람들의 한 부분으로 평가되고 있음에도 불구하고, 대부분의 비평가들은 상당히 단순한 방식으로 '빈곤'을 다수 공동체와 소수 공동체 간의 직업과 자원에 대한 경쟁과 동일시한다.[3] 어떤 경우에는 경쟁이라는 요인 자체가 차이의 핵심이 되기도 한다. 그렇지만 다양한 공동체들의 상대적 박탈감이 동일하더라도, 집단들 간의 적대감 수준은 지역의 위치와 여러 다른 맥락에 따라 다양할 수 있다. 어느 집단에 대한 상대적 박탈의 반응이 왜 공격적 형태로 나타나는지에 대해 유사한 다른 집단들 경우와의 공통점을 찾는다든지 아니면 다른 행동 방식을 취하고 있는 집단들과의 차이점을 설명한다든지 하는 분석이 제대로 이루어지지 않고 있다. 서로 다른 공동체 간의 경쟁은 2001년 보고서들에서 '가장 일관되게 말해지는 우려(Cantle, 2001, p.25)' 중의 하나이자 원인으로 인식되었으며, 이 견해는 후에 결속에 대한 검토(CIC, 2007)에서 강화되었고 다른 연구들(Semyonov et al., 2007)에서도 발견되었다. 그러나 자원, 공공 서비스, 삶의 기회에 있어서 불공정한 분배에 대한 인식은 사회의 다양한 측면에서 나타날 수 있으며 가장 가난한 빈곤층에만 국한되고 있지는 않다.

인종주의와 그 외의 구분들이 절대적인 빈곤에 기인한다는 주장은 보다 가난한 사람들이 더욱 인종주의자가 되기 쉽다는 암묵적인 주장과 마찬가지로 진실이 아니며, 증거에 입각하기 보다는 주로 가난한 사람들에 대한 고정관념에 근거한 것이다. 영국에서 극우파에 대한 지지는 반드시 절대적이거나 상대적인 의미에서의 가난한 사람들에게만 국한되지 않았다. 많은 '불만족스러운 민주주의자들'은 날로 '증가하는 다양성' 그리고 '더욱 문화적으로 구별된 무슬림 공동체'로 인해 극우파로 집결되었으며(Goodwill, 2011, p.6), 확산되는 이주에 대한 반대가 뚜렷해졌다(ibid., pp.62-66). 영국국민당(BNP)과 새로운 잉글랜드방위연맹(EDL)과 같은 극우 정당은 그들의 부(富)에도 불구하고 인종차별적인 견해에 경도되어 있었을 뿐만 아니라 인종차별적인 요인들을 기꺼이 지지하고 있는 매우 부유한 후원자들을 가지고 있었다. 그러나 이러한 맥락에서 빈곤과 박탈에 대한 논의는 개별 행위자와 특정 공동체의 입장을 혼동하고 있다. 로렌스와 히스(Laurence and Heath, 2008)는 불이익을 받는 지역과 낮은 결속 수준 간의 연관성을 지적하고 있지만, 그들은 또한 가장 박탈된 지역이 높은 결속력을 지니고 있으며 넓은 범위의 다양성을 지닌 지역에서 사는 것이 결속과 긍정적으로 연관된다는 것을 조심스럽게 언급하고도 있다. 또한 잉글랜드에서 가장 최근의 태도 조사(DCLG, 2011, p.9)는 '지역에서 가구의 민족 구성이 민족적 차이의 측면에서 가장 중요한 인구통계학적 요인'이며, '지역 내 가구의 5퍼센트 혹은 그 이상이 소수민족 가구인 지역에서는 사람들이 민족적 차이를 존중할 가능성이 더 크다'는 것을 확증한다. 나아가 일부가 제안했던 단순히 빈곤과 연결 짓는 것과는 반대로, 이 조사는 사회경제적 수준이 낮은 집단들이 '그들이 살고 있는 지역을 다양한 배경의 사람들과 함께 잘 지낼 수 있는 지역이라고 느끼는 기회가 더 많다'라는 점을 또한 보여주었다(ibid., p.9).

빈곤과 인종주의 그리고 공동체 긴장 간의 연관성은 사회과학에서 보다 일반적인 문제로 연구되고 있다. 두 개의 변수가 함께 연결된 것은 강한 통계적 상관관계가 분명하지만, 이 관계는 설명을 위한 '매개' 변수에도 좌우된다. 이 같은 경우에 설명을 제공하는 것은 '빈곤' 그 자체가 아니라, 오히려 보다 가난한 사람들이 일반적으로 다른 사람들에 대해 배울 수 있는 공식적인 교육의 성취와 비공식적인 경험의 기회가 더 낮다는 이면의 인식을 더욱 뒷받침하고 있는 것으로 보인다. 차이와 '다름'에 대한 긍정적인 태도는 다양한 배경의 사람들과 더 잦은 만남과 교류를 해나가며 현실보다는 신화에 기초한 부정적 고정관념들을 계속해서 줄여나가는데 있다. 따라서 이러한 현상은 빈곤 그 자체보다는 오히려 폭넓은 삶의 다양한 기회의 부족으로 인한 작용이라 할 수 있다.

유사한 방식으로 '인종' 또는 민족성(그리고 아마도 모든 차이)이 계층과 사회, 경제적 지위로부터 독립된 변수인지에 대한 논쟁은 사회학에서 오랜 기간 논의되어 왔다. 길로이(Gilroy)의 인종과 계층 간의 관계에 대한 '세 가지 기본 경향'의 검토(Gilroy, 2002, pp.2-40)는 포괄적인 연구이다. 그는 인종과 계층 간의 상호작용을 설명하는 반면, '인종'은 '독특한 사회 현상에 대한 구별된 질서'로 보아야 한다고 결론짓는다(ibid., p.19). 위에서 논의하였듯이 공동체 결속에 대한 이전의 비판 중 상당 부분은 정부가 인종에 관한 현실 문제를 무시하고 있으며 근본적인 불평등에 대해서 적당히 넘어가기 위해 집단 간의 관계에 중점을 둔다는 주장을 하고 있었다. 이것은 모든 편견과 차별이 경제적 근원(그리고 정부는 단순히 표리 부동하는)에 의한 것이라는 관점으로 다시 돌아오게 한다. 편견의 원인과 공동체 결속의 요인은 여전히 상대적으로 연구가 부족하지만, 편견은 자율적이며 사회, 경제적 지위를 초월할 수 있다는 점을 분명하게 보여주는 실증적 연구의 수가 늘고 있다. 게다가 지금은 다른 사람을 향한 편견이 접촉을 통해 감소될 수 있다는 것이 분명하게 실증되고 있다(Hewstone et al., 2006, 2006a, 2007, 2008, 2008a).

특히 서구 국가들 내에서 무슬림 공동체에 대한 최근의 논쟁은 국가의 시각을 통해 인종 관계와 차이를 바라보는 것에 대한 한계를 강조하고 있다. 이슬람혐오증(Islamophobia)은 현재 유럽 전역에 만연되어 있지만, 무슬림 공동체는 '여러 다양한 문화와 민족성, 그리고 무수히 많은 믿음과 전통(Bartlett et al., 2010, p.23)'을 지니고 있다. 이전 장에서 논의된 바와 같이 통신의 세계화는 사회 · 경제적인 차원이나 계층의 지위와는 관계없이 국경을 초월한 이데올로기와 가치를 가능하게 하였다. 이데올로기와 가치는 국제적 또는 디아스포라의 차원에서 발전할 수 있으며, 지리적 정치(geo-political)의 고려가 더 중요해질 수 있다. 초다양성과 지구적인 소통의 현실을 반영하기보다는 다수와 소수 인구 간의 조정을 중심으로 전개되는 현재의 다문화주의의 제한된 국가 개념과는 달라 보인다.

나아가 '차이'는 민족성이나 신앙에 국한되지 않고, 성적 지향, 연령, 특별한 요구 및 장애 그리고 기타 특징들을 포함하고 있다. 따라서 차이는 경제 구조에서 독립적인(때로는 관련되어 있지만) 깊은 사회심리적인 근원을 지니고 있다. 동성애 혐오 폭력, 세대 간 갈등 또는 장애인에 대한 증오 범죄가 단순히 빈곤 때문이라고는 거의 주장하지 않는다. 오히려 편견과 무지가 괴롭힘과 폭력적인 증오 범죄 그리고 위협을 포함하는 차별적인 행동에 강력한 역할을 하고 있는 것으로 받아들여진다. '평등인권위원회(EHRC)'의 수석 위원장인 마이크 스미스(Mike Smith)는 장애와 관련된 증오 범죄에 대한 조사에서 다음과 같은 충격을 받았다.

> 일부 장애인은 끔찍한 일을 경험하였다. 최악의 경우, 사람들은 고문 당하였다. 단지 재미로 한 것이 분명하다. 가해자는 그들의 희생자를

인간으로 생각하지 않은 것으로 보인다.

(Smith, 2011, p.5)

그리고 스미스 자신도 '스마트 가로수길'에 있는 그의 아파트에서

정기적으로 '국민전선(NF)', '불구자', 그리고 나치당의 십자장(swastikas 역자 주: 卍, 옛 나치스의 십자기장)이 나의 현관문에 그려졌다. 밤에 내 현관문 밑에는 나무 말뚝들이 밀어 넣어졌었고, 휠체어를 위한 경사로는 옮겨져 있었다. 내가 잠을 자는 동안 나의 침실 창문에는 공격적인 낙서가 그려졌다.

(ibid., p.5)

평등인권위원회(EHRC)의 조사는 장애에 초점을 두었지만, 우리 자신과 차이가 있는 다른 유형의 사람들을 향한 반감과 증오를 설명할 수 있는 증오 범죄의 원인을 이해하려는 시도였다.

장애와 관련된 괴롭힘 사건과 범죄에는 동기가 없다. 이것들은 주로 장애인들에 대한 폭넓은 문화적 폄하와 사회적 배제에서 자라나는 깊게 자리 잡힌 불만과 편견에서 비롯된다. […] 증거를 제공하는 많은 증인들은 괴롭힘이 장애인에 대한 편견과 연관되어 있다고 생각하였다. 일부는 자선이 필요한 ('신체적, 정신적 장애가 있는') 사람으로서 장애인들에 대한 역사적인 묘사는 여전히 평등한 사회 구성원이기보다는 동정의 대상으로서 장애인들에 대한 고정관념을 못 박는다는 점을 시사하였다. 일부에서는 이것이 힘(power)의 차이—장

애인을 소외시키고 차별하는 사회적 배제인 광범위한 힘의 작동, 장애와 관련된 괴롭힘—에 의해 악화되는 것으로 보았다.

(EHRC, 2011, p.163)

장애인과의 접촉 부족과 분리는 차이에 대한 두려움의 중요 요인으로 여겨진다(p.164). 위의 인용문의 '장애'를 '다른 인종의 사람'(또는 민족이나 신앙)으로 대체 해보자. 이를 통해 열등함과 권력 지위에 관한 역사적 인식과 함께하는 편견의 상호작용을 인식하게 될 것이다(Cantle, 2008, p.101). 결국 차별과 편견에 대항하는 수단으로서 그저 '빈곤을 근절'하는 것은 불가능하지만, 빈곤을 근절하려는 시도가 도움이 된다는 점 또한 깨닫게 된다. 사람들의 '차이'는 그들의 사회·경제적인 지위 '만큼', 혹은 그 지위와 '함께' 다루어져야 한다.

2001년 올덤(Oldham), 브래드퍼드(Bradford), 그리고 번리(Burnley)에서의 소요사태에 대한 대응으로 잇따라 일어난 망명과 이민에 관한 부정적인 논쟁이 시사하고 있는 바는 공유 정체성과 시민성의 목표에 대한 역효과였다. 만일 이와 같은 일이 어떤 면에서 '소수 집단에 대한 비난'에 이르게 되었다면 당연히 더 진지하고 더욱 특별히 다루어져야 한다. 만일 이러한 경우에 소수 집단은 그들이 문제가 있는 존재로 구분될 때 공동체 결속(그리고 참여)에 기여할 의무가 적다고 느끼기 쉬울 것이다. 평등인권위원회(EHRC)의 조사(2011)에서 장애 증오 범죄에 대해 확인된 바는 2001년 보고서가 폭동으로 소수 집단을 비난하고 있는 것이 아닌 것처럼 장애 때문에 장애인을 비난하지 않는다는 것이다.

공동체 결속 발전의 초기 단계에서의 일부 비판적인 반응은 앞에서 논의된 다문화정책의 '방어적인' 성격을 단순히 차용했다는 것이었다. 이런 점에서 소수 공동체를 포함한 대부분의 논의는 언제나 적대적인 공격으로 여겨지기 쉬웠다. 소수 공동체는 '인종'에 대한 어떤 논의라도 극우파에게 문제로 거론될 여지를 줄 수 있다는 것이다. 그러나 앞에서 논의하였듯이 이것은 적어도 영국에서는 구시대적인 관점이며 대부분의 사람들은 극우파의 증거 없는 인종차별적인 견해를 더 이상 지지하지 않는다. '선전 효과'를 주는 그들의 터무니없는 관점은 현재 조롱받고 있다. 영국국민당(BNP)의 지도자인 닉 그리핀(Nick Griffin)이 2009년 10월 22일 BBC의 〈퀘스천 타임(Question Time)〉 프로그램에 출연했던 경우가 그러하다. 심지어 그의 출현은 반대에 부딪치기도 했었다. '미디어 내의 극우에 대한 의견 표명은 없다'고 강경노선을 지키던 일부 저명한 정치인과 주류 정치인의 참여 거부로 '정치 체제와 미디어에 대한 비통에 잔 격노'가 확대되었다(Copsey and Macklin, 201la, p.86).

폴 토마스(Paul Thomas)는 새로운 저서에서 공동체 결속의 개념을 입증하고 결속의 실천에 대한 신뢰를 주었다. 『청소년, 다문화주의와 공동체 결속』(2011)에서 토마스는 여러 지역이 '뿌리 깊은 민족 분리와 구별, 대립적이고 잠재적으로 위험한 민족 정체성과 종교 정체성'을 갖고 있다고 설명하며, '공동체 결속의 실현과 민족 긴장의 현실' 사이를 조명한 과제에 착수했다(p.5). 이것은 실증적 경험에 근거한 공동체 결속에 대한 최초의 학문적 평가서이다. 토마스는 공동체 결속이 대부분의 학문적 분석과는 들어맞지 않지만, 그러한 분석은 '전적으로 경험적인 증거에서 벗어나 있는 대신에 국가차원의 정부 보고서와 담론에 의거하고 있다'고 지적한다(p.4).

토마스가 비판한 지점은 '증거 없는 견해들의 증폭'과 (실증적 자료 수집과 활용이 어렵다는 식으로) '결속'에 대해 비난한 것에 있었다. 그의 작업은 '젊은 사람들의 삶과 의견, 그리고 정체성과 그들의 공동체에 영향을 주는 정책 현실'을 제대로 반영하지 못한 '학문적 결핍'을 바로잡는 것이었다(ibid., p.6). 그리고 토마스는 심지어 경험적 증거가 있음에도 불구하고, '이 증거는 자주 비평가들에 의해 무시되었다'고 말한다(ibid., p.93). 나아가 토마스는 결속이 어떤 면에서는 동화주의로 되돌아간 것이라거나 불평등에 대한 대항으로부터 벗어난 것이라는 비판을 일축한다. 그는 '공동체 결속의 실천은 고유한 민족과 사회 정체성을 수용하며 작동되는 한편, 공통 연결, 욕구, 경험을 바탕으로 모든 것에 우선하는 정체성과 함께 증대 된다'는 것을 발견하였다. 또한 그는 공동체 결속의 실천은 '이러한 집단들 간에 공유된 관계, 연결, 경험을 고려하지 않고, 오로지 각각 분리된 민족 집단의 욕구, 정체성, 관심사에 초점을 두고 있는 다문화주의의 정책 형태와 작동에 대한 비판'(ibid., p.91)에서 시작된다는 것을 발견하였다.

토마스는 다문화주의라는 용어는 이미 '변질이 되었고 더 이상 도움이 되지 않기 때문에 앞을 향해 나아갈 수 있는 건설적인 방향을 제시할 수 없게 된' 반면, 공동체 결속이 제시하는 접근법은 '공통성과 공동체 관계에 대한 새로운 초점과 이를 기반으로 한 인정과 지지를 받고 있다'(p.195)는 결론을 내린다.

결속과 상호작용

공동체 결속 프로그램은 영국에서 서로 다른 배경의 공동체들 간의 의미 있는 상호작용을 장려하고, 신뢰와 이해를 신장하며, 신화와 고정관념을 무너뜨리기 위한 최초의 실질적인 시도를 대표한다.[4] 이 프로그램은 2003년경에 영국 전역의 현지화를 토대로 도입되었다. 그러나 초창기에는 잉글랜드에 집중되었으며 웨일즈와 북아일랜드에서 점차적으로 발전하였고, 정도는 덜 하지만 몇 년 후에는 스코틀랜드로 확산되었다. 대부분의 프로그램은 지방 당국과 자원봉사 단체들에 의해 발전되었으며, 특히나 단일문화적인 학교에 다양한 배경의 어린이들을 맺어주는 학교 자매결연 프로그램과 같은 국가 공인 프로그램들도 있었다. 일반적인 지침은 다음을 기반으로 하여 '지역사회 · 지방정부부(DCLG)'에서 전국적으로 발행하였다.

> 그러나 우리 모두는 바쁜 삶에 이끌리다보면, 우리 주변 가까이에 있는 가족과 친구들에게 집중하게 된다. 우리는 언제나 옆집 사람들을 알아가기 위한 시간이 있는 것이 아니다. 멀리 떨어져 사는 사람들은 말할 것도 없다. 사람들이 개별적이고 고립된 삶을 살아가는 곳에서는 문제가 일어날 수 있다. 최악의 경우에 사람들은 의심하고 적대적이 될 수 있으며, 특히 그들이 보기에 '다르다'거나 '자신들과 같은 소속이 아닌' 개인이나 집단을 향해 그렇게 한다.
>
> 상호작용을 장려하는 것은 우리가 이러한 장벽을 극복할 수 있는 가장 단순하고 직접적인 방법 중의 하나이다. 사람들이 서로를 알아 가는 기회를 갖게 되면, 사람들은 그들의 차이점보다는 공통점에 초점을 맞춘다. 이것이 편견과 고정관념을 무너뜨리며, 대신에 상호 존중과 이해의 촉진을 돕는다.

처음에 이러한 프로그램들은 '이문화적' 상호작용으로 간주되었지만, '상호문화적'으로 되어가기 시작했으며, 또는 '상호문화적'으로 바뀌어 사용되었다. 그리고 상호문화대화 개념의 사용은 2008년경부터 가속화되었다(7장 참조).

상호작용 프로그램은 공동체 결속을 향상시키기 위한 보다 폭넓은 의제임이 분명했지만, 여러 비평가들은 이것이 암암리에 동화주의자들과 그들의 정치적 의제를 이끌고 있다고 주장하였다. 예를 들어 맥기(2005)는 대화(dialogue)의 과정을 문화, 전통, 정체성, 가치를 '차갑게 식히는' 수단으로 보았다. 또한 '권리'에 기반한 시민권에서 '참여'에 기반한 시민권 개념으로 전환시키는 수단으로 그 과정에서 '정체성, 문화, 전통은 적극적으로 참여하는 시민의 출현을 방해할 것(p.173)'이라며 대화의 과정을 비웃었다. 맥기는 '타인'에 대한 사람들의 경험 확장을 통해 증오 범죄 감소에 목적을 두는 '공동체 기반 프로젝트'들을 강조했다. 그리고 이 프로젝트들의 명백한 성공에 비추어, '어떻게 (이러한) 계획들을 외면할 수 있습니까?' 라고 물으면서 이 계획들은 모든 사람을 위한 것이 아니라 '정상적인 범주 밖에 있는' 사람들을 위한 도덕적 당위라는 점을 계속해서 제시하였다(p.179).

사회과학적 구분에 따른 학문 분과 간 관점의 차이가 있어 보인다. 사회심리학자들은 개인적인 상호작용과 그 결과로서 일어나는 태도와 행동의 변화에 보다 중점을 두기 쉽다. 1950년대부터 올포트(Allport)와 다른 연구자들이 옹호한 '접촉 이론'은 어떻게 편견을 줄이고 행동이 변화될 수 있는지를 증명했으며(Allport, 1954), 최근에 휴스톤(Hewstone)과 다른 연구자들은 이 접근법을 공동체 결속 프로그램에서 지원하고 있는 인종과 그 외 여러 정체성들에 대해 직접적으로 적용하였다(Hewstone et al., 2006, 2006a, 2007, 2008, 2008a). 반면에 사회학자들은 사회심리학자들의 연구방법을 거의 사용하지 않는 듯하며, 상호작용 프로그램을 강제적인 동화의 새로운 모형과 새로운 민족주의적 정책 의제로 생각하고 있다. 심지어 맥기는 '적극적 시민권'이 동화주의자와 다문화주의자의 전략을 대체하는 통합적인 개념이라는 관점을 갖고 있으며(2008, p.52), 영어의 확대 발전 시도에 대해서도 동일한 관점을 갖고 있다. 그에게 있어 영어의 사용을 장려하려는 것은 다양한 공동체가 소통하고 상호작용할 수 있는 수단이라기보다는, 단지 '동일성과 차이의 가장 쉬운 기표(시니피앙)에 초점을 두고 있는' 정부의 '언어적 민족주의'의 확장일 뿐이다.

구분된 사회(divided society)에 대해 인종 기반 개념을 지지하는 활동가들과 평론가들은 동일한 접근법을 취하고 있다. 예를 들어 쿤드나니(Kundnani, 2002)는 '인종'에 대한 논쟁의 본질 변화가 통합에 대한 당위성으로 이동하는데 도움을 주었다고 주장한다. 그리고 공유된 규범, 공통의 정체성, 안정적인 공동체, 다양화된 집단의 구축을 통해 영국의 제도, 조직, 과정을 '받아들이기'를 기대한다고 말한다. 해리슨(Harrison, 2005, p.91)은 '비교적 문제시되지 않고 지나쳐 가는 백인 공동체의 확고한 장벽과 가치 속에서' 동화를 두려워하는 관점을 취한다. 그러나 이러한 우려들은, 위에서 언급한 사회심리학자들을 포함하여, 실증적 입장보다는 정치적 입장을 지니고 있다. 그들은 또한 집단 간 관계가 '차이'에 대해 논의하고 대책을 마련하는 고통스러운 과정을 지나가면서 재구축된다는 것을 입증(예를 들어, Lederach, 1993, 1997 참조)한 평화와 화해에 관한 학문적이고 실천적인 연구들을 인정하지 않았다. 이를테면 동시대의 민족 갈등을 다루는 수단으로서 '공존의 연구'(Weiner, 1998), 로버트 퍼트넘과 같은 사회자본 이론가의 연구가 강조한 사회자본 '연결'의 중요성(Putnam, 2000, 2007), 그리고 더욱 최근에 직접적으로 이러한 우려들을 반박한 폴 토마스(2011)의 공동체 결속에 대한 평가와 같은 연구들이 그러하다. 또한 공동체 결속에 대한 우려를 표하는 비평가들은 결속 프로그램의 실제 적용을 검토한 『공동체 결속과 실행(DCLG, 2007)』이라는 구체적인 조사 연구를 무시하고 있다.

공동체 결속에 대한 또 다른 비평가들은 '공동체 결속'의 개념을 주로 '상호작용 프로그램'으로 축소시키기 위해 이 둘을 동일하다고 보았으며, 그들이 찬성하지 않는 정치적 과정과 일치시키기 위해 프로그램의 폭넓은 양상을 의도적으로 무시하며 공동체 결속의 개념에 대한 그들 자신의 생각을 구축하였다. 공동체 결속은 함께 그리고 동시에 불평등에 대항하고 다양성의 가치와 공통 소속 의식을 장려하면서 상호작용을 증진하려는 생각에 입각한다(LGA et al., 2002). 공동체 결속은 이문화적 상호작용을 증진시킴으로써 대인 간 관계를 향상시키는 동시에, 공동체 차원의 구분과 긴장을 훨씬 폭넓게 다루는데 사용되었다. 따라서 결속 프로그램은 인종차별과 외국인을 혐오하는 서사들에 직접적으로 대응하였으며, 주로 영국의 맥락에서 장소에 대한 새로운 지역적 서사의 장려를 통해 다양성을 보다 긍정적으로 묘사할 것을 요구하였다.

결속에 대한 책무와 공간에 대한 새로운 서사의 발전

처음부터 공동체 결속 프로그램은 일대일 접촉이나 이문화적 상호작용보다 폭넓은 기반 위에서 발전하였다. 또한 최초의 공식적 정의(LGA et al., 2002)는 '다양한 배경의 사람들의 다양성'에 대한 '긍정적인 가치'의 필요성과 '모든 공동체를 위한 공통 비전과 소속 의식'을 신장시키는 것을 의미하였다. 다시 말해, 개인의 접촉과 상호작용은 폭넓은 사회적 · 정치적 책무와 행동으로 지원될 필요가 있다는 것이다.

이러한 논점을 뒷받침하는 증거는 매우 분명하다. 공공 기관에서 발행된 모든 지침서에 이러한 폭넓은 접근법을 반영하였고, 놀라운 정도의 혁신과 결정을 보여주는 사례 연구와 실제 사례들을 주로 지원하였다. 지난 10년에 걸친 영국의 난국, 특히 최근 흐름인 유입 이주에 대한 적대감의 증가, 영국의 무슬림 공동체에 대한 악마화, 그리고 극우의 성장에도 불구하고 최근의 태도 조사에서는 자신의 지역이 다른 민족 배경의 사람들을 존중하는 곳이라는데 동의하는 사람들의 비율이 2003년 79퍼센트에서 2009년과 2010년 사이에 85퍼센트로 증가하였으며, 이 기간의 연구결과에서 감정의 강도 또한 증가한 것을 보여주었다.(DCLG, 2011, p.9)

영국에서는 공동체 결속 프로그램의 시작부터 공식적인 지침서에 공동체와 개인 차원에서 포용적 소속 의식 증진에 대한 광범위한 측정의 필요성이 인정되었다(LGA et al., 2002). 이에 따라 공식적인 지침서는 지역 차원에서 공동체 결속의 경과를 모니터링하고, 객관적인 불평등 지표뿐만이 아니라 차이의 존중에 대한 지역 사람들의 인식 범위와 지표가 포함되고, 정부의 발표와 함께 강화되었다(Home Office et al., 2003). 이 지침서는 지방정부와 협력 기관들에게 제시되었으며 처음으로 다양성과 리더십에 대한 가시적인 책무로서 권고되었다.

리더십의 내용은 다른 지침서들(LGA et al., 2004, Home Office, 2005a)에서 강화되었고, 지역 지도자들을 위한 구체적인 지침과 함께 2006년(LGA et al., 2006)의 정당 간 교류에 기반한 실제 사례로도 지원되었다. 비전과 리더십의 강조는 그 필요성과 함께 긍정적으로 수용되어 졌다. 2001년의 보고서들은 이러한 점에서 다양성 가치 증진의 실질성 결여와 지역 정치 리더십의 실패에 대해 비판하고 있다. 이와 맞추어 지역 사업, 신앙, 자원봉사단체, 정책 및 기타 공공 기관의 대표자뿐만이 아니라 정치적 지도자와 시민

지도자도 포함된 '지역 전략 협력체'의 모든 구성원에게는 리더십과 책무의 요구와 협력적 역할이 강조되었다.

또한 평등과 사회정의를 신장하기 위해 구체적인 법적 의무와 도덕적 고려사항과 관련한 책무는 중앙 정부의 역할로 강화되었다. 이것은 특히 '기회 향상과 사회 강화(Home Office, 2005, 2006, DCLG, 2007)'를 위한 연례 성명과 보고서를 통해 나타났다.

이 시기 동안에는 실천적인 지침서, 지원 프로그램, 권고사항이 매우 많이 제작되었다. 회의나 워크숍이 열리지 않거나, 공동체 결속이나 지역과 전국적인 프로그램의 구체적인 양상에 대한 새로운 출판물이 없이 한 주가 지나가는 경우가 거의 없었다. 예를 들면, 재생(Home Office and the Office of the Deputy Prime Minister, 2004), 주거(Blackaby, 2004), 학교(Home Office, 2004a)와 관련된 결속에 대한 여러 전문적인 영역의 지침서가 발행되었다. 또한 중앙 정부는 특정한 계획과 프로그램을 지원하기 위해 일부 추가적인 재정을 제공하였다. 그러나 보다 중요한 것은 중앙 정부가 '주류화하는' 결속 활동의 중요성을 강조하기 시작했다는 점이고, 그 결과 결속 활동은 기존의 프로그램과 전문적인 활동에 통합된 일상적인 실천의 부분이 되었다는 점이다. 이것은 특히 공동체 결속에 관한 독립적 위원들의 마지막 보고서인 『평행한 삶의 종식인가?(Cantle, 2004)』에 대한 비판과 지역적인 실천과 전문적인 실천에 관한 여러 하원들의 조사(House of Commons, 2003, 2004, 2004a)에 대한 대응이었다. 정부는 또한 잉글랜드에서 국가가 운영하는 23,000개의 모든 학교에 공식적인 지침서(DSCF, 2007)로서 지원되는 '공동체 결속의 신장을 위한 의무'의 도입을 통하여 결속의 실천을 내실화하기 위한 매우 중요한 과정을 만들었다. 이것은 초등학교에 입학하는 약 4세부터 졸업하는 약 17세의 모든 취학 연령의 어린들이 사실상 또는 실제로

‘다른 사람들’에 대해 배우고, 차이에 대한 보다 긍정적인 경험을 제공받게 했다.

중앙 정부 및 국가 기관들의 지원과 지침은 다른 전문적이고 독립적인 기관들의 연구로 인해 상당 수준 향상되었다. 여기에는 실행을 면밀하게 조사하고(LGIU, 2005), 소수민족들에 대한 신화와 잘못된 정보에 대항하는 것(LGIU, 2006)이 포함되었다. 또한 사례 연구를 통하여 ‘이방인을 이해하기’(ICAR, 2004) 위해 다음과 같은 다양한 실제적인 조치들을 포함시켰다. 공동체가 함께 모이도록 ‘스포츠의 힘’을 활용하고(iCoCo, 2006), 포용과 소속 의식을 증진시키기 위해 새로운 소통 전략을 개발하고(iCoCo, 2006a), 지역에서 다양성을 보다 효과적으로 배치시키고 다양성에 참여하며(iCoCo, 2006b), 공동체 내에서와 공동체들 간의 긴장과 갈등을 예상하고(iCoCo, 2007a), 결속의 의미를 이해하고 대응할 수 있는 전문적인 기술을 발전시키며(iCoCo, 2007a), 새로운 유럽 이주민들과의 관계를 개선하고 통합을 높이기(iCoCo, 2007b) 위한 연구들이었다.

특히 지역 차원에서 공동체 결속에 대한 책무의 이행은 곧 결실을 맺기 시작했는데, 지역 당국과 기관들의 새로운 능력과 역량은 포괄적인 지역 검토와 지역 연구에 반영되었다. 그 중의 첫 번째 사례는 결속과 다양성 사안에 관한 업적이 우수하고, 영국의 가장 다문화적인 도시 중의 하나인 다문화도시 레스터(Leicester, IDeA, 2002)이다. 공동체결속연구소(Institute of Community Cohesion)는 현재 약 50개 지역의 검토를 수행하였다. 그리고 2001년 폭동 이후 5년간의 검토 결과를 보면 폭동 도시 올덤(Oldham)을 포함하여 상당 수준 결속의 강화가 이루어지고 있음이 입증되었다(iCoCo, 2006c). 또한 『공동체 결속과 실행(DCLG, 2007)』이라는 조사 연구에서는 잉글랜드의 6개 시범 지역에서 공동체 결속이 향상된 분명한 증거를 발견하였으며, 이를 발판으로 다른 지역들이 학습할 지점의 범위를 개발하였다. 그러나 더 나아가 보다 근본적인 공동체 결속에 대한 검토는 다양한 집단들 간에 발생하는 긴장, 정치 지도자의 역할 고찰, 긴장에 대응할 수 있도록 지역 사람들과 전문 기관들의 역량 구축을 위한 현안 조사가 다라 싱(Darra Singh)이 이끄는 특별 임명 위원회에 의하여 시작되었다(CIC, 2007). 이 검토는 공동체 결속의 개념을 강화하였고, 나아가 접근 방식에 대한 이해를 발전시키며 우수한 실천 사례를 보급하는 데 도움이 되었다. 토마스의 새로운 학문적 연구(2011) 또한 결속의 원리와 실천을 지지하였으며, 인종과 다양성을 위한 새로운 체계로서 결속의 유효성에 대한 의심을 불식시켰다. 앞서 지적하였듯이, 실제로 최근의 조사(DCLG, 2011)에서는 현재 상당한 저항이 있는 분위기에도 불구하고, 차이에 대한 지지, 수용, 존중의 증가가 보여 지고 있으며, 유사한 연구에서는 사람들이 인종적 편견과 종교적 편견 모두에 대한 감소를 느끼는 것으로 나타나고 있다(DCLG, 2011a).

그러나 통합결속위원회 보고서(CIC, 2007)의 핵심 내용 중의 하나는 공동체 결속은 지역의 맥락이 매우 중요하게 인식된다는 점과 고도로 지역화된 계획에서 각 장소와 관련된 특정 환경을 반영할 필요가 있다는 것이었다. 나아가 통합결속위원회는 결속에 있어 신체장애, 성적 지향, 사회 계층, 건강 및 장애뿐만이 아니라 신앙과 민족성의 차이에 대한 것 역시도 강조하였다. 통합되고 결속력 있는 공동체의 구성요소에 관한 리스트들과 특정 장소, 이웃, 공동체에 관한 강조는 통합과 공동체 결속을 위한 새로운 모형을 도입하려는 통합결속위원회 전략의 일환이었다(McGhee, 2008, p.51). 그러나 국가적인 차원에서의 '삶의 열망과 지역 문제와 같은 실제 생활 현안들을 둘러싼 공통성에 대한 의식 구축'(DCLG, 2007, p.6)의 강조는 시민가치 증진에 있어 보다 깊은 변화와 전환으로 나타났다. 이것은 '소속

(belonging)'에 관한 논의의 중심이 '영국적인 것'에 대한 국가적이고 논쟁적인 개념에서 벗어나 '지역정체성'이라는 보다 완화된 형태로 전환되고 발전되었다는 것을 의미한다.

물론 영국적인 것에 대한 논의는 일반적으로 민족주의에 반대하며 일정 형태의 애국주의를 부끄럽게 여기는 경향이 있는 영국의 좌파를 언제나 자극하는 문제였지만, 실제 다른 나라들에서의 좌파는 주로 민족 해방을 위한 투쟁을 이끌거나, 진보적 프로젝트로서의 민족 문화 구축이었다(예를 들어 아프리카, 아시아, 라틴 아메리카, 카리브해에 걸쳐있는 반식민 투쟁과 같은). 영국의 좌파는 역사적으로 제국과 군주제를 상징하는 것으로 보이는 국기를 흔드는 것을 경계해 왔다(Muir, 2007, p.5). 그러나 극우파는 정체성에 대하여 과거의 단일 문화적이고 배타적인 생각에 기초한 대외강경론의 국기를 흔드는데 조금의 주저함도 없는 반면, 중도우파 정당은 영국 특유의 '공통 가치'를 분명히 하는 것이 어렵다는 것을 알게 되었고, 서구의 가치와 극단적인 무슬림기반 공동체의 가치를 단순히 대치시키려는 경향을 보였다(예를 들어 Cameron, 2011 참조). 따라서 공동체 결속 프로그램은 지역정체성과 소속을 발전시키기 위한 폭넓은 호소를 하게 되었으며, 이를 통해 공동체 결속은 지역 관계의 산물로 발전할 수 있었다. 사람들은 일상생활에서, 거리에서, 신문가판대에서, 학교 입구에서, 그리고 특히 민족적으로 혼합되고 다양화된 지역에서, 서로 다른 사람들과 관계를 맺을 수 있었으며, 다양한 배경의 시민들은 같은 구역에서 살기 때문에 무언가를 공통적으로 느낄 수 있었다(Muir, 2007).

지역 소속 캠페인의 발전이 버넷(Burnett, 2004)과 같은 비평가의 입장을 약화시키고 있다. 버넷은 공동체 결속을 설명하면서 늘 '지배적인 문화 의제'와 함께, '그들과 우리'(국가적인 통제와 국제적인 배제 모두를 담고 있는)라는 담론을 내세우면서 마치 정부가 제정한 일련의 가치와 관습을 고수하듯이 말한다. 그러나 '결속'은 다양성을 반영하였으며, '우리 모두' 또는 통합결속위원회(CIC)의 보고서(2007)에서 예시한 '우리 공유 미래'의 개념을 증진하는 상향식(bottom-up)의 지역 의제에 초점을 두고 있다.

연대의식을 모으기 위한 지역정체성과 소속 캠페인(belonging campaign)의 발전은 이전 장들에서 언급하였던 민족정체성의 새로운 현실을 인정한 것인지도 모른다. 연대감과 공통 가치가 민족과 종교 동질성의 시기에는 당연하게 여겨졌겠지만 지금은 공통 시민성을 강조하는 국가(state)에 의해 더욱 적극적으로 장려되고 있다(Kymlicka, 2003a, p.195). 이것은 심지어 현재 우리가 '너무 다양화된' 것은 아닌가, 연대와 공통 가치의 증진이 다문화주의의 특정 수준을 넘기 어렵게 된 것은 아닌가, 그리고 특히 복지 혜택과 건강 서비스에 관한 국가 체제가 유지되도록 지원하는 충분한 수준의 연대가 가능한가에 대한 질문을 낳게 한다(Goodhart, 2004). 지역 캠페인은 이러한 우려들을 불식시켰으며, 국적에 대한 논쟁적인 생각들도 문제가 되지 않았다. 그리고 다양화된 지역에 자긍심을 가지면서 함께 살아가기 위한 보다 더 현실적인 방법에 집중할 수 있게 하였다. 스코틀랜드의 '다양한 문화, 하나의 스코틀랜드(Many Cultures One Scotland)'에서부터 매우 지역화 된 마을 특유의 '하나의 공동체'라는 표현에까지 현재 수십 개 지역의 '소속' 캠페인들은 영국에서 가능한 모든 유형의 공동체를 아우르면서 진행되었다(Cantle, 2008, p.182). 그리고 보다 최근에 런던에서는 재순환 작용의 수준이 증가하고 반사회적인 행동이 줄어들 뿐만이 아니라, 결속을 촉진시키는 집단의 노력과 공적인 참여를 요구하는 여러 문제들을 다루기 위하여, 지역과 함께 시민 자긍심과 일체감을 사람들의 의식에 호소하는 '사랑해 해크니(Hackney 역자 주: 영국 런던의 부도심. 젊고 가난한 예술가들과 외국 이민자들이 모인 곳) I Love Hackney'라는 캠페인이 있었다(Muir, 2007).

뮤어(Muir, 2007)는 또한 지역의 정치 참여 비율이 지역이라는 장소에 대한 애착의 강도에 의해 결정된다는 점에서 이러한 캠페인들은 여러 가지 파생되는 이익이 있다고 언급하면서, 지역정체성을 증진함으로써 지역 시민 활동에서 민주적인 참여와 시민들의 개입을 증대시킬 수 있다고 제안한다.

소속 캠페인들은 국가 차원을 넘어 다수의 실천을 이끌어 낼뿐만 아니라 개념적인 이점까지 갖추어, 가치 체계를 정의하고 제도화하려는 시도와 함께 다양성에 대한 긍정적이고 새로운 그림을 제시하고 있다. 지역의 장소들을 중심으로 하는 소속 만들기는 세계화와 초다양성이라는 현재의 경향을 반영하는 보다 다각적인 정체성을 허용하기 때문에 실천이 더욱 수월하다. 다문화주의 개념은 정체성에 대한 이 같은 새로운 생각에 적응할 수 없었으며, 주류 공동체 내에 있는 이민자들에 대한 조정에만 매달려왔었다. 상호문화주의는 이러한 방식에 제한되지 않은 채 공동체 결속의 초기 작업을 이룰 수 있었고, 여러 다양한 수준에서 통합과 연대가 발전할 수 있다는 근거와 정체성에 대한 보다 국제적이고 역동적인 관점을 제공하고 있다.

공동체 결속의 기여는 지대했으며, 오래된 방식의 다문화주의의 많은 구호에 도전하였다. 다문화주의가 본질적으로 잘못되었기 때문이 아니라 단순히 방어적인 모델이었기 때문에, 1960년대와 1970년대에는 적절하게 제시되었지만 초다양성과 세계화가 부상하는 시대에는 적합하지 않게 된 것이다. 공동체 결속이라는 새로운 개념에 대한 초기의 우려는 아마도 소수민족과 다양성에 대한 또 다른 공격이라는 인종 관계로의 접근이 가져온 한계로 인해 불가피했을 것이다. 사실상 공동체 결속은 불공평과 불의에 저항하면서, 다양성의 가치를 신장시키고 강한 포용력과 소속 의식을 장려하는 등 우려와는 전혀 다르게 전개되고 있다. 이것은 주류 공동체가 보다 긍정적인 방식으로 다양성에 대해 생각하도록 독려하였고, 차이에 대한 관용과 이해와 존중을 향상시켰다. 또한 '차이'는 더 이상 '인종'을 단순히 흑과 백이라는 논리로 정의하지 않았으며 다각적이고 역동적인 것으로 인식하였다. 보다 중요한 것은, 공동체 결속 프로그램이 국제적인 차원에서 높은 수준의 인구 변화가 있고 사람들이 유동하는 지금 시점에, '다른 사람들'에 대한 상당한 불확실과 불안의 시대에 공동체 관계를 개선해 왔다는 점이다. 그러나 공동체 기반 프로그램에 대한 투자 수준이 최근 낮아졌으며, 지역 당국과 자원봉사단체들은 서비스를 제공하는 공동체와 지역 및 전문 기관에서 능력과 신뢰를 구축하기 위해 기여했던 프로그램의 유지가 쉽지 않다는 것을 알게 되었다. 극우파가 변화와 차이에 대한 사람들의 두려움을 이용하면서 퇴보적인 의제를 지속적으로 옹호하고 있다는 점을 염두에 둔다면, 변화하고 있는 세계에 대응하기 위한 투자가 더욱 요구될 수밖에 없다. 우리에게는 결속하는 사회를 뒷받침하기 위한 새로운 패러다임이 필요하다. 공동체 결속이 주로 민족국가 내에서 지역의 구분과 긴장에 대한 대응이었던 반면, 상호문화주의라는 새로운 모델은 다문화주의에 대한 우리의 사고를 대체하기 위해 필연적인 것이다. 상호문화주의는 세계화와 초다양성에 대한 대응으로 보다 대외지향적인 국제화에 초점을 두고 있는 모델이다.

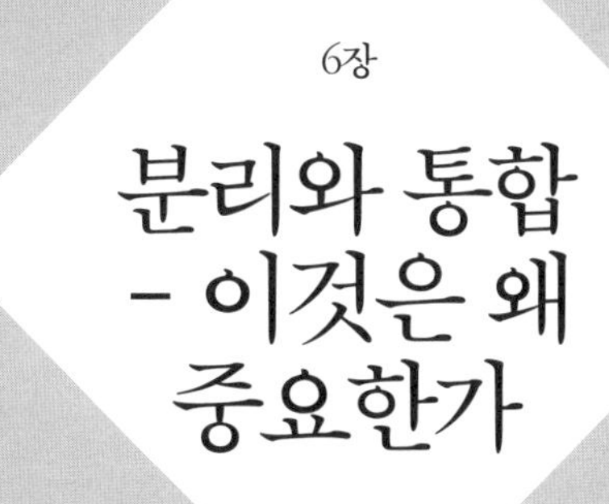

6장

분리와 통합 - 이것은 왜 중요한가

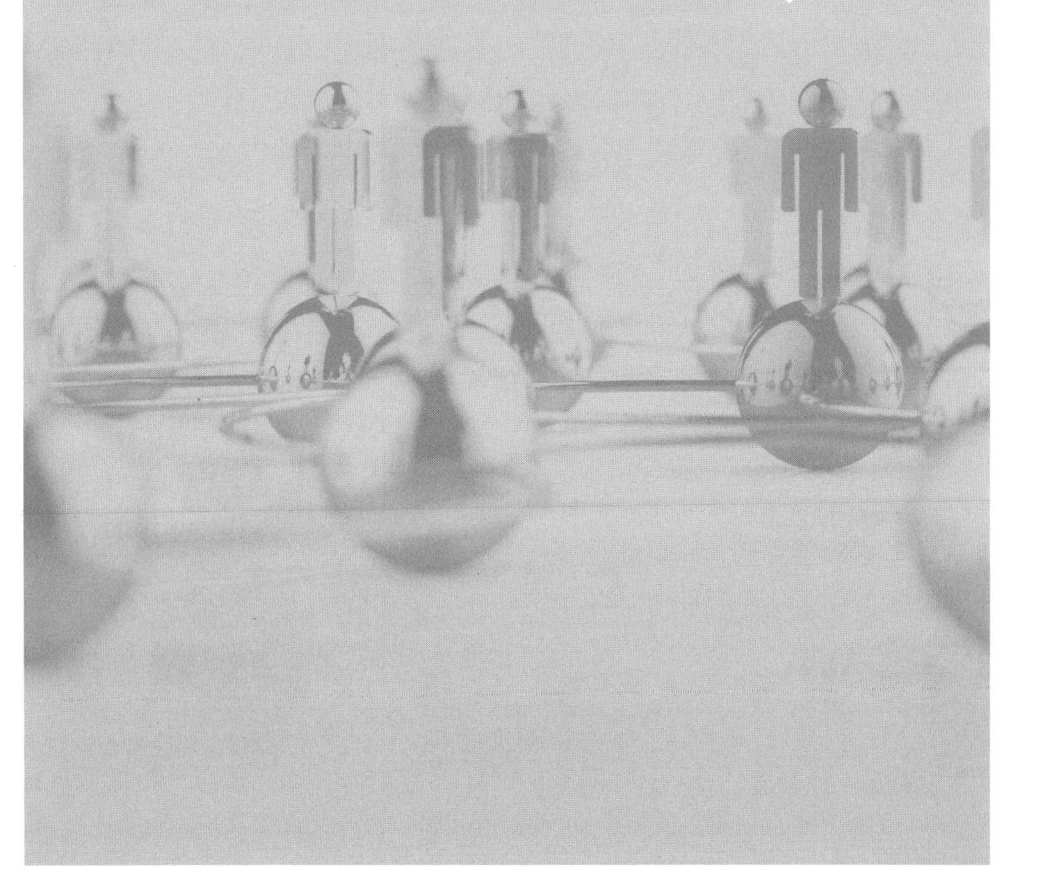

영국의 다문화주의는 적어도 원칙적으로는 '상호 관용의 분위기 속에서 […] 이민자들의 민족적 특성과 문화'의 유지를 강조하는 '통합 정책'에 기반하였다(Jenkins, 1966). 이 성명은 1966년 당시 내무부장관이 만들었으며, 부상하고 있는 다문화사회를 위한 일종의 비전을 갖추고자 한 유일한 실제 시도였다. 이러한 통합의 형태는 세계 대전 이후 다양성이 조성되기 시작한 영국에서 빈번한 괴롭힘, 위협, 차별의 대상이 된 영국의 이민자 공동체를 안심시켰다. 곧이어 이러한 영국의 시도는 강력한 차별금지법과 평등한 기회 등을 보장하기 위한 여러 긍정적인 조치 프로그램들로 인해 지지되었다. 이러한 조치들은 문제가 있었음에도 불구하고, 다른 유럽 국가들, 특히나 프랑스와 독일과는 대조적인 입장이었다. 프랑스는 '동화'를 선호하고 독일은 장기 시민권과 권리를 허가하지 않는 '초청 노동자(guest worker)' 모델을 선호하였다. 그러나 프랑스와 독일, 그리고 그 외 다른 많은 국가들과 마찬가지로, 영국에서도 초기 이주의 정착 패턴은 분리된 지역 형성과 그 지역으로의 쏠림 현상으로 특징지어졌다.

그럼에도 불구하고 여러 측면에서 볼 때 영국의 정책은 차별의 수준을 낮추고 관용을 성장시키면서 잘 진행된 것으로 보인다(DCLG, 2011a). 특히 남부 지방에서는 높은 수준의 통합을 이루었으며, 축제, 예술, 음악 행사와 같은 문화 간 활동의 형태를 통해 폭넓은 다양성을 누리고 있다. 이는 공동체 결속 검토팀(Cantle, 2001)의 보고서 이후의 괄목할 만한 진전이었는데, 보고서는 여러 북부 소도시들에서 발생했던 인종 폭동 이후 다문화주의가 보편적으로 수용되지 않았다는 것과 이주민 공동체와 주류 공동체의 분리된 관계가 확립되었다는 것을 밝혀냈다. 백인과 아시아인 공동체들은 상당 부분 '평행한 삶'을 살고 있는 것으로 나타났다.

> 어떤 의미 있는 상호교류 장려라는 접촉 지점이 거의 없는 것으로 보인다.

그리고 '평행한 삶'은 다음에 기초한다.

> 분리된 교육 제도, 공동체 및 자원봉사단체, 고용, 예배장소, 언어, 사회 및 문화 네트워크

'공동체의 분리'는 공고한 불평등이 있었지만 대개는 평화로운 공존을 보장하는 듯 보였다. 그러나 일상에서 '평행한 삶'을 경험한다는 것은 공동체들 간에 신뢰, 존중, 이해를 도모하려는 기회는 거의 없었다는 것을 의미하였다. 결과적으로, 증오, 분노, 폭력으로 변하는—특히 극우 단체들에 의해 조장되고 선동되어— 어떤 공동체와 관련되어 문제를 제기하는 것은 비교적 쉬웠다. 보다 일반적으로, 다문화주의의 통념은 어느 수준에서는 지지를 받았지만, 많은 경우 '정치적 올바름(political correctness)'이라는 이름아래 실제 자격과 책무는 거의 없이 국가 주도적인 정치적 · 문화적 당위에 의해 강제된 것으로 보였다.

2001년 이후 영국에서는 서로 다른 민족 집단들 간의 관계를 개선하기

위해 개발된 공동체 결속 프로그램들이 소개된 이후, '차이'의 개념은 더욱 폭넓게 이해되면서 성적 지향, 세대, 장애, 종교, 사회 계층을 포함하는 다양한 특성들에 적용되었다. 이러한 차이들 모두가 '평행한 삶'의 형태로 정착되지는 않았지만, 많은 경우 '다름'의 관념과 사회적 · 문화적 영역의 분리가 주거, 교육, 고용에 있어 '공간의 차이 강화'와 연계되어 있었다. 따라서 분리와 통합은 단순히 '인종'이라는 눈에 보이는 구별성에 기초하는 방식과는 다른 방식으로 이해되어야 한다.

분리와 통합의 영역

개념적인 차원이나 정책적인 차원에서 '분리'와 '통합'을 정의하려는 진지한 시도는 거의 없었다. '분리'에 대한 초기 개념은 순전히 공간적 분석에 기초하여 고안되었으며, 거주지의 측면에서 공동체들의 물리적인 분리에 거의 전적으로 초점이 맞추어져 있었다. 이런 분석들은 적어도 지표에 근거하여 분명한 측정을 하였지만, 그럼에도 불구하고 개념상으로는 한계가 있었다. 2001년에 소개된 '평행한 삶'의 개념(Cantle, 2001)은 이 접근법을 근본적으로 넘어서려 했었고, 2005년이 되어서야 '분리의 층위'라는 보다 공식적인 형태(Cantle, 2008)로 발전하였다. 또한 '공간적 분리의 일차원적 혹은 이차원적 격자(格子)형태'에서 논의를 이동하여 사회적 형태를 고려하려는 여러 가지 시도들이 있었다(Fagiolo et al., 2007). 가장 최근에 시도된 '통합을 위한 조건 만들기'(DCLG, 2012)에서 '공유된 열망과 가치', '개인과 사회의 책임', '참여와 경청' 등이 그러하다. 1960년대와 1970년대 미국에서의 주목할 만한 시도로 어린이들의 인종적 혼합을 시행하기 위해 계획된 아동 통학버스가 있었다. 이것은 당시에 논란이 되었으며 결국 다른 형태의 혼합된 공동체를 장려하기 위한 이후의 시도들은 금지되었다. 주거, 교육, 고용, 여가 등에서 보다 혼합된 환경을 만들지 못하게 되었고, 세계 대부분의 정부들은 (개인의 선택이) 광범위한 사회적 · 경제적 요소들에 영향을 받고 심지어 그에 따라 결정되는 것이 분명한데도 이러한 문제들을 최대한 개인의 선택에 맡기고자 했다. 정부들은 통합의 문제를 '너무 어려운' 과제로 치부하였으며, 어떤 정부는 자신의 나라는 다문화적인 국가로 분리된 국가가 아님을 강조했다.

'분리'와 '통합'은 일반적으로 공간적인 또는 물리적인 측면에서 개념화되었다. 따라서 한쪽 끝에서는 동화가, 다른 쪽 끝에서는 분리된 공동체들의 공존 혹은 '평행한 삶'이 연속되고 있다. 이것은 훨씬 다면적으로 보아야 할 논의들을 심각하게 제한하였다. 이를 더 깊이 고려하기 위하여 '분리의 층위'(Cantle, 2008)에 입각한 분리와 통합의 영역을 표 6.1에 제시하였다.

표 6.1 분리와 통합의 영역

영역	특성
공간적	이웃, 학교, 직장, 기타 기관들의 분리
사회적 · 문화적	사회, 여가, 문화 네트워크 및 활동의 분리
기능적	서비스 접근의 평등, 시민/주민으로서의 권리와 책임, 사회적 '개방성'
가치와 규범	공통의 민족정체성에 기반하거나 지역적으로 협의되고 수용된 규범에 기반한 공유된 가치와 행동의 준수와 수용

분리의 본질과 규모는 공간적 구분과 관련하여 개념화되었을 뿐만 아니라, 또한 일반적으로 이와 같은 측면에서만 측정되었다(그래서 심지어 아래와 같은 논쟁이 벌어졌다). 공간적 분리는 나라 혹은 특정 도시나 지역 내에서 거의 일정하지 않다. 예를 들면, '공간적 분리'의 영역은 잉글랜드의 북부

소도시(백인과 아시아인 공동체 간)와 북아일랜드(개신교도와 가톨릭교도 간)에서 가장 현저하게 나타난다. 중부 지방의 잉글랜드 도시들에서는 분리의 두드러짐이 덜하며, 남부의 특히 런던에서는 거의 나타나지 않는 것으로 보인다. 그럼에도 불구하고, 중부 지방과 런던을 포함한 잉글랜드의 남부에는 극도로 분리된 몇몇 지역들이 있다. 미국에서는 통합과 분리에 대한 많은 연구문헌들이 있으며 거주지 선호에 대해서도 더욱 잘 이해되고 있기는 하지만(Sampson and Sharkey, 2008), 분리의 범위와 본질은 여전히 근본적인 관심사로 유지되고 있다(Eisenhower Foundation, 2008).

공간의 분리와 통합의 형태는 종종 다른 영역들, 특히 '사회적 · 문화적' 영역과 '기능적' 영역에서 이문화(cross-cultural) 접촉에 영향을 준다. 예를 들어, 학교 입학, 지역 고용 제도, 주거와 여가 제도에 대한 접근은 주로 물리적인 근접성에 의해 형성되었다(Johnston et al., 2006, the Eisenhower Foundation, 2008, Hiebert, 2009). 이와 같은 영역들은 교우 관계의 유형과 더 광범위한 사회적 · 문화적 영역에서 대인 간 접촉을 결정짓지만, 분리의 다른 영역들에 의해 억눌렸던 것 같다.

'평등한 기회'와 '긍정적 조치'의 장려는 특히 교육과 고용에 대한 접근을 결정하고, 서로 다른 공동체 구성원들 간에 있어서 '성과의 차이'를 좁히는 데에 영향을 미쳤다. 이러한 '기능적' 접근은 '배제'를 다루는 것에 주로 기초한 반면, '평등 프로그램'은 '기회를 재조절'함으로써 더 높은 수준의 공정성을 제공했을 뿐만 아니라 공간적 분리의 수준을 넘어서 서로 연결하는 접촉의 기회들을 보다 많이 만들었다. 고용과 교육 시설에서 다수의 사람들과 함께하는 소수민족의 배경을 지닌 사람들이 있다는 사실은 소수민족에게 사회 자본을 높은 수준으로 '연결'하고, 그들의 차이를 초월하는 사회적, 직업적 네트워크를 구축하려는 다양한 사람들을 위한 기회를 제공한다는 것을 의미한다. 이러한 점에서, 평등과 상호작용 프로그램은 공생적인 관계일 수밖에 없다.

사회적 · 문화적 네트워크는 거의 전적으로 개인 선택의 문제이기 때문에 국가의 간섭을 벗어나는 것으로 여겨져 왔다. 그러나 적어도 영국에서는 비공개 회원으로 구성된 클럽 모임들이 성별과 민족성을 근거로 차별받지 않도록 규제되었으며, 이러한 조치는 높은 수준의 통합을 이끌어 내었다. 그렇지만, 법률의 일차적인 목적은 새로운 형태의 상호 접촉을 장려하기보다는 차별을 방지하는 데 있었다. '가치 체계'의 차이로 인한 분리의 개념은 매우 새로운 것으로, 현재 같은 나라에 살고 있지만 분리된 공동체에 거주하고 있는 무슬림 공동체에 대한 악마화 같은 것이다. 이 주제는 극단적인 이데올로기로 향하고 있는 인터넷과 또 다른 가상 연결을 장악하고 있다. 이러한 가치 체계 영역에서의 관점은 프랑스, 독일, 영국 지도자들의 협력에 의해 확산되었다(Cameron, 2011, Merkel, 2011, Sarkozy, 2011). 무슬림에 대한 이러한 관점은 분명 과장되었지만, 이 개념은 국가적인 차원에서 고려하는 '통합'의 한계를 여실히 보여주고 있다. 결국 글로벌 소통이 널리 확산됨에 따라 강하고 특수한, 국제적이고 디아스포라적인 친밀감의 형태가 더욱 분명하고 중요하게 되었다.

공간적 분리와 통합

공간의 의미에서조차 '분리' 혹은 '통합'이 무엇을 의미하는지에 대한 합의는 여전히 이루어지지 않고 있다. 또한 분리와 통합이 어떤 형태를 취해야 하는가는 고사하고, 바람직한 것인가에 대한 합의도 이루어지고 있지 않다. 50년간의 다문화주의 이후에도 이에 대한 명확함과 비전이 부족하다는 사실은 놀라운데, 여기에는 아마 공동체 내에서의 인구 변화 속도와 더불어 이러한 방안들이 다루어져야만 하는가에 대한 민감한 입장이 반영된 것 같다.

'분리'에 대한 논의는 대부분 공간적인 영역을 둘러싸고 진행되었기 때문에, 분리의 다른 양상들과 관련시키거나 보다 다층적인 측면에서 개념—예를 들면, 이전의 공동체 결속에 대한 연구(Cantle, 2008)에서 제시한 것처럼 언어, 신념, 교육, 고용, 생활방식, 사회 구조에 관하여—을 고려하려는 시도는 거의 없었다. 게다가 이러한 논의들은 공간적이거나 물리적인 분리를 구획하는 지수 사용에 익숙한 지리학자들과 인구통계학자들이 주도해왔다. 이 개념에 대한 학문적 검토가 특히 그러했으며 매우 제한적인 척도—예를 들면, 새로운 이주민들에게 공공 서비스에 대한 접근이나, 가치와 문화 규범의 막연한 개념을 제공하는 측면에서—에 초점을 맞추는 통합 정책의 단순한 논의 정도로 보완되었다. 또한 개념적인 발전과 실천적인 발전 간의 연계를 뒷받침할 수 있는 증거 기반도 거의 없었다. 이것은 세묘노프 등(Semyonov et al., 2007)이 언급하였듯이 매우 심각한 의문들의 누락이었다.

> 민족 거주지 분리의 형태와 민족 간 접촉 그리고 편견은 꽤 오랫동안 광범위하게 연구되어 왔다. 그 결과 이러한 주제들에 관한 연구량도 상당히 성장하였다. 그럼에도 불구하고 민족 분리와 접촉, 그리고 편견 간의 상호 관계를 체계적으로 검토한 연구는 하나도 없었다. 즉, 민족 간의 접촉이 어느 정도로, 어떤 방식으로, 거주지 분리와 민족적 편견 간의 관계를 중재하는지에 대해서는 아무도 연구하지 않았

던 것이다. 이와 같은 간과는 의심스럽고 다소 유감스럽다. 사회학적 연구 결과로 구체화된 논리만이 우리에게 민족 간 접촉이 거주지 분리와 편견 사이를 중재할 것으로 기대되기 때문이다.

(p.2)

그러나 공간적인 측면에서조차 예를 들면, 특정 공동체의 유산을 유지할 수 있게 지원하도록 규정하거나, 외부 집단이나 '타자'를 향한 편견의 감소와 같은 목적과 관련하여 어떤 수준의 분리(어떻게 정의되든 간에)가 바람직한지에 대한 합의는 거의 없었다. 소수 공동체의 분리가 다수 공동체의 분리에 달려 있는 것이 자명함에도 불구하고, 주된 관심의 초점은 주어진 지역 내에 있는 하나 혹은 그 이상의 소수 공동체에 속한 사람들의 숫자뿐이었다. 나아가 주어진 지역 내에서 '분리'라는 용어를 정당화할 수 있는 어떤 공동체의 비율에 대해서도 공인된 수준은 없다. 미국의 게토(ghetto)는 보통 한 지역 내에서 흑인 공동체 출신이 90퍼센트 이상임을 의미한다. 영국의 경우는 좀 더 낮은 75퍼센트를 '소수민족 거주지'(Poulsen, 2005)로 인한 분리를 정의할 때 사용하였는데, 만일 소수민족 인구에 국한한다면 아마도 미국의 기준치를 충족하는 지역의 수는 적을 것이다. 그러나 이 수준을 초과하는 많은 다수 백인 공동체들이 있다. 분리에 대한 측정 단위로서 지역의 크기는 중요하다. 단지 몇 개의 거리가 있는 작은 지역은 구(區)나 마을 혹은 도시 전체보다 '분리되어 있을' 가능성이 더욱 많기 때문이다.

대부분의 서구 사회에서는 가시적으로 식별할 수 있는 이주민 공동체가 지배적이거나 매우 밀집되어 있는 지역에 살고 있는 경향이 있기 때문에 '분리의 정도'가 높다. 특히 미국은 소수민족들의 집중도가 가장 높을 뿐만 아니라, '민족적, 인종적 소수 공동체의 구성원들이 함께 모여 분리된 지역에서 사는 경향이 있다'는 점에서 지역 내 이웃 간 분리 정도 역시 가장 높은 것으로 나타난다(Semyonov et al., 2007). '인종 간 통합이 매우 안정되어 있는 세계는 [···] 다수의 미국인들이 경험하고 있는 분리된 세계와는 다른 작고 예외적인 세계'로(Cashin. 2004, p.43) 4퍼센트 미만의 미국인들만이 이런 안정적이고 통합된 환경에서 살아가고 있다(ibid., p.42). 캐나다의 분리 또한 상당하다. 가시적인 소수민족의 인구는 몬트리올, 토론토, 밴쿠버와 같은 가장 큰 대도시 지역에 집중되어 있다(Hiebert, 2009).

유럽의 수준은 일반적으로 미국보다는 그 정도가 낮다(Semyonov et al., 2007). 그리고 영국의 경우도 미국보다 흑인들이 훨씬 덜 분리되어 있는 것이 사실이지만(Iceland and Mateos, 2009), 아시아인 집단의 분리는 미국에서 더 낮은 경향이 있다(Iceland et al., 2011). 그러나 거주지 분리는 유럽 도시 전역에서 상당하고 광범위하게 나타나며, 시간이 가면 갈수록 유럽에서 민족 거주지 분리의 형태는 증가하고 있다. 이러한 형태는 런던, 암스테르담, 프랑크푸르트, 아테네, 브뤼셀, 파리, 리스본, 스톡홀름 등의 도시와 같이 미국에서도 상당히 유사하게 나타나며, 동질적이고 외부와 구별되는 민족 지역들로 특징지어진다. 예를 들어, 런던은 민족적으로 대부분이 파키스탄, 방글라데시, 인도 출신의 거주자들로 구성되어 있는 뚜렷하게 분리된 지역이 있고, 암스테르담은 수리남인과 모로코인이 살고 있는 지역이 있으며, 아테네는 아라비아인의 거주 지역이 있고, 프랑크푸르트는 여러 개의 터키인 거주 지역이 있다. 그리고 파리와 브뤼셀은 대부분 북아프리카 출신의 이주민들이 살고 있는 구역과 지역으로 특징지어진다(Semyonov et al., 2007, p.5). 실제로 유럽에서 약 25개에서 30개의 도시들은 특히 국가적인 수준에서의 통합을 위한 지침, 지원, 책무가 부재한 상태에서 어떻게 지역의 통합 정책을 발전시킬 수 있을지 방법들을 찾기 위하여 자체적인 네트워크를 구성하였다(Penninx, 2009).

국경을 넘어 분리의 정도와 특성을 측정하기 위한 일부의 시도들이 있었다. 그러나 존스턴 등(Johnston et al., 2007)은 영어권 5개국(호주, 캐나다, 뉴질랜드, 영국, 미국)을 비교하기 위해 맞춤형 방법론을 개발하였다. 연구 결과 모든 국가에서 여러 공통 요인을 지닌 분리 현상이 발견되었다. 가장 높은 수준의 분리는 영국과 미국에서 발견되었지만, 캐나다도 같은 범주에 속하였다. 호주와 뉴질랜드에서도 상당한 수준의 분리가 발견되었는데, 인구의 대부분이 이주민이고 식민지 역사와 같은 방식으로 형성되지 않은 나라조차 이주의 새로운 형태는 분리로 발전하였다는 것을 보여주고 있다. 분리를 측정하는 방법에 따라 결과도 다르게 나타나며, 분리가 발견되어도 그 수준은 적용된 방법론에 따라 다양하게 나타난다. 예를 들면 존스턴 등(2009)은 뉴질랜드에 사는 태평양 제도의 주민들과 아시아인들과 관련하여 다른 측정체계를 적용함으로써 매우 다른 결과가 나타났다는 것을 보여주고 있다.

영국에서는 공간적 분리의 정도를 평가하기 위해 여러 가지 척도들을 적용해 왔다. 이 척도들은 10년 단위로 수집된 인구조사 데이터를 사용하기 때문에, 인구 이동과 변화의 속도를 따라가지 못하였다. 그러나 본인이 흑인 및 소수민족 출신일 경우에 이웃이 흑인 및 소수민족 출신일 확률과 본인이 백인일 경우에 이웃이 흑인 및 소수민족 출신일 확률 간의 비율을 측정하는 고립 지수(Isolation Ratio)의 결과는 분리의 수준을 분명히 보여주고 있다. 가장 높은 수준의 분리는 볼튼, 브레드포드, 블랙번, 록데일, 올드햄, 번리 등 잉글랜드 북부 소도시에서 발견되었다(이들 중 세 곳은 2001년에 인종 폭동을 경험하였다). 상이성 지수(ID, The Index of Dissimilarity)는 백인과 흑인 및 소수민족 공동체들을 전체로 두고 분리의 정도와 두 사회집단 간—예를 들면 소수와 다수의 사회집단— 분포의 비균등성을 측정하는 것이다. 상이성 지수의 점수—0에서 100까지 다양하다—는 그 지역을 넘어서 두 집단의 균등한 분포를 이루기 위해 한 집단이 이동해야 하는 비율을 가리킨다. 이것은 유사한 결과를 보여주었다. 잉글랜드 북부는 대체로 민족성에 의해 더욱 분리된 지역으로 나타났으며, 남부는 가장 낮았고, 중부 지역의 마을은 중간 수준으로 나타났다. 그러나 분리된 고립 지대들은 잉글랜드의 모든 지역과 영국 전역에서 발견되었다.

영국이 '분리 속으로 잠을 자며 걷고 있다(sleepwalking into segregation)'(Phillips, 2005)고 시사한 당시 인종평등위원회(Commission for Racial Equality) 의장의 중재 이후에, 영국에서 주요한 논의는 '민족 분리의 수준이 증가하고 있는가'라는 문제에 집중되었다. 몇몇 지역에서는 증가하고 있다는 일부의 증거들이 확실하게 있었지만, 이에 대한 논쟁은 치열하였다. 예를 들어 심프슨(Simpson, 2003)은 이용 가능한 최근의 인구조사 정보를 사용하여, 브레드포드에서 '남아시아' 인구가 75퍼센트 이상인 지역이 1991년 29개에서 2001년 77개로 증가하였으며, '혼합 남아시아인과 기타 민족'의 비율이 25퍼센트에서 75퍼센트 사이인 지역은 152개에서 163개로 증가하였음을 발견하였다. 포울센(Poulsen, 2005)은 영국의 16개 주요 도시에서 파키스탄인과 방글라데시인 공동체들이 점점 분리되어 고립되고 있으며 이러한 현상은 시간이 갈수록 계속될 것이라고 결론지었다. 더욱 우려스러운 점은, 보다 최근의 평가 자료들을 제공하고 있는 국가 데이터베이스의 매년 기초 조사 자료인 학교의 인구수이다. 존스턴 등(Johnston et al., 2006)의 연구에서는 '거주지 분리와 학교 분리의 전국적인 형태는 명백히 학교 분리가 거주지 분리보다 심하며, 특히 남아시아 민족을 중심으로 그렇다'고 밝혔다. 또한 흑인과 소수민족 공동체들이 전통적으로 거주해오던 지역에서 이웃하고 있는 지배적인 백인 지역으로 확산되면서 몇몇 지역의 다양성도 동시에 증가하고 있다는 증거가 있다. 그러나 지속적인 흑인 및 소수민족의 유입과 이로 인한 '백인 이탈(White Flight)' 등의 이유로 흑인과 소수민족 가구들이 지배적이 되었다는 논쟁에는 더 다양하고 명확한 분석이 필요하다. 백인 이탈이라는 전반적인 개념은 이 용어를 수용하는 것이 다문화주의가 '실패했다'는 생각을 지지하는 것처럼 보이는 것을 두려워하는 여러 학자들을 포함해 열띤 논쟁을 불러 일으켰다. 필립스(Phillips)의 연설 이전에도 백인 이탈은 인정되었지만(Cantle, 2008, p.60, p.80), 이 용어를 사용하는 것이 필립스의 견해를 동조하는 것처럼 보일 것 같았는지 현재 학계에서는 이 용어를 받아들이지 않는 경향이 있다. 그렇지만 1991년에서 2001년 사이에 많은 도시들에서 백인 인구가 감소한 정도는 출생과 사망의 결과인 '자연적 이동'에 기인한 수치를 넘어섰고, 이 기간에 런던의 소수민족 인구의 증가치는 백만 명에 달했다(Cantle, 2008, p.81). 유럽에서도 '사실상 일어나고 있는 분리 현상에 눈을 감은 채 […] 다문화주의를 칭송하는 정치적 올바름'이 열린 논의를 가로막아왔다.

백인 이탈은 유럽 너머의 국가들에서도 명백히 나타나고 있으며 대체로 동의된 내용이다. 예를 들어 미국에서는 여러 인종들이 사는 혼합된 지역에 백인 공동체가 거주하기를 꺼려한다는 사실이 충분히 입증되었다.

> 거주지 선호도를 조사한 연구들은 대부분의 백인들이 흑인들이 사는 지역에서 살기를 꺼려하며, 정도는 덜하지만 히스패닉이나 아시아인이 사는 지역도 마찬가지라는 사실을 일관되게 주장한다. '거주지 동질성'에 대한 선호의 근원이 편견이나, 바람직하지 않은 사회 ·

경제적 결과들이 초래될 것에 대한 두려움이거나, '자신과 같은 종류(種類)의' 사람들과 함께 살고 싶다는 바람(자민족중심주의)이든지, 이러한 선호들의 결과는 지속적인 민족 거주지의 분리를 이끌고 있다.

(Semyonov et al 2007, p.4)

예를 들자면 미국 시카고에서 진행된 매우 독창적인 연구에서는 인구의 이동이 '인종과 민족의 노선을 따라 간다'고 분명하게 지적하였다(Sampson and Sharkey, 2008). 또한 영국 이외의 국가들에서 실행한 영국의 분리에 대한 연구들은 영국 내에서의 연구들보다 좀 더 직설적이었다. 예를 들어 아이슬란드 등(Iceland et al., 2011)은 심지어 보다 최근 이주민의 경우에도 영국 내에서 아시아인 집단의 분리는 줄어들지 않았고(미국 내 흑인의 경우도 마찬가지), 세대를 걸쳐 소수민족의 불이익은 지속되고 있으며, 이것은 '분리하되 평등한 발전'의 개념이 실현되지 않았다고 보았다.

최근 특정 학자들이 '백인 이탈' 현상의 실재를 인정하지 않는 태도는, 재차 다문화주의가 '실패했다'는 생각으로 이어지기 때문에 분리 현상이 증가할 수 있다는 사실을 외면하는 것이다. 분리의 규모가 커진다는 사실 및 분리의 특성을 부인하려는 시도는 비난을 받기 시작했는데 '정치적으로 정당한 입장을 위한 투쟁'(Carling, 2006)으로 서였다. 분리가 '신화'라고 주장한 심프슨(Simpson, 2003)의 생각에 대해서도 논쟁이 되었다. 최근에 심프슨은 '인종과 이주의 신화에 대해 도전'하고 있으며, 분리가 증가하고 있고 바로 그것이 문제를 야기한다는 것을 주장하는 내용의 공저(Finney and Simpson, 2009)를 저술하였다. 그는 1991년에서 2001년 사이의 인구 조사 데이터를 바탕으로 재차 그의 주장을 내세운다. 그러나 자신의 주장을 뒷받침하기 위해 분리를 작위적으로 재정의하였으며, 특정 유형의 인구 이동의 측정에 기초하고 자연적 요인(출생률, 사망률)에 의한 변화를 무시하는 다소 조작적인 접근을 발전시킨다. 그렇지만 그의 책 163쪽에는 '소수민족 인구 규모를 측정할 때 분리가 증가하고 있다'라고 인정하고 있다.

다양성의 문제를 인정하고 공개적으로 논의하기를 거부하는 이 유감스러운 경향은 영국의 인종 관계의 역사를 생각해 볼 때 이해되기는 하지만, 이제는 다만 다문화주의의 '방어적인' 방식이 지속되고 있다는 사실을 보여줄 뿐이다. 더 이상은 그럴 필요가 없다. 영국 국민들은 이제 보다 성숙한 토론을 할 수 있는 역량이 있고, 앞서 재차 논의한 대로 더 이상 과거의 적나라한 인종차별적 호소에 취약하지도 않다. 또한 분리는 소수 공동체의 잘못이 아니며 그들의 전유물도 아니다. 분리된 소수 공동체는 다수의 분리와 관련이 있으며, 사실상 이 둘은 서로에게 의존하고 있다.

분리가 실제로 있는가와 분리가 증가하고 있는가에 대한 논쟁은 우리를 분리의 실제 본질, '인종'과 관련된 것 이외의 유형들, 그리고 상대적으로 폐쇄된 공동체의 함의에 대한 논의에서 벗어나게 한다. 또한 어느 정도의 분리는 (어떤 공동체 유형이든지) 실제로 유익한 효과를 줄 수 있다는 고려 역시 하지 못하게 한다. 같은 배경의 사람들이 무리지어 모여 사는 것은 특정 상품을 파는 상점, 예배를 위한 특정한 장소가 가까이에 있다는 측면에서, 그리고 특별히 사회자본 · 문화자본 지원의 측면에서 다양한 이익들이 있을 것이다(Cantle, 2008). '무리지어 모여 사는 공동체들' 간에도 상당한 차이가 있다. 어떤 공동체들은 타자가 들어갈 수 있고 타자를 환영하며, 여러 가지 수준에서 다른 배경의 사람들과의 접촉이 일어나는가하면, 또 다른 공동체들은 일정 집단에게 지나치게 지배되어 2001년에 제시되었던 개념인 소위 '평행한 삶'을 살고 있다(Cantle, 2001).

영국에는 사회적 분리(주로 어느 정도는 공간적 분리에 의존하는)를 도표로 나타낸 여러 가지 연구들이 있다. 이들 연구는 거의 이루어지지 않았고 극히 적지만, 민족 집단에 국한된 친교의 형태가 상당함을 보여준다(Phillips, 2005). 영국의 최신 데이터에서는 다수의 사람들이 맺는 네트워크가 상당히 동질적인 경향이 있다는 것을 지적한다. 유럽의 다른 연구들에서는(Semyonov et al., 2007, p.19) 여기에서 한층 더 나아간 연구결과를 제시하고 있다.

> 오히려 강하게 드러나고 있는 바는 민족 거주지의 분리가 민족 간 접촉의 구축과 긍정적인 민족 간 접촉의 기회를 감소시킨다는 것이다. 바꿔 말하면 다수 인구와 소수민족들 간의 부정적 태도와 사회적 거리를 쉽게 줄일 수 있는 기회를 감소시킨다는 점이 강하게 드러나고 있다.

이와 유사하게 미국에서도 인종과 민족성이—특히 아시아인, 라틴계인, 아프리카계 미국인, 백인 지역들의 '분류'— 지속적으로 거주지를 결정짓는다는 것을 분명하게 인정하고 있다(Sampson and Sharkey, 2008).

30년이나 40년 전에는 입지적인 요소가 사회적 네트워크와 기타 네트워크의 모든 것 또는 많은 부분을 결정하였다. 대부분의 사람들은 지역적으로 그들이 위치한 지역에서 학교를 다니고 인근에서 일하였다. 그리고 사회가 오늘날만큼 다양하지 않았다. 물론 사회 이동성은 여전히 제한적이지만, 지금은 보다 많은 사람들이 그들이 사는 장소와 다른 지역에서 일을 하고 교육을 받고 있으며, 다른 배경의 사람들과 연합할 수 있는 보다 많은 기회를 갖고 있다. 그러나 폭넓은 기회를 이용할 수 있다고 할지라도, 여전히 사회적 네트워크와 친교 네트워크는 현재 사람들에게 주어진 사회적 환경만큼 다양하지 않으며, '우리의 것을 고수하는' 문화는 지역 내에서 뿐만이 아니라 고용과 교육에서도 여전히 만연해 있다는 것을 입증할 수 있는 증거들이 있다.(예를 들어 CRE 2007, DCLG 2011 참조).

특정한 이웃들 내에서나 이웃 간의 사회적 접촉은 접촉이 일어날 가능성이 있는 다른 영역들과 함께 놓여 있어야 한다. 앞서 제시한 바 있듯이 학교와 직장의 구성은 상당 정도가 거주지에 의해 결정된다. 이는 영국과 마찬가지로 미국에서도 그러한데(Eisenhower Foundation, 2008), 입학은 거주지에 의해 형성된다는 많은 증거가 있다(Burgess et al., 2004, Johnston et al., 2006). 심지어 영국에서 가장 분리되지 않은 도시 중의 하나인 런던에서도 이런 현상이 나타나고 있으며, 특히 초등학교의 경우에 가장 높은 수준의 분리가 발견되었다(Harris, 2011).

> (2001년) 인구조사에서는 지역에서 흑인 인구의 약 75퍼센트가 다수 백인 인구와 함께 살고 있었지만, 흑인 초등학교 학생은 단지 42퍼센트, 중학교 학생은 51퍼센트만이 백인이 다수인 학교에 다녔다. 마찬가지로, 남아시아 인구의 60퍼센트는 백인 다수의 지역에 살고 있지만, 남아시아 학생의 35퍼센트만이 백인이 다수인 초등학교에 다니고 있었으며, 백인이 다수인 중학교에는 46퍼센트만이 다니고 있었다. 전반적으로 연구 결과는 민족 분리가 지역보다 학교에서 더욱 크게 나타났으며, 중학교보다는 초등학교에서, 흑인과 남아시아 학생들에게(특히 파키스탄인), 그리고 일반적으로 다른 지역보다 런던에서 더욱 심하게 나타났다.

학교 수준에서의 분리는 어린이들의 초기 태도 발달에 많은 영향을 줄 뿐만이 아니라 자신과 부모, 돌보는 사람들에 대한 친교 형태에 지대한 영향을 준다. 또한 이러한 초기 학령기의 분리된 교육적 경험은 대학교 과정까지 이어져 다수의 대학에서 백인 학생들이 월등히 많거나, 아니면 흑인 및 소수민족의 학생들이 과도하게 눈에 띄고 있다는 증거가 있다(CRE, 2007). 많은 비율을 차지하는 종교 학교들도 이러한 추세를 악화시키고 있으며, 영국 정부는 최근 종교 학교의 범위와 그 수를 늘리기 위해 새로운 정책을 개발했다.

많은 사람에게, 고용은 자신과 다른 다양한 사람들과의 관계를 맺을 수 있다는 기회를 제공하고, 이러한 직업적 관계는 일반적으로 차이를 보장하고 서로의 역할에 대해 신뢰를 요구하는 행위 규칙들과 행동 규범들 내에서 운영된다. 그러나 EU 회원국에 대한 국가적인 차원과 유럽 차원에서 제정된 법률에도 불구하고 일부 직장에서는 여전히 차별과 괴롭힘이 일어나고 있다. 또한 직장이 민족성이나 국적, 또는 성별에 의해 분리되는 경우도 있다. 이러한 분리는 동유럽 근로자들이 특히 서유럽에서 저숙련, 저임금의 직종에 종사하는 추세와 더불어 현재까지 지속되고 있다. 영국에서 식품의 수확, 처리, 포장과 관련된 일의 노동력은 거의 100%가 이러한 근로자들이다. 평등인권위원회(EHRC, 2010a)의 보고서는 이러한 산업에서 많은 근로자는 파견근로자들이었고 이들 중 대부분은 이주민들이었다고 밝혔다. 주로 전체 근무 교대조나 작업조, 또는 실제로 전체 생산 단위가 하나의 국적으로 구성되어 있었다. 만일 영국인 근로자가 고용되었다면 이들과 분리된 교대조나 작업조에 배정되었을 것이다. 이주 근로자들은 특히 다른 근로자들에 비하여 승진의 기회가 적었고, 자주 형편없는 대우를 받았다. 게다가 신규 이주 근로자들은 주로 고용자가 숙소를 제공하거나, 다른 집들과 분리되어 있는 고용자가 만든 숙박 시설에 살았다. 말할 필요도 없이 이러한 근로자들은 그들과 거의 접촉이 없거나 전혀 접촉이 없는 지역 주민들에게 의심을 받고 심지어 적대감마저 받고 있다. 또한 소수민족이 다른 여러 형태의 고용에 통합되는 것은 매우 어렵다. 예를 들어 파키스탄, 방글라데시 출신의 많은 사람들은 주로 택시, 테이크아웃 음식점이나 시장 판매 직종에 종사하고 있었다. 영국과 다른 유럽 국가들의 많은 연구에서는 소수민족은 일반적으로 고용에서 저임금과 낮은 지위에 처하며 실업의 상태이기가 쉽다는 결과가 나타난다. 이는 직장 내에서나 밖에서, 주류공동체에서 소수민족이 분리되고 때로는 소수민족들 서로가 분리되는 현상이 고용 제도에 의해 완화되기보다는 오히려 심화될 수 있다는 것을 의미한다. 실제로, 힉맨 등(Hickman et al., 2008)은 업무에서 이민 근로자들에 대한 사실상의 분리가 있는 곳에서는 이와 유사하게 분리된 사회생활 또한 야기하는, 즉 직업이 사회 결속에 방해물이 될 수 있다는 것을 지적하였다.

소수민족은 또한 인종적인 괴롭힘과 공격의 희생자가 되기가 매우 쉽고, 자신들이 이런 방식으로 고통 받을 가능성이 높다고 인식하고 있는데(DCLG, 2011a), 이는 그들이 사는 지역과 더 넓은 환경에서 불안감을 느끼게 되어 갈수록 사회화되는 것을 꺼리게 된다는 것을 의미한다. 이러한 현상은 주로 사회경제적 현실을 반영하지 못하였기 때문에, 소수민족에 대한 자기분리를 압박하고 있다. 가장 불이익을 받게 되는 집단은 주택시장에서 가장 가난한 구역에 거주하며, 일반적으로 수입 수준이 낮은 경향을 보인다. 자기분리의 정도는 선택할 수 있겠지만, 그러나 이것은 사회경제적인 위치, 지원 체계, 다른 지역에 대한 두려움과 불안, 그리고 친숙함에 근거한 선택 등에 의해 대개 강요된 것이나 다름없다(ALG, 2006).

따라서 새로운 이주민들이 그들의 사회 · 경제적 지위와 직업에 의해 일정 지역에 위치가 정해지면서, 소수 공동체가 구별되고 분리된 지역에서 살고자 하는 경향을 갖는 '분리의 악순환'이 되풀이 된다. 이들은 또한 안전에 대해 많이 염려하고, 다른 공동체들이 그들을 두려워하는 만큼 다른 공동체들을 두려워하여 자신들이 속한 공동체의 도움과 지원에 더욱 의존한다. 그리고 새로운 지역을 선택할 때 교육의 기회와 사회적 · 문화적 네트워크의 분리와 함께 동시에 수반되는 친숙함을 선호하면서 보수적이 될 가능성이 있다.

이와 같은 악순환은 주류 공동체나 다수 공동체에도 명백히 나타난다(비록 그들은 경제적 이익에 근거하여 이것을 '선순환'으로 볼 수도 있지만 말이다). 그들은 주로 소수민족 지역이나 심지어 상당히 뒤섞인 지역에조차 거주할 가능성이 낮고, 그들의 더 나은 사회경제적 위치로 인하여 보다 많은 선택의 여유가 있으며, 안전에 대한 염려도 덜 하다. 그들은 자신의 공동체의 지원에 덜 의존하는 경향이 있지만, 다른 공동체들이 그들을 두려워하는 만큼 그들도 다른 공동체들을 두려워하며, 마찬가지로 새로운 지역을 선택할 때 친숙한 곳을 선호하면서, 성취도가 더 높은 학교들이 있고 민족적으로 구별된 사회적 · 문화적 네트워크가 있는 지역으로 이동하는 보수적인 성향을 갖게 되기가 쉽다.

따라서 그들이 행사하는 선호도에 따라 어떤 공동체를 '비난'하는 것은 적절하지 않으며, 오히려 그들의 특정한 상황에서 합리적인 선택을 하는 것이라고 이해해야 한다. 개인적인 선호와 선택에 간섭하는 것에 대하여 민주주의 국가는 오랫동안 저항해왔다(실제로 영국에서는 최소한 이러한 선택 의제는 현 정부와 이전 정부에서 재확인되었다). 이러한 면이 불평등과 편견에 적어도 어느 정도 영향을 미친다는 점을 감안할 때, 부정적인 요인들을 상쇄시키고 보다 폭넓은 선호를 촉진하기 위해 행해진 바가 거의 없다는 것은 놀라운 일이다. 미국에서는 분리에 대한 보다 많은 연구들이 있어 왔고, 분리가 불평등에 미치는 영향에 대해 매우 잘 인식하고 있으며, 일반적으로 더욱 혼합된 지역을 장려하려고 하는 보다 개방적인 수준의 논의가 이루어지고 있다. 그러나 시민 소요 이후의 40년간의 역사를 되돌아본 최근의 아이젠하워 재단(2008)의 반성적인 보고서는 이러한 발전의 제한된 토대와 규모에 대해 유감스러워하였다. 따라서 이들은 이 정책을 다시 활성화시키고자 하였다.

> 안정을 위한 포괄적인 정책과 인종적으로 통합된 지역 만들기에 성공하기 위해서는, 인종적 소수자들이 백인 지역으로 이주할 수 있는 능력을 신장시키고, 백인 가족들의 소수민족 지역으로의 이주를 장려하며, 젠트리피케이션(gentrification 역자 주: 구도심이 번성하면서 임대료가 오르고 원래 거주하던 주민들이 내쫓기는 현상)의 결과로 저임금 (특히 소수민족) 가족들이 지역에서 내밀리지 않도록 시장의 힘을 안전하게 통제하고, 주택시장에서 핵심 역할을 하는 사람들에 의한 인종적 차별을 감소시켜야 한다.
>
> (Eisenhower Foundation, 2008)

영국에서 혼합된 공동체를 장려하려는 시도는 거의 없었지만, 연구를 통해 높은 수준의 이질성이 보다 성공적인 장소를 만들어 낸다는 결론이 일반적으로 도출되었다(Tunstall and Fenton, 2006). 대체로 영국에서 '혼합된' 공동체는 사회계층의 측면에서 개념화되었으며, 민족적 통합이라는 하나의 통합에 기초하기 보다는 다양한 주거와 거주권을 제공하고, 특정 지역으로 결핍이 집중되는 것을 방지하기 위한 계획 정책에 주의를 기울였다(Berube, 2005). 몇몇 소수의 계획들이 시행되었지만(예를 들어 DCLG, 2009b 참조), 어떤 방식으로 공동체를 혼합해야 하는지에 대한 생각은 거의 없었으며, 혼합된 공동체와 환경 조성 이후에 대한 미래 비전의 제시도 없었다. 더욱이 개입하는 것에 대해서도 매우 꺼려하고 있는데, 혼합을 강제하는 스쿨버스 통학제와 같은 강제적인 요소들이 대부분 역효과를 가져왔다는 우려들 때문이다. 그러나 다양성의 수준이 증가함에 따라 불간섭 정책은 지속하기가 어려울 것이다. 그러므로 다양성 증가에 토대한 변화를 촉진하고 장려하는 것이 필요하다. 근본적인 문제는 정치적인 의지의 부족이다. 이는 초다양성과 세계화의 도전에 대응하지 못하는 무능함이기도 하다.

그러나 민족 이외의 다른 특징들에 의해 분리된 지역에서는 다른 사람에 대한 고정관념을 만들고 강화하는 '평행한 삶'(Cantle, 2001)이 보다 크게 받아들여졌다. 그래서 이 지역들은 대안을 마련하고자 하는 의지를 갖게 되었다. 식별 가능한 여러 집단이나 공동체의 뚜렷한 분리에도 불구하고, 실제로 '분리'라는 용어는 차이의 다른 영역들에서는 그다지 사용되지 않았다. '분리되었다'고 생각할 수밖에 없는, 즉, 어느 배경 출신의 사람들이 지배적이거나 배타적으로 점유하거나 사용하고 있으며, 사회적 접촉과 네트워크가 일반적으로 그 지역에 있는 공간적 분리에 의해 형성된 곳은 다음과 같다.

- 부유한 사람들을 위한 외부인 출입 제한 공동체
- 북아일랜드의 가톨릭과 개신교 지역
- 백인 노동자 계층의 사회 주택단지 및 지역
- 노인들을 위한 배타적인 주거개발
- 장애인을 위한 특별주택 공급

• 만성 정신질환을 가진 사람들을 위한 분리된 보호시설
• 망명신청자와 난민을 위한 숙박시설
• 유랑자와 집시를 위한 구역

이상과 같은 '평행한 삶'을 구성하는 조건들을 만들 수 있는 정도는 매우 다양하다. 분명히 북아일랜드의 가톨릭 지역과 개신교 지역은 공간적인 측면에서 크게 분리되어 있고, 각각의 종교 학교, 여가 시설과 활동, 그 밖에 일상의 다른 많은 면에서 분리가 강화되어 있다. 이러한 현상은 '평행한 삶'의 형성이라는 문제로 분명히 간주되어, 2011년에야 북아일랜드 제1장관은 분리를 종결짓고 공유된 미래를 보다 강조하자고 요청하였다. 부유한 가정들을 위한 외부인 출입 제한 주택은 물리적으로 구별되었지만, 사회적 네트워크와 직업의 형태에서는 더욱 다양한 구별이 있다. 백인 노동자 계층의 사회 주택지역과 단지의 경우 역시 하나의 사례가 될 수 있는데, 이 집단은 실제로 더욱 고립적이라고 입증되었다(Biggs and Knauss, 2011). 다시 말해, 어느 정도 이 지역들은 극우의 호소에 취약하다고 여겨졌기 때문에 이문화적 접촉을 장려하기 위한 여러 정책적 개입들이 있었다(Goodwin, 2011b).

유랑자와 집시의 거주지와 관련하여 이 같은 분리의 우려가 존재한다. 이들은 분명하게 구별되어 있고, 유랑자나 집시의 일상생활은 사회적 · 문화적으로 매우 분리되어 있으며, 주로 매우 다른 직업 구조로 인해 강화되었다. 그러나 이러한 분리 지역에 대한 우려는 이들 공동체들의 고립성보다 이들이 타인들에 의해 보여지고 악마화되는 방식이 더욱 우려되고 있다. '대부분 소수민족 집단을 향해 있던 인종주의는 지금은 숨어 있지만', '집시와 유랑자를 향해서는 여전히 일반적이고, 빈번하게 공공연하며,

정당화되는 것으로 여겨지며', '정착한 많은 사람들에 대한 무시와 편견을 가중시키는' '모욕적인 미디어 보도'에 의해 뒷받침되고 있다(Cemlyn et al., 2009, p.v). 여기에는 특히 유럽 전역에 더욱 널리 퍼지고 눈에 띄게 된 로마 공동체가 해당된다. 로마 공동체는 예를 들어 2011년 벨파스트에서 공격을 받고, 이들을 쫓아내려는 무력적인 시도에 의해 집들이 방화되었다. 유럽연합 집행위원회(European Commission, 2011)는 이 집단을 위하여 전(全)유럽의 통합 전략을 개발하는데 주저하지 않았지만, 이것이 눈에 보이는 매우 의미 있는 어떤 결과로 이어질 지는 두고 봐야 한다.

다른 영역의 분리에 개입하는 것은 또한 특정 공동체가 부정적으로 보이는 방식에 영향을 주고, 또한 공동체 스스로의 고립성에 대한 우려보다는 그들이 타인을 보는 방식에 영향을 주기 위한 노력이었다. 이러한 개입은 새로운 이주 집단에게 일반적으로 적용되지만, 최근 언론과 미디어에서 지속적으로 악마화되고 있는 난민과 망명 신청자들에게 해당되었다. 영국에서 난민을 위한 '핵심 과제'는 '대중의 인식과 공동체 관계의 개선을 통해 일부 난민들이 겪는 인종적 괴롭힘을 방지하고', '난민들을 정형화하고 과도하게 단순화한 묘사 대신에 대안적인 접근을 장려하며, 그들이 직면하고 있는 문제들을 더 잘 이해하는 것'이다(Home Office 2005b). 심지어 망명 신청자들의 '성공적인 분산'을 보장하기 위한 국가 프로그램을 개발할 정도로 '통합'을 제안하는 것에 대하여 어떠한 주저함도 없었다(Anie et al., 2005).

유사하게 장애, 특수한 필요, 정신질환이 있는 사람들의 분리, 그리고 노인들을 분리하는 경우는 이들 집단이 '타자'로 고정관념화 되고 두려움과 오해의 대상이 되었기 때문에 문제가 된다고 여겨졌다. 영국에서는 많은 시도들이 있어왔다. 공동체들에게 보다 많은 돌봄 서비스를 제공하여 이웃, 학교, 직장에 통합시키려는 시도는 상당한 성공을 거두었다. 영국에서는 장애와 학습 부진을 근거로 이전에 분리되었던 교육을 성공적으로 통합시키는 것이 최우선의 과제였는데, 이것이 '차별적인 태도를 바꾸는 데 도움이 되는 매우 중요한 첫 단계'(Cantle, 2008, p.221)로 생각되었기 때문이다. 동일한 이유로 이전에는 완전히 분리된 기관에 감금되었던 정신질환자들을 위해 통합적인 돌봄과 지원을 제공하는 유사한 프로그램들이 시행되었다.

장애인에 대해서도 아래와 같이 폭넓게 인식되었다.

> 비장애인들은 장애인들과 함께 있을 수 있다. 차이에 대한 두려움은 접촉의 부족으로 악화될 수 있으며, 제도화의 역사와 사회의 여러 가지 측면에서 장애인과의 통합 부족을 반영하고 있다. 비교적 최근까지 많은 장애인들은 시설에서 살았고, 분리된 학교에서 교육받았으며, 분리된 직업을 가졌고, 주류 사회와의 접촉에서 차단되었으며, 많은 경우 문자 그대로 사회로부터 '숨겨져 있었다'. 지난 20년 동안 더 많은 장애인들이 공동체 내에서 독립적인 삶을 살아갈 수 있는 환영할 만한 조치들이 취해졌다. 교육 체계 내에서 장애 아동의 분리 수준을 감소시키기 위한 움직임들도 있었고, 그 결과 보다 적은 수의 아동들이 '특수' 학교에서 교육받았다. […] 장애와 관련된 괴롭힘이 넓게는 장애인에 대한 태도와 연결되어 있다는 증거를 분명하게 받아들인다면, 대중의 인식을 개선하기 위한 캠페인은 그 역할을 다 하는 것이다.
>
> (EHRC 2011, p.164)

따라서 각각의 경우에서처럼 이러한 '분리'의 다양한 유형들에 어느 정도 문제가 있다는 것이 받아들여지고 있다. 이와 같은 우려는 두 개의 범주로 나누어진다. 첫째, 고립된 공동체는 타인에 대해 더욱 제한된 시각을 갖고 있으며, 자신과 다른 사람들과는 연대와 상호작용을 잘 하지 않고, 따라서 그들을 향한 편견이 더욱 많아진다. 둘째, 어떤 특정 집단의 분리는 그들과 언대하고 상호 이해와 상호 신뢰를 발전시킬 기회 자체의 부재가 고정관념을 이끌고, 심지어 악마화하는 경향을 보인다. 다문화주의 발전의 역사 속에서 다문화주의의 뿌리가 '방어적인' 단계에 있다는 것(4장에서 논의)은 '인종과 민족성'에 근거한 '분리된 공동체'의 '통합'을 향한 양가성이 매우 크다는 것을 의미한다.

사회적 · 문화적 분리와 통합

따라서 다른 배경의 사람들에 대한 물리적이거나 공간적인 분리가 서로를 어떻게 보는가를 결정하는 중요 요인이 분명하지만, 위에서 제언한 것처럼 이러한 공간적 배치는 사회적 · 문화적 분리에 의해 결정되거나 뒷받침되는 정도에 따라 좌우될 것이다. 실제로, 사회적 · 문화적 결정요인들은 사회적 네트워크와 일상생활의 여러 양상들을 지배하며, 근본적으로 타인에 대한 태도를 형성하는 거주지 형태보다 더욱 영향력이 있다. 예를 들어, 사립학교에서 교육받은 사람들(주로 기숙학교이고 학교에 다니는 동안 분리되어 살아가는)은 '사회적 격리 정책(social apartheid)'의 형태에 해당되는 분리라고 비난을 받아왔다(Adonis and Pollard, 1997). 이러한 감정적인 언어는 최근에 다름 아닌 웰링턴 칼리지의 교장이 사용하였다. 그는 '2차 세계대전 이후로 영국에서 교육과 국민의 삶을 매우 어렵게 만든 격리 정책이 계속되는 것과 관련하여 국가의 주류 교육 체계에서 분리된 것'으로 자립형 사립학교를 묘사함으로써 '격리 정책'의 개념을 강화하였다(Seldon, 2008). 더욱이 실제로 공립학교에서 교육받은 사람들과 비교하여 사립학교에서 교육받은 사람들의 태도 및 그들이 서로를 보는 방식에는 큰 차이가 있다(British Social Attitudes, 2011).

에반스와 틸리(Evans and Tilley, 2011)는 영국의 엘리트 지배층 가운데 사립교육을 받는 사람들이 매우 불균형하게 분포되어 있다는 함의에 주목하면서 '분리된 발전'에 대한 '경종'을 울렸다:

> 이론적으로만 본다면 사회적 배타성이 국민의 의사를 대표하지 않는 정부로 이어진다고 말할 수는 없다. 즉, 원칙적으로 중산계층의 사람이 노동계층에 있는 사람의 관심사와 가치를 이해할 수 있는 것처럼, 남성은 여성의 관심사와 가치를 공유할 수 있다. 그러나 이와 같은 방식이 실제로 작동하기 위해서는 다른 사람들의 삶과 관심사에 대한 올바른 이해를 위한 공유 가치와 경험의 기반이 어느 정도 있어야 한다. 교육 체계—어린이들의 삶과 정신에 형성된 사회적 영향—가 일종의 분리된 발전을 모색하고, 사회의 미래 지도자들이 일반 시민들과는 다른 별개의 교육을 받는다면 이에 대한 경종이 필요하다.

같은 맥락에서, 영국의 국회의원들은 '웨스트민스터 거품(Westminster Bubble 역자 주: 웨스트민스터 마을이라고도 하며 의회(런던의 웨스트민스터에 위치) 밖에서는 고립된 국회의원의 특성을 의미함)'인 '평행 세계(parallel universe)'의 형태로 살아가고 있다는 비난을 받아왔다. 그 안에서 분리되고 폐쇄된 그들의 존재는 언론, 미디어, 유력가들 및 로비스트들로 구성된 정책 수립 공동체들과의 사회적 접촉을 통해 '자기-확증된 세계(self-confirming universe)'를 만들어 내었다(Cantle, 2010). 정치의 대립적인 본성에도 불구하고, 정치 공동체는 강력한 '결속형 사회자본'을 점유하고 있으며, 유권자들은 흔히 정치인들이 현실 세계와 그리 잘 연결된 존재가 아니라고 생각한다. 그런 의미에서 '교량형 사회자본'은 낮은 수준에 있다.

이와 직접적으로 연관된 것은 아니지만, 보다 관습적인 것으로써 남성의 강력한 직업 문화가 주로 여성에 대해 배타적이었고 그에 따라 여성을 밀어내게 되고 결국 문화적으로도 분리하게 되었다. 이와 비슷한 논리라면, '끊임없는 분리'가 존재하는 유럽 전역에서의 '공통적인 현상'은 '줄어들어야' 하는 대상이었으며, 동시에 어느 것이 효과적인가와 관련된 기회균등 정책이 도입되었다(Kriemer, 2004). 남성과 여성 사이의 직업 구분이 거주지의 분리로 이어지지는 않았으나, 남성과 여성 사이의 직업 구분은 다른 사회적 · 문화적 영역과 교육 방법 또는 교육 분야에서 강화되었다. 노동 시장 분리의 역사적 근원은 문화적 분리를 뒷받침하고 있었으며, 적어도 어떤 영역에서는 구조적 분리의 중요한 결정 요인이 되었다.

사회적 · 문화적 분리는 가상의 영역에서 발생할 수도 있는데, 이는 여러 다양한 형태의 글로벌 커뮤니케이션의 출현—특히 국경과 사회적 · 문화적 경계를 쉽게 넘나드는 인터넷, 위성 TV, 세계화된 미디어와 사회적 네트워크[1]의 성장—으로 가능해졌다.

따라서 긍정적인 측면에서 보자면, 여전히 사람들은 전적으로 분리된 공동체에서 살아가며 일하고 있는 중이지만, 다른 배경의 다양한 사람들과 가상적, 그리고 간접적으로 소통하며 '타인'에 대한 이해와 공감을 키우는 것이 가능하게 되었다. 이러한 이해와 공감은 또한 어느 정도는 영화와 문학을 매개로 이루어질 수도 있다. 그러나 의미 있는 상호교류는 간접적인 원거리 수준에서는 발전되기—그리고 유지되기—가 어렵다. 특히, 상호교류를 위한 긍정적인 메시지나 관점들이 오히려 언론이나 미디어에서 자주 문제시되고 반박되곤 한다. 일상의 상호작용을 통한 지속적인 개인적 접촉은 태도를 바꾸고 고정관념을 무너뜨리며 타인에 대한 공감을 야기할 가능성이 훨씬 높다. 분리된 학교, 직장, 지역사회는 분명히 이러한 일상적인 접촉을 방해하고 있을 따름이다. 또한 가상의 소통을 활용하는 것은 지역 사회에서 다양한 다른 사람들과 교류하기보다 기존의 하위문화의 규범과 시각을 단순히 강화하는데 사용되었기 때문에 부정적인 시각이 많았다. 특히나 최근 들어 테러리즘과 증오심을 조장하는 웹사이트와 가상 공동체를 통해 극우와 무슬림 극단주의를 부추기는 것에 대한 우려가 많다. 가상의 접촉을 통해 경험되는 '일상적 만남'이 지역 이웃과의 직접적 만남과 다르지 않을 수도 있다는 연구들이 있지만, 가상의 경우는 보다 우연에 근거하기가 쉬운 탓에 덜 통제되고 더 다양해 질 것으로 보인다.

레즈비언, 게이, 바이섹슈얼, 트렌스젠더, 인터섹스(이하 LGBTI) 집단이 반드시 '공동체'로 식별될 수 있는 것은 아니며, 세계 전역의 도시에 적은 수의 구별된 지역이 있긴 하지만 공간적으로 분리되는 것이 가능하지 않다. 그러나 더욱 분명한 것은, 문화의 특수성과 대중의 수용 수준이 상승함에 따라 이들 문화의 특수성은 더욱 확산되어, 공적 영역에서 이들 집단은 보다 드러낼 수 있게 되었다. LGBTI 공동체는 아마도 '분리의 층위'의 좋은 예가 될 것이다. LGBTI가 배경인 사람들은 스스로를 공동체나 개별적 존재로 규정하지 않는다. 이러한 특수성의 요소가 통합의 다른 영역들에서 반대를 받고 있는 셈이다. 예를 들면, 교육, 고용, 그 밖의 다양한 사회적 · 문화적 영역이 그렇다. 동성애자만 다니는 학교나 직장은 없으며, 동성애자는 오직 동성애자만을 친구와 지인으로 삼는다는 증거도 없다.

그렇기에 '인종'이나 '민족성' 이외의 특성들에 의해 규정된 공동체의 분리도 풀어야 할 과제이다. 이러한 경계를 허문다면, 공동체들이 더욱 투과성을 갖게 되고, 타인에 대해 개방적이게 되어, 변화를 당연하게 받아들이는 것이 '차이에 대한 더욱 큰 수용과 관용'이라는 결과로 이어지기 쉽다. 보다 개방적인 공동체는 이들이 다른 공동체에 갖고 있는 관점뿐만이 아니라 다른 공동체가 이들 공동체에 가지고 있는 관점에도 도전함으로써, 두 경우 모두에서 고정관념에 대한 부당성을 입증하는데 유용하다. 분리되었거나 고립된 공동체는 변화에 저항하며 타인을 향한 편협함과 심지어 폭력까지 나타낸다. 이들은 새로 온 사람들을 그다지 환영하지 않으며, 어떤 경우에는 극단주의 집단, 특히 극우파를 지원하고 있다는 결과도 있다(Biggs and Knauss, 2011).

그럼에도 불구하고, '인종'이나 '민족성'에 의해 규정된 공동체 분리 문제를 다루어야 할 필요성에 관한 합의를 이끌어 내는 것은 매우 어렵다. 이것은 정치적이고 개념적인 문제이기 때문이다. 앞서 언급하였던 '방어적인' 형태의 다문화주의는 소수 공동체의 문제 제기에 의심을 보이고 있으며, 백인 주류 공동체의 배타적인 특성(백인 이탈과 같이)에 대해서는 문제 제기가 없다는 점에서 정치적이다. 이것은 다문화주의가 '실패했다'는 것을 받아들이는 것과 같다. 분리는 일반적으로 연속선상의 한쪽 끝에는 '동화'와 다른 한쪽 끝에는 완전한 분리 또는 '평행한 삶'이라는 식으로 설명되고 있다는 점에서는 관념적이다. 그러나 두 관점은 모두 다 잘못되었다. 초다양성과 세계화의 시대에는 두 가지 모두 다 적절하지 않다.

기능적 분리와 통합

통합은 또한 기능적인 차원에서 고려될 수 있다. 이 차원에서는 '권리'와 '자격'에 더욱 많은 기반을 두고 있다. 이 접근은 '분리를 방지하거나 통합을 장려하기'보다는 '배제를 방지하거나 포용을 장려할 것'을 강조한다. 그러나 결과적으로는 같은 이야기이다. 이러한 면은 이주민들과 그들의 가족들이 주거, 교육, 의료와 같은 서비스에 대한 동등한 접근성을 가졌는지, 노동 시장에서 동등한 권리가 있는지 그리고 정치 참여, 차별, 시민으로서의 혜택 측면 등에서 다수 인구와 비슷한 '권리의 보장 수단'에 방점을 찍는다.

'포용될 권리'는 강요와 필요조건을 강조하던 동화주의적 접근을 근본적으로 바꾸어 놓았다. 유럽포용지수(European Inclusion Index, Leonard and Griffith, 2003)의 개발은 EU 회원국들 간에 '통합'에 대한 경쟁적인 접근을 장려하였다. '뒤쳐진' 국가들은 다른 회원국들로부터 '강력한' 압박을 받도록 하였다. 하지만 이 접근은 적어도 일부 핵심 영역에서, 특히 '교육의 기회, 정치 참여, 이동의 자유' 측면에서, '통합 의식'의 발전을 기반으로 하고 있다는 점을 처음부터 인정하였다(ibid., in Foreword by Vitorino, p.5).

레너드와 그리피스(Leonard and Griffith)는 '시민권과 포용에 대한 얕은 정의와 두터운 정의(thin and thick definition)'로 그들의 기술(記述)을 구별하였다. 여기에서 '두터운' 지표는 다문화 공동체의 필수적인 요소들로 간주되었고, 이는 새로 온 이주민들에게 개방적이었으며 통합을 '허가'하고 있다는 것을 보여주었다. 이 접근을 통해 마침내 통합과 분리의 다른 영역들을 인식하기 시작했으며, 최근에는 이민자통합정책지수(British Council and Migration Policy Group, 2011)에 의해 뒷받침되었다. 이 지수는 통합 정책을 평가하고, 비교하며, 개선하기 위한 참조 지침서와 전적으로 상호작용적인 도구로 제작되었는데, 유럽과 북미 31개국의 통합 정책을 측정하는 것이다. 이민자통합정책지수 프로젝트는 영국문화원과 이주정책 단체가 주도하고 있으며, 유럽, 캐나다, 미국에 걸친 31개국의 정책 연구소, 비정부 기구(NGO), 재단, 대학, 연구기관, 평등기구를 포함한 37개의 국가 차원의 기구들로부터 지원을 받고 있다.

그러나 국제적인 개방성과 상당한 규모의 이주가 지속됨에도 불구하고, 이주는 일반적으로 대중의 지지를 받지 못하고 있으며, 이 문제는 극우파들의 득표에 도움을 주었다(Goodwin, 2011). 새로운 이주민들에 대한 개방성의 수준은 이미 경쟁력을 상실한 것으로 보이는 오래된 이주민 공동체를 포함한 주류 공동체나 다수 공동체에 대한 위협으로 여겨지는 경향이 있었다. 특히 경제적인 침체기에는 더욱 더 그러하였다. 또한 기존의 거주자들은 다양한 역사적 이유와 다른 이유들 때문에 새로운 공동체를 향해 어느 정도의 편견을 품을 수 있으며, 이것이 변화하는 데에는 시간이 걸릴 것이다. 그러나 개방성에 대한 인식의 중요성을 인정하기 시작했으며 통합을 이해하는 새로운 방식을 보여줌으로써 '동화에서 분리'라는 과거의 단순한 변화 구조를 넘어서고자 한다.

'개방성'의 발전이 함의하고 있는 바는, 개방성이 결속을 보장하지는 않지만, 적어도 새로 온 이주민들이 빠르게 노동 시장에 접근할 수 있고, 서비스 혜택을 받으며, 그들의 특수성을 잃지 않고 정치와 시민 사회의 중요한 역할에 참여할 수 있는 환경을 만들고 있다는 것이다. 이러한 점에서 이주민들은 보다 빠르게 통합되었고, 부차적인 역할들로 밀려나 낙후된 서비스와 가난이라는 분리된 지역에서 거주할 가능성도 낮아졌다.

기능적 분리와 통합의 보다 전통적인 형태는 '권리'에 대한 관념과 연관되며, 정도는 덜하지만 '책임'에 대한 관념과도 연관된다. 이는 다음의 몇 가지 핵심 영역을 중심으로 한다.

- 시민권과 참여
- 노동시장 — 고용될 권리와 평등한 급여
- 주거, 의료, 교육, 복지 혜택 등의 공공 서비스에 대한 접근
- 형사 사법 제도

주로 신규 이주민들의 통합이라는 관점에서 '시민권 의제'에 대한 관심이 재개되었으나, 많은 나라들은 귀화에 대하여 제한을 가하였다(Cantle, 2008, pp.162-170). 대개 투표권은 시민권에 달려 있었고, 공유 정치 형태는 좀처럼 빨리 이루어지지 않았다. 최근에 유럽평의회(Council of Europe, 2011)는 신규 이주민들의 지역 공동체에 대한 관심과 책무의 필요성을 인식하여, 시민권에 공식적으로 편입되기 전부터 지방 선거에서 투표할 권리를 지지하였다. 샌더콕(Sandercock, 2004, p.20)은 공유정치 공동체의 중요성을 알았다.

> 상호문화적인 정치 공동체가 구성원들의 모든 다양성을 동등하게 가치 있고 소중히 여기며 이를 구조, 정책, 공적 업무 수행, 자기이해(self-understanding), 자기정의(self-definition)에 반영하지 않는다면, 구성원들의 소속의식의 발전은 기대할 수 없다. 그러나 아직 이러한 상태를 이루었다고 말할 수 있는 기존의 다문화사회는 없다.

정치공동체에 있어 공식적인 권리와 책임의 측면이 중요하게 여겨지지만, 소속감과 공유 가치 체계의 발전도 중요해지고 있다. 메이슨(Mason, 2010)은 정치공동체에 있어 통합의 중요성을 핵심으로 보면서 민족정체성과는 분명히 구분한다. '세계화와 다양성의 새로운 역동성'과 특히 국가의 정치 체계에 내재해 있는 '민주주의의 결핍'이 부상(浮上)하고 있는 것은 확실히 새로운 정치 과정과 권리가 필요하다는 것을 시사하고 있다(이는 이후의 장들에서 논의된다).

노동 시장, 공공 서비스, 형사 사법 제도에의 접근과 그 안에서의 평등이라는 측면에서 정부는 기회의 평등과 함께 이보다는 더 낮은 정도이지만 성과의 평등(equality of outcomes)도 개선하기 위해 노력해 왔다. 소수민족을 차별하지 않고, 그들의 권익들을 적극적으로 장려하고 증진하기 위한 구체적인 프로그램의 형태였다. 대부분의 경우에 이러한 프로그램들은 '긍정적 차별'보다는 (예를 들어, 지원자의 기술보다 배경을 선호하는), 평등한 기회를 주기 위한 '긍정적 조치'라는 (예를 들어, 이전에 취업을 해 본 적이 없는 사람들을 위해 면접 훈련의 기회를 제공하는) 이름으로 시행되었다. 이러한 조치들은 영향이 있었지만, 어떤 경우에는 논란이 되었고, 특별대우라는 인식 때문에 실제로 편견을 강화하기도 했다. ('평등을 신장하고 차별을 방지하기' 위해 채택된 조치들에 대한 전체적인 논의는 (Cantle, 2008 pp.174-178)을 참조.)

내부분의 경우, 평등과 긍정적 조치 프로그램들은 민족 자료의 중요성을 인식하고 있다. 예를 들면 다음과 같다.

> 우리의 전략은 민족에 대한 자료를 수집하고 분석하는 노력에 있다. 이것은 예를 들면, 누구에게, 어디에서, 무슨 일이 일어나고 있는지에 대해 우리가 이해할 수 있도록 돕는다. 그런 다음 격차를 좁히는

것에 대한 우리의 진행사항을 점검코자 한다.

(DCLG, 2007, p.13)

영국에서 알려지게 된 '민족 모니터링'(이것은 나이, 장애, 신앙, 성적 지향에 대한 모니터링으로 점점 확장되어 갔다)이 특정한 차이에 초점을 두고 구체적인 대응의 발전을 도왔다는 점에는 의심의 여지가 없다. 그러나 또한 '민족 모니터링'은 공통성을 강조하는 것이 아니라, 차이를 연상시키는 특정 정체성에 대한 지속적인 강조로 이어졌다. 프로그램들은 차이를 재차 강조하는 민족 중심적인 프로그램으로 실행되었으며, 참여자들과 공감할 수 있는 같은 배경 출신의 프로그램 제공자들에 의해 수행되어졌다. 문제들을 공유하고 서로로부터 배우기 위해 이문화적인 토대 위에 있는 사람들과 함께 모일 수 있는 기회는 거의 없었다. 나아가 문화적으로 특정한 단체들을 지원하는 데 사용되고 있는 '단일정체성 기금'은 이러한 배치를 제도화하였다. 단일정체성 기금이 감소되거나 폐지되어야 한다는 주장(Cantle, 2001, CIC, 2007)에는 저항이 있었다. 한편으로는 기금이 필요하다는 믿음이 남아 있기 때문이며, 다른 한편으로는 이 기금에 의존하여 존재하고 영향력을 발휘하는 단체들을 유지하고 보호하기 위해서이다.

논란의 중심에 있는 민족 모니터링과 특정 정체성을 대상으로 하는 프로그램과 기금은 초다양성의 시대를 맞아 원칙적이고 실천적인 측면에서 재고될 필요가 있다. 어떤 민족이나 신앙, 또는 기타 집단 전체를 동일시하고 대상화하는 것은 욕구 자체가 너무나 변화되었고 다양화되어 가는 시대에는 더 이상 맞지 않는다. 그리고 실천적인 측면에서, 수없이 많은 정체성 집단들에게 분리에 기초한 서비스 제공은 비현실적이라는 것을 의미한다. 서비스 과정에서 발생하는 분리의 강화를 피할 수 있더라도 사정은 마찬가지다. 그렇다 하더라도 이러한 서비스 내의 불평등 인식 개선과 적절한 조치의 사례들은 필요하며 상호문화정책과 조화를 이루는 새로운 접근 방식의 발전이 요구되고 있다.

가치와 분리와 통합

눈에 보이는 가시적인 차이가 차별적인 태도와 행동을 정당화하기는 어렵지만, 다른 집단에 대한 특정 집단이 느끼는 가치의 우월성을 거들어 주었다. 유럽의 많은 지역에서 최근 무슬림 공동체들이 악마화되고 있는 현상은 분리된 공동체가 본질적으로 비자유적이고 비민주적이라는 '분리된 가치'를 발전시키고 있으며, 그 책임 역시 드러나고 있다.

예를 들어, 영국의 총리 데이빗 캐머런이 2011년 초 뮌헨 회의(Cameron, 2011)에서 연설하였을 때, 그는 공유 가치의 측면에서, 또는 공유 가치 결핍의 측면에서만 말하였다.

> 우리는 우리의 가치에 반하는 방식으로 행동하는 이 분리된 공동체들을 심지어 관용해왔다.

그리고 다음과 같이 제안하였다.

> 사람들이 떨어져 사는 것을 장려하는 대신에, 우리 모두에게 개방적인 공유된 국가정체성의 분명한 의식이 필요하다.

'떨어져 사는 것'이라는 언급은 문자 그대로의 의미만은 아니지만, 영국의 정책 발의는 물리적인 의미에서 상호민족적인 또는 상호종교적인 공동체들이 함께 살도록 계획되지 않았다. 그래서 데이빗 캐머런의 연설은 단지 공유 가치와 공유 정체성을 통해 사람들이 화합해야 한다는 것을 언급한 차원에 머물렀다. 그럼에도 불구하고 영국 정부는 반서구적인 가치가 독립된 종교 학교 및 모스크라는 분리된 환경에 들어가 있다고 보고, 이러한 상황에 도전하고 대안을 제시하는 '개입'을 통해 이 문제를 다루어야 한다고 제의하였다(HM Goverment, 2011). 열린사회재단(Open Society Foundations)은 유럽 전역에 걸친 국가들의 미디어에서 무슬림을 부정적으로 표현하는 것과 또한 언어 장벽으로 인해 발생하는 '미디어의 분리'에 대한 우려를 나타내었다. 이러한 방식으로 분리와 구별을 조장하는 지료들에 대해 신뢰와 의존의 태도를 변화시키기 위해, 더욱 폭넓은 가치에 기초한 '통합 발전의 개입'들이 고안되었다(Open Society Foundations 2011, p.149).

프랑스, 벨기에, 그리고 다른 유럽 국가들에서 발의한 공공장소에서 베일로 얼굴을 가리는 것을 금지하는 법과 스위스에서 모스크에 첨탑을 세우기 위한 건축 허가를 거부한 사건은 그 정도가 더하다. 이것은 분리성에 대한 가시적인 표현을 불법화하고 무슬림 공동체의 사회적 거리를 축소하기 위한 시도에 지나지 않는다. 이러한 시도는 훨씬 더 논란이 되고 있으며, 오히려 역효과를 가져오기 쉽다. 이러한 개입들은 국경을 넘어 생각과 가치를 발전시키고 유지하려는 디아스포라 공동체의 성장과 함께 반작용으로 작동되며, 내부의 일관성을 유지하기 위한 사회적 · 문화적 · 종교적 네트워크의 강화와도 맥을 같이 한다. 또한 개입들이 가시적인 표현의 형태를 지니고 있는데, 오늘날 '정신의 통합' 정책이라는 국가의 새로운 시도는 학교의 민족 분리를 허물기 위해 학생들을 통학버스에 함께 승차시킨 미국의 강제적인 물리적 통합과는 전혀 다르다. 나아가 이 정책은 디아스포라를 넘어 무슬림 공동체로부터 보다 많은 위협을 받고 있다고 여기는 서구에 의해 새롭게 이끌어지고 있다. 이것은 가장 광범위한 수준에서 '응집, 분열, 갈등의 형태를 형성하는 […] 문명정체성' (Huntingdon, 2002, p.20)인 '문화와 문화정체성'의 '충돌'로 나타났다. '문명의 충돌'이라는 개념은 학계와 정계에서 논쟁이 되고 있지만, 보다 최근의 정치적인 생각(Cameron, 2011, Merkel, 2010, Sarkozy, 2011), 그리고 잉글랜드방위연맹과 다른 나라의 유사한 여러 반무슬림 단체들의 설립을 포함한 유럽 전역에 걸친 극우파 성장의 기저를 이루고 있다. 이러한 관점은 대중의 지지를 얻었고, 현재 기독교와 이슬람의 관계는 대체로 이런 측면에서 이해된다. 또한 첵와이 로(Chek Wai Lau, 2004)에 따르면, '문명의 충돌'은 '문명들(대규모의 문화) 간의 전쟁터를 이끌어 온' 그들이 인식하는 본질에 따라 문화들 간의 경계를 뚜렷하게 규정하면서, 다양한 문화적 성취와 그들 자신의 역사를 찬양하고 있는 다문화주의 형태의 '논리적인 귀결'이라고 한다.

가상 네트워크의 성장은 인터넷, 위성 TV, 소셜 네트워크 활동을 통해 디아스포라의 단일정체성을 강화하는 기회를 제공하고 있다. 이것은 불과 20여 년 전만 해도 가능하지 않았으며, 일시적인 이주민들과 영구적인 이주민들은 모든 수준에서 새로운 공동체에 '맞추어야' 할 의무가 있다고 느꼈었다. 기술의 발전은 이들이 새로운 공동체에서 일상의 활동과 무관하게 '모국'의 가치를 강화하는 디아스포라 연결이 유지되는 것을 훨씬 용이하게 만들었다. 그러나 이것은 같은 생각과 관점의 강화에 도움이 되기도 하지만, 특히 인터넷의 경우에는 여가, 교육, 비즈니스, 정치, 사회의 이문화 네트워크의 확장을 위한 거대한 기회를 열어왔고, 이문화 네트워크는 차츰 지평을 확장하면서 폐쇄적인 가치와 신념 체계의 존속을 위협하고 있다. 특히 국경을 넘는 여행과 교환 학생 제도의 영향으로 시야가 확장되었으며, 국경을 넘는 다른 집단 간의 결혼의 기회와 새로운 친교의 형태가 크게 증가되었다. 이전 장들에서 언급한 것처럼 국가 중심의 정체성을 만들고 지속시키는 국가의 능력은 갈수록 도전을 받고 있다.

물론 국가는 이러한 도전을 인식하고 있으며, 변화와 국민에게 미치는 영향력의 상실에 대해 저항하고 있다. 국가는 국가적인 문화 표식을 지지한다. 예를 들면, 프랑스에서 프랑스어의 사용(그리고 캐나다 퀘벡 지역에서 프랑스어 사용) 주장, 영국에서 여왕 즉위 60주년 식전과 같은 '통일적인' 국가 행사 경축, 또는 중국에서 승인되지 않은 인터넷 정보 원천에 대한 활용과 사용 금지 등이다. 이와 유사하게 국가는 여러 새로운 형태의 이민 장벽과 규제를 통하여 외부인에 대한 국경의 위상을 보호해 왔다. 그리고 이민자들이 정착을 위한 허가를 받는 경우에는 교육 프로그램, 시민권 시험, 충성심 표현을 요구하는 조건들이 갈수록 늘어났다(Cantle, 2008, pp.162-167). 민족정체성이라는 과거의 의식은 이러한 세계화와 초다양성의 새로운 시대에 보호되고 유지될 수 없을 듯하다. 그리고 이전 장들에서 논의하였듯이, 민족국가는 쇠퇴하고 있지만 의문의 여지없이 그들의 영향력과 정치적, 사회적 연대의식을 유지하기 위해 계속하여 노력할 것이다.

그러나 정부들은 새로운 이주민들에게 공유된 이해와 가치를 정립시킬 수 있는 적절한 토대를 수립하는 것을 특히 꺼려했으며, 이주민들은 일반적으로 투표와 정치 과정에 참여할 권리가 인정되지 않았다. 대부분의 이주민들은 그들이 거주국에 세금을 내고 있음에도 불구하고, 그들이 내는 세금이 국가 수준 또는 지역 수준에서 사용되는 방식에 대한 발언권이 없었고, 주로 본국과의 연결을 유지하고 그 나라의 선거에 투표하도록 장려받고 있었다. 이것은 한편으로 이주민은 일시적인 현상이고 결국 자국으로 돌아갈 것이라는 관점을 유지하는 것이며, 다른 한편으로는 이주민을 향한 일반적인 적대감과 그들에게 어떠한 권리도 부여하고 싶어 하지 않는 태도를 반영하는 것이다. 사실상 정부는 시민권과 관련된 높은 장애물을 갖고 있다. 이것은 갈수록 가치와 연결되었으며(Cantle, 2008, pp.162-170), 최근 유럽에서 일고 있는 반이주 정서는 이러한 장벽을 더욱 높게 세우고 있는 것으로 보인다. 그러나 예를 들어 지방선거에서 정치 토론에 참여하는 것은, 유럽평의회(Council of Europe, 2011)가 주장하는 바와 같이 민족정체성과의 타협 없이 더 빠른 통합을 이룰 수 있는 방법이 될 것이다. 샌더콕(Sandercock, 2004, p.20)이 주장하였듯, '소속감은 궁극적으로는 정치적이어야 하며, 정치적 공동체에 공유된 책무에 근간하여야 한다.'

지역정체성은 문제가 덜 하며, 갈수록 논쟁이 되고 있는 민족정체성의 개념과는 덜 결부되어 있다. 지역정체성은 운동을 즐기고, 야생을 관찰하고, 합창단이나 예배에서 노래할 수 있는 공유 형식의 보다 조직된 기회들과 함께 사람들이 경험하는 일상과 '평범한' 만남들에서 나타나며, '공유 가치'로 발전할 것이다. 이것은 성문화(成文化)될 수 없으며, 또한 시민의 권리와 책임에 해당하지는 않지만, '이곳을 중심으로 하여 작동하는 것들의 방식'에 대한 일련의 이해라고 할 수 있다. 이것들은 민족적 규범, 태도, 행동에 어느 정도 영향을 받고 있지만, 본질적으로 지역의 본성상, 다양한 문화와 맥락에 조화되고 있으며 그래서 역동적이다. 지역에서 사회적 · 문화적 네트워크에 참여하는 것은 다른 배경 출신의 사람들을 포함하여 지역의 이웃에 있는 타인에 대한 높은 신뢰감뿐만이 아니라 높은 소속의식을 이끄는 것으로 나타난다(DCLG, 2011).

실제로 서구 정부에서 공표한 '민족적 가치'(예를 들어 HM Government, 2011 참조)에 특별히 '민족적인' 것은 거의 없었다. 그렇지만 '표현의 자유', '집회 결사의 자유', '법 앞의 평등', '타인에 대한 존중'의 생각은 대부분의 국가들이 언급하였다. 사실 이것들이 보편적인(혹은 서구의) 가치들이다. 그러나 이것들은 매우 일반적인 수준에서 '공유 사회'라는 생각에 기여했지만, 각 민족들은 공통적으로 이러한 측면을 민족의 경계선에서 멈춰야 한다는 것을 암묵적으로 제안했었다. 민족정체성에 대한 염려와 공유 사회와 공통 가치를 위한 탐색은 이주와 인구 이동의 수준에 의해 새로운 추진력을 갖게 되었다. 따라서 더 이상 우리 모두는 동일하게 바라보고 동일한 역사 관점을 공유하지 않고 있다는 것이 점점 명백해지고 있으며, 그렇기에 이제는 공통의 유대를 만들기 위한 노력이 더욱 필요한 시기인 것 같다. 비록 세계화와 초다양성의 영향으로 인한 진보적 대응이 아닌 다문화주의의 '방어적' 대처로 시작되었지만 이러한 노력들은 계속해서 필요한 상황임이 분명하다.

분리에 대한 우려는 실제 현실이다. 그리고 이 논의가 다문화사회의 실패를 받아들이는 것과 어느 정도 같다—실제로 그렇지 않다—고 해서 회피되어서는 안 된다. '게토'와 '접근 금지 구역'과 같이 감정을 자극하는 언어로 포장된 분리라는 개념은 사회의 규제와 통제를 넘어 강력한 내부의 충성심과 함께 유지되는 분리된 공동체의 존재를 전제하고 있다. 분리되고 고립된 공동체는 그렇게 됨에 따라 자신들에 대한 고정관념을 영속시킬 수 있고, 그들 스스로도 타인들을 두려워하게 되어 변화에서 더욱 멀어지게 된다. 그들은 타인들을 두려워하고, 타인들을 위협적으로 여기며, 특히 세계화와 초다양성의 과정에 내재된 변화들을 점점 더 두려워하게 될 것이다.

7장

상호문화주의: 개념화

상호문화주의의 개념

상호문화성은 새로운 개념이 아니며 1959년으로 거슬러 올라가 볼 수 있는 데, 유럽적인 관점은 1980년대와 1990년대에 등장한다(James, 2008). 영국에서는 이 용어에 관한 학문적인 발전이나 합의가 거의 이루어지지 않았을 뿐만 아니라, 여하간의 정책과 실천으로도 채택되지 않았다. 독일, 그리스, 러시아, 스페인과 같은 다른 국가들에서는 이 용어를 사용했지만(Meer and Modood, 2011), 주로 교육 프로그램과 관련되어 사용한 것으로 보인다. 또한 캐나다에서도 이 용어를 사용했지만(Bouchard, 2011), 캐나다 맥락에서는 다문화주의의—이미 여러 방면에서 쓰이고 있는 경쟁적인 용어로 혼란마저 가중되고 있는— 진보적인 변형으로 간주하는 게 보다 더 적절할 듯하다.

'다문화주의'의 개념과 경험은 일찍부터 연구되어져 왔으나, 더 이상 정치적이거나 대중적인 지지를 얻고 있지 못한 점 또한 주목할 부분이다. 세계 대전 후, 대규모 이주의 시기는 다문화주의와 '인종'의 관점에서 이야기되어졌고, '차이'로 인해 위협받는다고 느끼며 그들이 목격했던 사회적 · 문화적 소수의 규범에 불쾌감을 느끼도록 한 단일문화적인 주류 공동체의 차별과 비관용적인 태도를 다루는 것이 거의 불가피했다. 이러한 양상은 결국 진보적인 차별금지법의 제정과 적극적인 조치 프로그램들을 촉발시켰지만, 유감스럽게도 긴장을 피하기 위한 노력은 많은 경우에 공동체의 분리라는 대가를 치루어야 했으며, 불공평한 인식을 야기하는 '특별 대우'라는 비난을 받아야 했다. 이러한 접근법은 모든 공동체를 가로지르는 정체성의 발달 과정보다는 다수와 소수 사이의 '조정들'이 핵심 사안이 되어 국가 내 인종을 이원적으로 분할하는 관념에 '갇히게' 만들었다.(Chek Wai Lau, 2004).

상호문화주의는 다문화주의의 일부 요소들인 특히, 권리, 평등한 대우, 비차별의 체계를 구축할 기회를 제공하고 있지만, 과거의 개념에서 벗어날 필요가 있다. 또한 상호문화주의는 5장에서 논의한 공동체 결속을 성공적으로 이끌어 내고자 한다. 그리고 근거 없는 신화들과 고정관념을 깨트리고, 다양한 공동체들이 자연스럽게 관계를 발전시키며, 직장과 학교 그리고 이웃과 사회 환경 내에서의 격리와 분리를 무너뜨리는 데 도움을 주는 상호 작용과 소속감 프로그램을 유지하고자 한다. 다수와 소수 공동체의 태도와 행동에 영향을 준 강력한 증거들이—특히 이러한 접근법을 선도한 영국에서— 있다(DCLG, 2110).

미어와 모두드(Meer and Modood, 2011)는 그들이 지지하고 있는 과거 다문화적인 모델을 보호하기를 바라면서 상호문화주의의 개념에 도달하기 위해 노력하였다. 그렇게 하면서 그들이 적절하게 제안한 상호문화주의는 다음과 같다.

> 첫 번째, 상호문화주의는 이른바 다문화주의보다 상호 작용과 대화에 더 맞추어져 있다는 점에서 단순한 공존 이상의 것이다. 두 번째, 상호문화주의는 다문화주의보다 덜 '집단적'이고 통합에 더 유연해

보인다. 세 번째, 상호문화주의는 사회의 결속과 국가 시민권에 있어서 전체에 대한 보다 강한 의식을 갖는다. 마지막으로, 다문화주의가 편협하고 상대주의적일 수 있는 곳에서, 상호문화주의는 편협한 문화 관행에 대한 비판을(상호문화대화 과정의 일부로서) 보다 잘 이끌 수 있다.

(2011)

그러나 미어와 모두드는 이러한 특징들이 줄곧 다문화주의의 '토대를 이루는' 요소였다는 논쟁을 시도한다. 그리고 상호문화주의는 아직 다문화주의를 무색하게 만들 수 없다는 점에 주목해야 하며, 그래서 다문화주의를 보완하는 것으로 고려되어야 하며, '탁월한 관점'을 제공할 수 있을 때에 상호문화주의를 지지할 수 있다고 제안한다. 그러나 미어와 모두드의 견해는, 차이는 근본적으로 '인종'에 관한 것이라는 하나의 관점에서 나온 견해이다. 이러한 차이는 일반적으로 국경 내에 있는 소수 공동체와 다수 공동체 간의 논쟁이 되고 있다.

이 장의 후반부에는 정체성 정치와 '타자성' 관념에 기초한 공동체 분리에 효과적으로 대응할 수 있는 '열린 문화의 창조'에 관한 상호문화주의의 개념을 제시하고 있다. 상호문화주의는 또한 사람들이 다문화사회와 다종교사회를 위한 긍정적인 미래를 그릴 수 있고, 다양성과 세계화가 사회의 영구적인 특징으로 인식되는, 사회 변화의 필수적인 부분으로서 긴장과 갈등이 있는 사회를 두려워하기보다는 포용해야 하는 역동적인 과정으로 본다.

상호문화주의는 우리가 지니고 있는 개인정체성과 집단정체성의 개념에 대한 새롭고 근본적인 변화를 요구한다. 특히, 다문화주의자의 문화에 대한 원초적인 '자연적' 특수성과 '문화의 고정성' 개념을 대체하면서, 인류에 관한 보다 보편적인 개념에 기초한 공통 유대의 발전을 요구한다. 새로운 용어인 '상호문화주의'는 정책과 실천 담론을 형성하는 여러 단어들—'상호의존성(interdependency)', '상호작용(interaction)', '상호연관성(interconnectedness)', '국제주의(internationalism)', '통합(integration)'—과 쉽게 연관된다. 이러한 측면은 이론적이기보다는 실천적으로 지향된 상호문화주의의 정의(定義)를 이끌 수 있으며, 그럼으로써 상호문화주의는 문화의 특수성(또는 순수성)을 잃게 되는 인구의 '용광로'를 만들기 위해 고안되었다는 일부의 두려움을 극복할 수 있을 것이다. 그리고 더불어서 현재의 문화 장벽 중 일부가 보이고 있는 인종주의와 문화 우월성이라는 보호주의로부터 그들의 과오에 대한 시인을 요구할 것이다.

상호문화성과 상호문화대화

상호문화성(interculturality)과 상호문화대화(intercultural dialogue, ICD)는 동의어로 잘못 사용되거나, 전자가 거의 전적으로 후자에 의존하고 있다는 기초에 근거하여 설명되어 왔다(Council of Europe, 2008 참조). 상호문화대화는 상호작용의 과정 속에서 개방성의 정신에 입각해 '다름'을 대하고자 할 때 분명히 도움이 되는 상호문화성의 중요한 수단 중 하나다. 물론 상호문화대화가 다른 사람에 대한 이해와 공감을 키운다고 하지만, 개인들 간의 이러한 유익한 관계가 반드시 공동체 관계의 전반적인 분위기를 변화시키는 결과를 가져오지는 않는다.

상호문화대화의 개념은 다양성과 결속력을 위한 체계로서는 거의 사용되지 않았으며, 주요 지지단체는 유럽평의회(Council of Europe, 2008 & 2011)와 2008년에 상호문화대화의 해(EYICD)를 수립한 유럽연합 집행위원회(European Commission)이다. 그러나 유럽평의회와 유럽연합 집행위원회 모두 상호문화대화의 협소한 관점을 장려하는 경향이 있었는데, 그 개념과 프로그램이 보다 더 광범위한 변화의 과정에 영향을 미치기보다는 대인관계 수준에서 개인 간의 대화와 관련하여 주로 구성되었다. 그리고 상호문화대화의 해(EYICD)는 전반적으로 예술적 의미에 따라 '문화 활동'으로 국한되었다.

현재 상호문화대화를 공동체나 국가적인 수준에서 이해를 구축하고 관계를 개선하는 수단으로 여기기 시작한 몇 가지 징후가 있다. 실제로 영국에 기반을 둔 국제 문제에 관한 독립적인 연구기관인 채텀 하우스(Chatham House)는 상호문화대화를 국제적인 수준에서 공감할 수 있도록 사용하기 위한 보다 야심찬 접근법을 개발하였다. 단순히 정치적인 입장에 기초하여 협상하기보다는 문화적인 측면에서 다른 국가의 입장을 이해하고, 스스로 상대방의 입장이 되어 다른 사람을 이해하기 위한 협력된 노력이 있었다(Chatham House, 2011). 채텀 하우스는 유럽-대서양 공동체와 중국, 러시아, 인도, 브라질과 같은 신흥 국가들 사이의 문화를 정의하고 해석하고 안보를 관리하는 방식의 측면에서 문화 격차를 해소할 방안을 강구하기 위하여 2년간의 정책 연구 프로젝트를 통해 이 작업을 이끌었다. 채텀 하우스의 야심찬 목표는 전통적인 유럽-대서양 공동체 내에, 그리고 이 공동체를 넘어 세계적 동반자들과 경쟁자들에게 안보와 방위에 있어 '이문화 대화'를 위한 조건을 제공하는 것이다. 채텀 하우스의 입장은 '모든 문화는 사회적 행동 규범으로 전환되는 특정한 근원적 가치에 달려있다'(Windsor, 2002, p.86)라고 주장한 필립 윈저(Philip Windsor)의 수필 『인권에서의 문화적 대화(Cultural Dialogue in Human Rights)』에서 많은 영향을 받았다. 이것은 가치의 인정을 허용하며, 따라서 반드시 받아들여질 것이라는 암시가 없어도 각 당사자가 이루어내고자 하는 노력과 그로 인한 정책적 동력이 무엇인가에 대한 보다 넓은 이해를 보여준다. 이것은 국제적인 관계들로 이루어진 현재의 정치 환경 아래 확고한 입장들이 변화되는 단계—그리고 잠재적으로는 상호문화대화 또는 이문화대화에 관한 생각으로 변화하는 단계—를 보여주고 있다.

영국에서는 배링 재단(Baring Foundation)[1]이 지원하는 공동체결속연구소(Institute of Community Cohesion(iCoCo)) 의 국가 문화가교상(Awards for Bridging Cultures(ABCs))의 도입 이전에는 실천적인 적용의 측면은 거의 없는 일반적으로 매우 낮은 수준의 상호문화주의 발전이 있어 왔다. 이를 계기로 국가 지침서가 '의미 있는 상호작용'(DCLG, 2009a)의 토대로 점차 발전되고 명문화되기 위하여 2001년부터 '다른 배경의 사람들 간의 강하고 긍정적인 관계'(LGA, 2002) 발전을 촉구해 왔던 '공동체 결속' 개념이 구축되었다. 배링 재단과 공동체결속연구소(iCoCo)의 개입은 '이문화적' 상호 작용을 위한 프로그램들이 점차적으로 상호문화대화와 유사해지고 있는 것처럼 비쳐졌다. 그러나 이 전문용어는 '집단 사이의 접촉 […] 상호문화대화와 상호문화 의사소통'(James, 2008)으로 때론 축소되어 상호문화주의의 폭 넓은 개념과 자주 혼동되었다.

공동체 결속의 발전은 다시금 '접촉 이론(contact theory)'에 대한 새로운 관심을 고무시켰다. 일반적으로 올포트(Allport)가 이 이론에 기여한 바가 크다고 할 수 있는데, 그는 독창적인 저서인 『편견의 본질』(Allport, 1954)을 저술하였다. 올포트의 가설은 다양한 집단의 구성원들을 모으고, 이들이 공평한 기반 위에서 공통의 목표를 향해 일하게 하면 집단 간의 편견은 줄어든다는 것이다. 최근의 접촉 이론은 마일스 휴스톤 외(Miles Hewstone et al., 2006, 2006a, 2007, 2008, 2008a) 몇몇 학자들에 의해 발전되고 옹호되었다. 이 이론은 집단 간의 접촉이 긍정적인 태도(최소한 덜 부정적인 태도)를 가져오고, 편견을 줄이며, 지속적인 우정을 만든다는 것을 분명하게 증명하였다. 집단 간의 우정을 만드는 것은 단순한 협력보다 더욱 중요하다고 여겨진다. 휴스톤은 접촉의 유형과 접촉이 발생하는 조건 모두가 중요하다고 주장하며, 만일 이것들이 최적화되지 않는다면 편견의 증가를 이끌 것이라고 경고한다. 그는 이 접근법을 영국의 민족 분파뿐만 아니라, 북아일랜드의 종파 갈등의 근거로도 적용하였다(Hewstone et al., 2006, 2008).

편견은 '사회집단의 구성원으로 인식되었기 때문에 사람들을 상대적으로 평가 절하하는 편향'으로 단순히 정의할 수 있으며(Abrams, 2010), 편견의 감소는 분명히 상호문화대화의 중심에 있다. 다시 말해 우리는 편견이 결속과 사회 연대에 부정적인 영향을 미칠 수 있는 영역에 대한 깊은 이해를 제공하기 위해 방향을 '사회 심리학'으로 돌리고자 한다. 에이브람스(Abrams, 2010)는 이해할 필요가 있는 네 가지 영역을 다음과 같이 제시한다.

1. 집단 간 맥락

다양한 사회 집단의 관점으로 다른 집단의 구성원을 보는 방식을 의미한다. 그들의 관점은 권력 차이, 차이의 정확한 본질, 그리고 다른 사람들에 의해 집단 구성원들이 위협 받고 있다고 느끼는지의 여부와 관련될 수 있다. 이러한 집단 간 인식은 사람들이 그들의 태도와 편견을 발전시키는 맥락을 제공한다.

2. 편견에 대한 심리학적 근거

사람들의 핵심 가치, 사람들이 자기 자신과 다른 사람들을 보는 방식, 사회정체성에 대한 의식, 그리고 사회 집단에 포함되거나 제외되는 사람들을 정의하는 사회 규범을 포함한다.

편견은 집단들의 핵심 가치가 다르거나 충돌하는 곳에서 발전하고 지속되기 쉽다. 즉, 다른 사람들이 다르게 보이는 경우, 사람들을 특정 집단에 소속된 측면에서 정체성을 보는 경우, 집단들이 다른 사람들을 차별하는 경우이다.

3. 편견의 표현

편견은 여러 방식으로 표현될 수 있다. 고정관념은 긍정적이거나 부정적일 수 있으며, 다른 집단들이 위협을 가할 수도 있다는 두려움과 연결될 수 있다. 일부 명백하게 긍정적인 고정관념들(예를 들어, 때때로 노인이나 여성을 향해 표현되는 것)도 오만함이 담겨져 있거나, 이 집단들을 평가 절하할 수 있다.

4. 경험의 효과

여기에는 몇 가지 특성이 있다. 첫 번째, 사람들이 경험하는 편견의 정도는 다른 사람들의 관점과 항상 일치하지는 않는다. 예를 들어, 노인에 대해 부정적인 편견을 표현하는 사람은 거의 없지만, 노인들은 자신들을 향한 높은 수준의 편견을 이야기한다. 두 번째로 집단 간의 접촉은 서로의 이해를 증가시키지만, 이때의 접촉은 밀접하고 의미 있는 접촉이어야 한다. 세 번째 요소는 사람들이 편견을 갖는 것을 피하고자 하는 바람의 정도이다. 이것은 개인의 가치, 비난을 피하고자 하는 바람, 보다 넓은 사회 규범에 기반을 두고 있다. 이러한 요소들은 편견과 차별적인 행동의 표현을 막을 수 있는 수단을 제공한다.

(Abrams, 2010, p.4)

이 영역들은 다양한 민족 집단과 공동체 간의 긴장과 갈등이 구조적인 조건에서 비롯된다는 관점의 사회학자들이 제시하는 것과는 매우 다른 의제이다. 그럼에도 '관계적이고 구조적인 문제 모두를 다룰 필요가 있다'(Hickman, 2008, p.ix)라는 점에서, 그리고 두 문제의 연결이 실제로 끊어지지 않았다(Thomas, 2011)라는 점에서 연구 방향은 결속이라는 의제를 확실히 하고 있다. 그러나 '집단 간 맥락'이 권력과 기타 변수들의 차이와 외부 집단 위협의 가능성을 반영한다는 것 역시 인지하고 있다. 여기에는 민족적 차이, '인종주의 과학'의 유산, 사회 · 경제적 조건들이 포함될 수 있을 것이다(Cantle, 2008, pp.101-126에서 더 논의하고 있음). 공동체 결속은 개념적이고 실천적인 체계로 이러한 서로 다른 요소들을 가져 오기 위한 시도를 하였지만(LGA, 2002), 두 학문 진영을 통합하려는 시도는 거의 없었다. 그러나 빅스와 크나우스(Biggs and Knauss, 2011)는 사회적 위치가 소수에게 위협받는다고 느끼는 다수의 인식에 의존하는 '지속하는 사회학 이론(enduring sociological theory)'을 제안하였다. 이 이론은 '사회 심리학에서 강하게 지지하고 있는 이론으로부터 도출된 정반대 예측'이라 할 수 있는 접촉이론과 그리 다르지 않다. 접촉이론은 사회적인 상호작용에 의해 편견은 줄어든다고 간주한다. 빅스와 크나우스는 '접촉과 위협은 상호작용 한다'고 결론지었다. 하지만 적대감이 일어나는 것은 단지 (소수 인구로부터의) 위협에 대한 인식뿐만이 아니라, 집단 간 분리를 초래한다.

현실적 장벽과 상상된 장벽을 허물고자 하는 생각은 로우 외(Law et al.,

2008)의 '상호문화공동체 가교 건설'(Intercultural Community Bridge Building)을 통해 지원되었다. 이 개념은 개별적이면서 또한 특정 민족 사람들이 서로 다른 문화를 알고, 경험하고, 활동하면서 이익을 얻는다는 전제에 근거한다. 그렇게 함으로써, 차이점보다는 공통점에 초점을 맞추고, 이러한 공통성은 집단들 서로를 결합시킨다.

또한 '풀뿌리 연구(grassroots study)'는 가교 건설을 뒷받침하는 증거들을 수집하였다.

> 가교 건설 활동이 개인과 집단 간의 이해를 증진시킨다는 강력한 증거를 발견하였다. 가장 영향력 있는 예로, 이해심이 증진되면 서로 다른 신앙, 국가 그리고 민족 배경을 가진 사람들 간의 편견과 갈등은 줄어든다.
>
> (Harris and Young, 2009, p.5)

이 접근법은 또한 바쉬니(Varshney)의 연구 『민족 갈등과 도시 생활』에 의해 뒷받침된다. 이 연구는 인도라는 매우 다른 맥락에 맞추어져 있었고, 유고슬라비아, 북아일랜드, 미국에서도 유사한 연구가 수행되었다(Varshney, 2002). 상호문화대화의 가치를 가벼이 여기고 있는 「강철 밴드와 사모사(steel bands and samosas)」(역자 주: 1985년 Vipin Chauhan의 저서. 남아프리카의 강철로 만든 북을 치는 밴드(steel bands), 인도의 튀김 종류의 요리(samosas), 그리고 인도 여성의 전통 복장인 사리(saris)를 포함한 '3Ss'를 일컫는 유색 인종 문화의 특성을 중심으로 한 1970년대 다문화주의의 접근방식을 대표함)에 대한 비평(Kaur Stubbs, 2008)을 보면 보다 깊이 있는 차이를 다루지는 않고 단지 피상적이고 안락한 문화 경험만의 한계를 지적하고 있다. 바쉬니(2002)와 해리스와 영(Harris and Young,

2009)은 대화가 현실의 긴장과 갈등을 실제로 다룰 수 있고, 어려운 상황에서 매우 도전적인 경험에 참여하게 한다는 방식을 입증한다. 또한 코메디아(Comedia, 2010)는 상호문화도시 프로그램에 관해 언급하며, '상호문화도시가 항상 쉽게 이루어지는 것은 아니다'라고 확실히 한다. 다른 사람에 대한 편견과 깊게 뿌리박힌 고정 관점에 맞서는 것은 깊은 숙련이 요구되는 쉽지 않은 과정이라는 말이다.

집단들이 관계를 개선할 목적만을 가지고 회합하고 서로 직접적인 방식으로 접촉해야 한다는 생각은 인종평등위원회(Commission for Racial Equality, 2007a)의 연구에 의해 이의가 제기되었다. 인종평등위원회는 상호작용이 계획된 상호문화 간 활동보다는 다른 목적을 위해 함께 모인 사람들의 부차적 효과일 때 민족 간 상호작용 활동의 최상의 결과를 나타낸다고 지적하였다. 그럼에도 참여 기회가 제한된 구분되고 분리된 지역에서 의미 있는 만남이 이루어지기에는 상당한 어려움이 있다. 더욱이 '공유 공간'의 수 또한 공동체의 모든 구역이 이용 가능하지도 않고 사용에 여러 제약이 따른다. 라운스브로와 베운더만(Lownsbrough and Beunderman, 2007)에 의해 공공장소에 대한 연구가 시작되었으며, 상호 작용을 위한 잠재력과 공공장소의 역할이 평가되었다. 그러나 '우리가 어디에 있는지, 정말로 어떻게 해야 하는지, 시작하는 것이 불확실한' 공공장소 영역의 연구와 이해에는 여전히 한계가 있었다(ibid., p.10).

다수의 논평자들은 빈곤과 구조적인 문제를 충분히 고려하는 데 실패하였다고 공동체 결속을 비판한 것과 같은 방식으로 상호문화대화를 일축하고자 하였다. 5장에서 논의한 바와 같이, 박탈은 분명하게 공동체 관계에 얼마간의 영향을 미치지만, 이것이 결정적 요인은 아니며 일부 빈곤한 지역에서도 높은 수준의 결속이 나타난다. 그렇기에 비판적 입장은 '인종' 차이에 대한 강박관념이며, 모든 형태의 편견이 가지는 가장 큰 문제인 증오 범죄 방식을 인정하지 않는 것이다. 이러한 관련성은 공동체의 안전에 책임이 있는 '최전선' 기관들에 의해 뒤늦게나마 인지되고 있다. 예를 들어, 잉글랜드 북동부 전역에 걸쳐 있는 장애인 공격, 동성애 공포증, 인종차별주의자, 종교와 트랜스젠더 혐오 사건은 검토의 대상이었다. 장애인과 트랜스젠더에 대한 혐오 사건을 줄이고자 하는 취지의 집단 간 관계 개선 활용들은 명백히 부족한 것으로 나타났다. 따라서 이러한 문제들을 줄일 수 있는 공동의 작업들이 독려되었다. 빈곤을 주된 원인으로 바라보지 않는 것이 중요했으며, 특히 '장애 증오 범죄'를 다루고 있는 관련 종사자들에게는 (특히 장애인과 트랜스젠더를 위한 서비스와 관련하여) 보다 효과적일 수 있는 상호 이해와 문화 역량을 높이는 작업들이었다(Balderston and Roebuck, 2010).

물론 '대화'의 본질과 수준이 중요하다. 지역사회·지방정부부(DCLG, 2008)는 대화가 시간이 지나도 유지되어야 효과적이라는 것을 강조하였다. 그리고 인종평등위원회(2007)의 연구를 바탕으로 '대화의 네 가지 유형'을 밝혔다.

> 근원적 상호작용(Grounding Interactions)은 자신의 정체성과 가치를 강화하는 것이다. 역사를 공유하는 사람들이 있는 곳에서 이루어지며 개인의 자신감과 자부심을 형성하는 데에 도움이 된다.

> 평범한 상호작용(Banal Interactions)은 자신 외부의 환경을 공고히 하는 것이다. 공동체를 공유하는 사람들이 있는 곳에서 이루어지며 [그들은] 일반적으로 상당히 피상적—거리에서 '안녕하세요'라고 인

> 사하거나, 잡담을 주고받는 것—이다. 이러한 것들은 소속감을 발전시키고 좋은 공동체 관계를 위한 기여를 돕는다.
>
> 기회 상호작용(Opportunity Interactions)은 자신의 외부 환경을 확장하는 것이며, 잠재적 이익을 공유하는 사람들이 있는 곳에서 이루어진다. 네트워크, 자기계발 집단(self-help groups), 캠페인 및 위원회는 서로 다른 배경의 사람들을 모이게 하고 새로운 기회를 열어준다.
>
> 성장 상호작용(Growth Interactions)은 자신의 정체성과 가치를 확장하는 것이며, 호기심을 공유하는 사람들이 있는 곳에서 이루어진다. 성장 상호작용을 통해서 사람들은 자신과 다른 사람을 보는 방식을 변화시키고 서로에게서 새로운 공통적인 것을 발견한다.
>
> (DCLG, 2008)

위 유형들은 상호문화대화의 대인 관계 측면과 중요성이 지나치게 강조되어 보인다. 결속은 '공동체 전체'에 대한 시야와 관점 변화를 근간으로 시작되었다. 따라서 결속의 다른 원칙들—5장 참조—에 의한 뒷받침과, 공동체 결속에 대한 두 번째 국가 연구인 「우리의 공유 미래(Our Shared Futurc)」가 중심이 되었다(CIC, 2007). 대인 관계의 강조는 유럽연합(EU)의 2008년 상호문화대화의 해(EYICD)에서 그 기여가 보여 지는데 공동체 결속을 도입한 지 약 7년이 지난 시점이다. 상호문화성이 상호문화대화와 동일시되어 보이는 환원주의적 접근이 취해진 것이다. 제임스(James, 2008)는 유럽연합 집행위원회가 상호문화성을 '유럽 시민이 더 개방적이고 복잡한 환경에 대처할 수 있는 지식과 태도를 습득하기 위해서 […] 다른 문화 집단들 간에 대화하는 것'으로 이해한다고 설명하였다. 그러나 지역의 상황을 지원할 수 있는 폭넓은 다양한 프로그램을 시행하기보다는 예술적 의미에서 '문화'와 유럽연합 내에서의 통합을 우선시하는데 초점을 맞추는 경향이 있었기 때문에 그 해의 영향력은 제한적이었다.

접촉, 아마 심지어 '대화'조차도 그 자체로는 불충분하다. 바쉬니(Varshney, 2002, p.10)는 인도의 많은 다양한 지역들, 특히 도시에서 서로 다른 배경의 사람들은 적어도 피상적인 수준에서 서로를 바라보고 일상에 관여하지만, 그러나 이러한 것이 그들을 공동체 간의 분쟁에서 구해주지는 못한다고 설명하였다. 바쉬니는 제도적 수준에서 '보다 견고한' 연합의 형태가 필요하고, 이러한 연합이 구축되어 오랜 기간 지속되어야 한다는 것을 발견하였다. 이 부분에 대해 이전에 언급한 다른 많은 연구들(그리고 공동체 결속에 관련하여 발간된 모든 지침서들, 5장 참조)은 다양한 견해들에 대하여 보다 개방적이고 관대한 분위기를 조성하고, 보다 폭넓은 정치, 언론, 제도 및 시민의 지원을 얻기 위해서는 더욱 높은 수준의 참여가 필요하다는 것을 강조한다. 결속과 관련한 접촉 문제는 보다 강한 규범적 과정 역시 뒷받침되고 강화되어야한다.

당시에는 상호문화대화의 활동이 대인 간 그리고 집단 간 과정을 강조하는 다양한 차원의 여러 목적을 위해 활용되어 졌다.

- '다른 사람'에 대한 태도와 행동을 변화시키고 고정관념을 거부하기 위해
- 이해와 관용을 보다 일반적으로 (예를 들면, 종교 간 대화처럼) 촉진하기 위해
- 갈등 뒤의 평화로운 공존을 위한 조건을 조성하기 위해

- 민족국가들과 국경을 가로지르는 시민에 대한 보다 긍정적인 관점을 증진시키기 위해(예를 들면, 상호문화대화의 해와 같이)
- 지역 제도와 '훌륭한 시민성'에 대한 신뢰, 사회자본, 선린(善隣)을 구축하는 수단으로서

영국문화원(British Council, BC)(영국에 기반을 두고 있지만 전 세계에 지사가 있고 공동체 관계의 증진에 관여한다)은 또한 상호문화대화의 개념과 실천을 연구하는 데 투자하였으며, 그들의 이념을 신장시키기 위해 (공동체결속연구소(iCoCo)와 함께) '도구(toolkit)'와 자료 지침서를 제작하였다.(BC/iCoCo, 2009). 이것은 여러 다양한 상황에서 문제를 다루는 수단으로 발전되었다. 그러므로 본질적으로 치료적 과정으로서, 손상된 공동체 관계를 회복시키거나 긴장과 갈등이 조성되는 것을 피하기 위해 개입하는 방식으로 상호문화대화를 제시해왔다.

> 오늘날 우리가 상호문화대화를 필요로 하는 것은 매우 다양한 사람들을 더 자주 만나게 될 뿐만이 아니라 세계화의 도전 과제 해결에 도움이 되고, 또 세계의 다양한 차이들과 마주할 수밖에 없기 때문이다.
>
> 상호문화대화는 다음의 사항들에 기여할 수 있다.
>
> - 소통이 무너진 곳에 방법을 제시할 수 있다.
> - 이해가 복잡하게 얽힌 곳에서 의견을 제시할 수 있다.
> - 새로운 소통 채널을 열 수 있다.
> - 섣부른 판단을 깨트리는 데 도움이 될 수 있다.

상호문화대화의 가장 중요한 측면 중의 하나는 '고정관념과 편견에 대해 도전하는 능력'이다. 우리는 자주 우리가 모르는 것들에 대해 일반화한다. 고정관념은 우리 자신의 문화적 참조 틀에 기인한 결과로서 특정한 성향의 관점을 대게는 과장시킨다. 다른 사람을 향한 우리의 행동 방식에 영향을 주는 편견은 그것이 일반화로 굳어질 때 문제가 된다.

(BC/iCoCo, 2009)

영국문화원과 공동체결속연구소(BC/iCoCo)의 연구는 또한 상호문화대화에 대한 보다 야심찬 개념을 만들었다. 분류한 용어는 다음과 같다.

• 국가적(National)

다양한 문화의 사람들이 자신과 서로의 문화에 대해 질문하고 배우는 역동적인 과정이다. 이 과정은 시간이 지남에 따라 문화의 변화로 이어질 수 있다. 사회 내에 작동하는 불평등과 이것을 극복할 필요가 있다는 것을 인식한다. 상호 존중을 필요로 하고 인권을 인정하는 과정이다.

이 정의는 상호문화대화가 변화와 학습의 과정으로서의 특성임을 강조한다.

• 국제적(International)

상호문화대화는 개인이 더욱 더 다양한 사회에 참여할 수 있도록 지식과 기술—소위 '상호문화역량'이라 불리는—을 갖추는 것을 목표로 한다. 민주주의의 가치, 시민성과 시민권에 대한 지식은 대화의 필수적인 요소이다.

이 정의는 현대의 일상적 삶에서 개인과 조직이 사회적이고 경제적인 견지에서 성공적으로 참여하기 위한 기술을 습득하는 과정으로서의 상호문화대화를 강조한다.

- 세계적(global)

'상호문화대화'에 대한 생각은 우리가 살아가는 세계의 차이와 다양성에 대한 인식으로부터 출발한다. 이러한 견해, 관점, 가치관의 차이는 각 개인의 문화뿐만이 아니라 문화들 사이에서도 존재한다. '대화'는 자신과 같은 방식으로 세상을 보지 않는 이들을 이해하고, 또 이들에게서 배우고자하는 열망을 가지며 다양한 관점에 대한 접근을 추구한다.

이 정의는 상호문화대화를 통해 차이를 다루는 것에 대한 중요성을 강조한다.

이러한 의미에서 상호문화대화의 개념은 상호문화성이라는 관념과 더욱 가까워졌고, 더욱 넓은 공동체에 기초한 변화의 과정을 포함하게 되었다. 특히, 현대의 초다양성과 역동적인 사회의 필수 구성요소로서 '상호문화역량'을 구축하고 그에 대해 지속적으로 학습하는 것에 대한 구상이다. 이것은 새로운 정책 체계를 가리키는 것으로 8장에서 논의된다.

상호문화주의의 관점

일부 예외는 있지만, 상호문화대화(ICD)의 개념과 실천은 주로 대인간 접촉에 초점을 두었다. 그리고 개인들 사이에서 다른 사람에 대한 편견이 줄어들고 고정관념의 부당함을 증명하는 성과가 명백하게 증가하였다. 이것이 충분한 규모로 제도적 장치와 시민 사회에 뿌리내렸을 때 전체 공동체 과정에 일정 부분 영향을 가져온다. 나아가 상호문화대화는 보다 심층적인 변화를 이끌 수 있는데, 아마도 사회적 위치를 위협한다는 인식을 감소시키고 사회경제적 측면에서 더욱 개방적인 과정을 이끌 것이다. 개념적인 측면에서 상호문화주의에 대한 관점은 여전히 정착되지 않았으며, 정책과 실천을 위한 결과적인 함의는 거의 고려되지 않았지만, 상호문화주의는 공동체에 보다 큰 개방성에 대한 의식을 심어주기 위한 폭 넓은 접근법의 발전 전망을 제공하고, '다름'과 '차이'를 사회 전체적으로 창조적인 이익과 기업적인 이익을 가져올 잠재적인 긍정적 경험으로 바라보기 시작했다.

손디(Sondhi, 2009)는 이것을 근본적으로 '새로운 종류의 살아있는 대화'에 관한 것이라고 통찰하면서 다음과 같이 제언한다.

> 그렇다면 상호문화성의 새로운 개념은 무엇이 다른가? 이 접근법의 기초는 새로운 종류의 살아있는 대화의 창조에 있다. 공간과 기회를 창조하고, 다른 사람에 대한 안심과 나아가 관심 갖는 법을 알아가고, 그들을 모욕하거나 두렵게 하지 않으며, 교류에 있어서의 잠재적인 장애물을 최소화한다. 이것은 단순한 의사소통의 수단 그 이상으로 상호 학습과 공동 성장의 과정이다. 다른 사람에 대한 기본적인

사실들과 개념들의 집합뿐만이 아니라 그들의 출신에 상관없이 자신과 다른 누군가와 기능적으로 상호작용할 수 있는 특정한 기술과 역량을 습득하는 과정을 의미한다. 이것은 우리가 상호문화 리터러시라고 기술하기 원하는 상황, 기호, 상징을 읽어내고 의사소통하는 다양한 방법을 의미한다. 이것은 다양한 사회 속에서 기본적인 산술능력과 문해력과 같은 중요한 역량으로서 특정한 사고방식 체계인 상호문화역량의 습득을 가리킨다. 모든 아동은 학교에서 상호문화역량을 습득해야 하며, 지역 정책과 자원 결정에 책임이 있는 공무원도 상호문화역량이 없어서는 안 될 것이다.

그러나 '상호문화성의 상태'는 특정 배경과 관련된 장벽을 극복할 수 있고 소속 정신을 확립할 수 있는 보다 더 분명한 정의와 평등 의식에 근거해야 할 것으로 보인다. 공동체 결속과 보다 진보적인 형태의 다문화주의는 고정된 정체성 개념에 대해 덜 편협하고, 새로운 문화 역량을 제공하는 정책과 실천을 발전시키기 시작하였다. 그러나 이러한 정책과 실천들은 아직 세계화의 국제적이고 초국가적인 영향을 수용할 수 있는 역동적인 과정으로서 정체성의 개념을 받아들이거나 시행하지 않았으며, 여전히 '인종'에 지나치게 초점을 두었다. '문화 역량'이 권리와 책임에 의해 뒷받침되고, 불만과 불평등을 다루는 도구가 될 수 있는 방법에 대해서도 고려할 필요가 있다.

또한 제라르 부샤르(Gerard Bouchard, 2011)는 상호문화주의가 미래에 함께 살아가는 우리의 방식이 되어야 한다고 제언하며 다음과 같이 제시한다.

주로 경쟁적인 원칙과 가치, 기대들 사이의 균형과 중재를 위한 모색이다. 이러한 의미에서, 다수와 소수, 연속성과 다양성, 정체성과 권리, 과거에 대한 상기(想起)와 미래에 대한 비전을 연결하는 것을 목적으로 노력을 지속하였다. 이것은 집단적인 삶의 모든 수준에서, 차이 속에서 그리고 차이를 뛰어넘어 공존하는 새로운 방식을 요구한다.

부샤르는 상호문화주의를 정의하기 위해 다음과 같은 유럽평의회(Council of Europe, 2008)의 연구를 인용한다.

• 분열과 관련되고 사회 결속에 해가 되는 것으로 여겨지는 다문화주의의 거부
• 이에 수반되는 개인의 권리 침해에 기인한 동화의 거부
• 균형과 공정의 모델, 그리고 중간 경로로서 상호문화주의의 선택

그러나 동화와 분리 사이에 있는 일종의 중간 방식으로 상호문화주의를 보는 것은 도움이 되지 않는다. 부샤르는 상호문화주의를 합의된 조정에 기반한 통합의 형태 그 이상은 아닌 것으로 간주하는 것 같다. 앞에서 논의하였듯이, 통합은 그 자체가 동화와 분리라는 두 극단 사이의 단순한 선형적 경로 위에 있지 않으며, 다양한 수준에서 작동할 수 있는 통합의 여러 영역과 보다 더 많은 층위들이 있다. 게다가 '중간 방식'은 국가적·국제적 요인 모두가 세계화된 현대 세계에 있어 변증법적인 관점이 아닌 주류 공동체(들)와 신이민자 간의 중재 형태를 중심으로 진행되는 것으로 보인다.

부샤르의 관점은 프랑스어를 사용하는 캐나다 주(州)의 맥락에 매우 치

우쳐 있으며, 실제로 그의 연구는 퀘백 정부를 위하여 시행되었다(Bouchard and Taylor, 2008). 이 연구는 부샤르-테일러 보고서(Bouchard-Taylor Report)로 알려졌으며, 캐나다 다문화주의(영어 사용 캐나다인이 프랑스어 사용 캐나다인에게 비전을 강요하는 것으로 여겨지는)의 거부라는 발상에 근거한 '상호문화주의'로의 대체이다. 그러나 이와 같은 상호문화주의라는 대안적 개념은 퀘벡 사회의 '근본적인 가치'를 새겨 둔 통합의 관점에 의존하였으며, 성 평등과 세속주의, 그리고 프랑스어 사용으로 나타났다. 또한 영어 사용 배경의 이주민들을 포함한 새로운 이주민들은 프랑스어를 강요받았으며, 그들의 자녀들은 프랑스어로 수업을 지도하는 학교에 다닐 것을 요구받았고, 같은 주의 영어 사용 학교를 선택하는 것이 거부되었다. 그리고 영어는 도로 표지판 및 소매점을 포함한 공공영역의 여러 측면에서 일반적으로 허용되지 않았다. 따라서 이러한 상호문화주의의 개념은 다소 불완전한 것으로 여겨질 수 있다.

그러나 상호문화주의에 대한 부샤르의 관점에서 중요한 점으로 제기되는 것은, 그가 통합은 이주민들을 주류 문화에 동화시키는 과정이 아니며, 통합의 결과가 이주민의 근본적인 본성이 퇴색될 정도로 주류 공동체에 적응하는 것도 아니라고 믿었다는 것이다.

> 상호문화주의는 소수민족들과 이민자의 이해관계만큼이나 그 자체가 완전하게 합법적으로 영속하고 지속하기를 바라는 다수 문화의 이해관계와 관련된다. 따라서 우리는 한편으로는 다수 문화의 정체성과 전통을 옹호하는 사람이나 다른 한편으로는 소수민족들과 이민자의 권리를 옹호하는 사람 양측 모두에게 반대할 이유가 없다는 것을 알 수 있다. 정체성에 대한 다수의 열망과 다원주의적 사고방식

> 을 결합하는 것은 가능하며 또한 필요하다. 이것은 소속과 발전이라는 과정을 만든다.
>
> (Bouchard, 2011)

부샤르는 또한 같은 논문에서 상호문화주의는 '정체성, 집단 기억 그리고 소속감을 증진하는데 있어서 도움이 되는 상징적 요소와 결합되어야 한다'고 제언한다.

대부분 변화의 형태는 불안정하고 위협적일 수 있기 때문에, 다수를 차지하는 공동체들은 의심의 여지없이 부샤르의 제언에 안심할 것이다. 그러나 현실은 세계화의 시대에 모든 공동체들은 유동적인 상태에 있으며 이러한 상태는 더욱 심화되고 있다. 이주민들의 출현은 이러한 변화의 한 부분—주로 가장 가시적이지만—일 뿐이다. 결과적으로 이주민들은 대개의 경우 변화와 동일시되었고, 더욱 더 확산되고 있는—그리고 피할 수 없는— 세계화의 근원적인 과정의 결과보다는 원인으로 여겨졌다. 고정된 문화 개념을 고수함으로써 변화하고 있는 문화의 '시장에 거스르는' 것은 무익한 행동이다. 어떤 공동체들을 현실 세계에서 더욱 고립시키고, 더 큰 변화가 더욱 갑작스럽게 일어나고 상황을 더 어렵게 만들 가능성이 있기 때문이다. 아이러니하게도 다문화주의의 개념은 캐나다 정부[2]에 의해 발전하였지만, 상호문화주의의 개념에 다소 가까워 보이는 부샤르-테일러 보고서(Bouchard Taylor Report)에 의하여 강력하게 거부되었다.

죠셉 라운트리 파운데이션(Joseph Rowntree Foundation)의 자금 지원으로 이루어진 코메디아 그룹(Comedia Group)의 선구적인 연구(Wood, 2004)는 더욱 확장된 상호문화주의의 개념을 발전시키는 것을 도왔으며, 이후 유럽평의회의 지원으로 세계 전역에 '상호문화도시' 프로그램을 이끌었다. 유럽평의회 프로그램에 참여한 도시는 오슬로, 더블린, 베를린, 리마솔, 리스본 등이 있다. 나아가 유럽평의회의 상호문화도시 지표와 상호문화도시 네트워크에는 바르셀로나, 제노바, 멕시코시티, 몬트리올, 뮌헨을 포함하여 30여개의 도시가 참여하고 있다. 이로 인해 새로운 발상들과 모범 사례의 발전이 이루어지기 시작한다.

유럽평의회는 프로그램에 대한 열망이 높았으며, 진정한 상호문화도시는 폐쇄적인 주도권이나 소규모의 정책 변화로부터는 나타날 수 없다고 믿었다. 상호문화도시는 공유 비전의 결과와 다양한 제도 및 시민 사회 이해관계자들의 일치된 노력, 그리고 국가적 · 국제적 차원에서의 협력과 동맹 수립으로만 나타날 수 있다.[3] 유럽평의회는 또한 다양성을 무시하거나(초청노동자 접근법), 혹은 부정하거나(동화주의적 접근법), 혹은 다양성을 지나치게 강조하여 문화적으로 구별된 집단들 간의 장벽을 강화시키는(다문화주의) 이전 체계들과 상호문화적 접근법을 대조하였다. 유럽평의회에 있어 상호문화주의는 다양성의 가치를 분명하게 인식하는 한편, 문화 공동체들 간의 상호작용, 혼합, 혼성화가 증가될 수 있는 모든 것을 수행하면서, 또한 동시에 공적 논쟁이 될지라도 공개적으로 문화 충돌이나 긴장(종교적 관습과 요구사항, 공산사회주의, 여성의 권리 등)을 다루는 것을 의미한다. 블룸필드와 비안치니(Bloomfield and Bianchini, 2004)는 이와 유사하게 다음과 같이 주장한다.

> 상호문화적 접근법은 기존의 문화 차이에 대한 평등한 기회와 존중을 넘어 공공장소, 제도, 시민 문화에서의 다원주의적 변환으로 이어진다. 이것은 문화의 경계가 고정된 것이 아니라, 유동적이고 재형성되는 것으로 인식한다. 상호문화적 접근법은 서로 다른 배경의 사람

들 간의 대화와 교류, 상호 호혜적인 이해를 촉진하는 것을 목표로 한다.

보다 유동적이고 역동적인 문화의 비전과 함께 '다문화주의에 대한 비판을 제시하는' 상호문화주의 개념은 베링 재단(Baring Foundation)에 의해 발전되었다(Sondhi, 2008). 베링 재단의 분명한 목표는 보다 사용자 친화적인 브랜드—문화가교상(ABCs)—를 통하여 '상호문화성을 증진'하고, 지원하는 사람들은 문화가교상 기획의 기본 철학을 분명히 전할 수 있어야 한다(iCoCo의 ABCs 지침서, 2009). 이 지침서는 다음과 같이 상호문화성을 정의한다.

다양한 문화의 사람들이 자신의 문화와 서로 다른 문화에 대해 질문하고 배우기 위해 상호작용하는 역동적인 과정이다. 이것은 시간이 지남에 따라 문화의 변화를 이끈다. 상호문화성은 사회의 일터에서 불평등과 이를 극복할 필요가 있다는 점을 인지한다. 상호문화성은 상호 존중을 요구하고 인권을 인정하는 과정이다.

베링 재단은 그 평론을 지지하고 새로운 이론적 체계의 개발을 지원할 목적으로 말콤 제임스(Malcolm James, 2008)에게 연구를 의뢰하였다. 이 연구는 '폐쇄된 문화집단에 기초한 후기식민사회(post-colonial society)의 모형에서 벗어나 보다 다각적인 상호문화주의의 개념을 향한 밑그림을 그렸다.' 그러나 이 주제에 관한 학문적 견해를 받아들인 기관은 거의 없었다. 제임스의 2008년 논문(James, 2008)에서 26개의 참고문헌 제목 중 단 2개만이 이 용어를 사용하고 있다는 것은 주목할 만하다. 이 연구에서 확립된 정책과 실천 방법은 더욱 적었다.(그렇지만 8장에서 발전을 위한 여러 영역들을 제시할 것이다) 또한 상호문화주의의 기본 전제—문화는 '고정되고, 영원히 주어진 것이며, 본질적인 것'이라고 이해될 수 없으며, 문화는 '언제나 진화하고, 역동적이며 필수적인 혼성물(hybrid)이다'(Sandercock, 2004, p.18)—가 제대로 이해된 것인지에 대해서도 불명확하다.

최근 유럽평의회(Council of Europe, 2011)는 '평화로운 공존'을 이룰 수 있다고 믿으며 그 방법을 기획하였다. '다문화주의'의 개념을 거부하며 함께 살아가기 위한 17가지 '기본 원칙'을 제시하였다. 이 원칙들은 주로 시민권과 참여, 국적이나 신앙에 하이픈을 붙인 고유의 문화적 유산 유지의 합법적 권리를 강조하고 있다. 만일 문화가 다각적으로 여겨지고 다양한 수준에서 작동할 수 있다고 본다면, 문화를 반드시 고정된 관점으로 의미를 한정시킬 필요가 없다. 예를 들면, 유럽평의회는 이주민들에 대한 조기 투표권과 관용, 그리고 그들의 지도력을 존중해야 한다는 것을 주장한다. 보고서에는 새로운 것은 거의 없으며, 이전에 언급한 '다문화주의의 진보적인 형태'로, 특히 '사람들이 평화롭게 함께 살아가기 위해서 필요한 "기술"이나 "역량"은 자동적으로 얻어지는 것이 아니라는' 관점에서의 통합을 더욱 강조하고 있다.

상호문화 기술과 역량의 필요성에 대한 관점이 사람들에 의해 지지되고 있지만, 킴리카(Kimlica, 2003, p.160)는 많은 사람들이 지역 상호문화주의(local interculturalism)보다 원 거리에 있는 문화나 세계 문화에 대해 배우는 것에 중점을 두고 있는 세계 상호문화주의(global interculturalism)의 형태를 선호하는 것으로 보인다고 말한다. 그는 많은 나라들에서 지역적 형태를 넘어선 세계적 형태에 대한 선호가 분명하게 나타나고 있으며, 이것은 다른 사람들에 대해 특별한 관계를 선택하고 있는 하나의 방법이라고 보았다. 예를 들면, 독일의 교육 프로그램은 '초청노동자'로 온 터키인과 같은 지역에 거주하고 있는 (적지 않은 수의) 소수민족과의 관계보다는 유럽의 다양한 나라에서 온 시민들과의 상호작용에 목표로 둔 상호문화주의를 증진시키고 있다.

지금까지 전개된 '상호문화주의'의 개념은 '상호문화대화'보다 훨씬 더 많은 것을 요구하고 있으며, 더욱 폭 넓은 공동체와 구조적인 과정, 그리고 정치적인 과정을 포함한다. 상호문화대화는 일반적으로 서로 다른 정체성을 가진 둘 또는 그 이상의 개인이나 공동체가 상호 작용하고 신뢰와 이해를 구축하는 과정으로 개발되었다. 상호문화대화는 폭넓은 변화의 과정에 기여하고자 하며, 사람들이 차이를 편하게 생각하고 차이를 위협으로 여기기보다 참여하고 발전시킬 수 있는 기회로 여기는 사회를 구상한다. 또한 다음의 논지를 지지한다. 문화다양성을 존중하고 인정하는 것과 관련된 다문화성은 서로 다른 문화가 공존하는 것은 허락하는 반면 차이를 강화하고 있다. 이러한 측면에서 다문화성과 구별되는 상호문화성의 핵심 특징은 관계적 · 제도적 장치 모두를 오랜 기간에 걸쳐 변화로 이끄는 문화들 간의 개방성, 대화, 상호작용의 의식에 있다. 상호문화주의는 불평등에 대항하고 다양성과 소속감을 신장시킬 뿐 아니라 상호작용을 통해 신뢰와 이해를 발전시키기 위한 보다 심도 있는 프로그램들을 요구하는 공동체 결속과 분명히 같은 선상에 있다. 그러나 공동체 결속—적어도 영국의 경험에서는—은 주로 지역 차원에서 발전되었다(그리고 지난 10년 동안 상당한 성과가 있었다. 5장 참조). 그러나 초다양성과 세계화의 광범위한 과정에 놓여있는 국가적 · 국제적 메타 담화는 결여되었다. 이에 상호문화주의는 그동안 다문화주의가 민족국가 내에서 다수 인구와 소수 인구 간의 관계에 대한 것으로 개념화되어 온 부분과 인종화된 차이의 단일하고 이원적인 개념들을 중심으로 전개되어 왔던 접근법을 넘어 진일보할 수 있다. '개방성(openness)'의 개념(아래 참조)이 함의하고 있는 방향으로 상호문화주의 역시 보다 발전시켜 나가야 하지만, '국제 사회'의 생각은 아직 이에 미치지 못하고 있는 것처럼 보인다.

상호문화주의와 개방성

'개방성'의 개념은 주로 영국문화원과 이주정책 단체(2011)에 의해 발전되었으며, 정책과 실천적인 측면에서 상호문화성에 더 가까워지기 시작했다. 특히 새로운 이주민에 대한 허가와 관리의 용이성에 초점을 두는 반면, 객관적인 측면과 주관적인 측면의 결합은 인식의 변화 가능성을 허용하는 것으로 나타난다. 148개나 되는 정책 지표를 사용하고 있는 이민자통합정책지수(Migrant Integration Policy Index (MIPEX))는 정부의 통합에 대한 노력을 평가함으로써 사회에 참여할 수 있는 이주민의 기회에 대한 풍부하고 다각적인 청사진을 만든다. 정부의 정책과 실행을 측정함으로써, 모든 거주자들이 평등한 권리, 책임과 기회를 보장받고 있는지를 보여준다.

각각 7개의 정책 영역—노동시장 이동성, 가족 재결합, 교육, 정책참여, 상기 거주, 국적에 대한 접근성, 차별 금지—에 있어 이민자통합정책지수는 '모든 거주자들을 위한 평등한 권리, 책임과 기회의 성취를 목표로 하는 가장 높은 유럽 기준 또는 국제 기준을 확인'(표 7.1 참조)하는 방식으로 국가 순위를 정한다.

이 작업은 상당한 가치가 있지만, 이와 같은 '권리, 책임, 기회'를 다수 인구가 꺼려하는지 또는 가치 있게 여기는지, 기꺼이 양보하는지—그리고 보다 높은 개방성의 수준이 다양성의 가치에 대한 인식을 향상시키는지—에 대한 통찰은 거의 제공하지 않는 결함이 있다. 이러한 '권리'가 분리된 영역 —'분리하되 평등한' 토대— 내에서 제한되었는지와 앞에서 언급한 정책 영역 중의 일부 혹은 모두에서 분리가 계속 되었는지에 대한 평가 방식은 거의 없다. 따라서 이러한 측정이 통합적인 것인지는 분명하지 않다. 또한 이 지수에는 상호 존중과 선한 의지의 서로에 대한 이해와 공감이 있는지에 대한 지표도 거의 없다. 다시 말해 이민자통합정책지수가 '공유 사회(shared society)'에 기여하는 정도를 묻지 않을 수 없다.

표 7.1 이민자통합정책지수 III

국가 순위 및 점수			국가 순위 및 전수		
1	스웨덴	83	**17**	그리스	49
2	포르투갈	79		= 아일랜드	49
3	캐나다	72	**19**	슬로베니아	48
4	핀란드	69	**20**	체코 공화국	46
5	네덜란드	68		= 에스토니아	46
6	벨기에	67	**22**	헝가리	45
7	노르웨이	66		= 루마니아	45
8	스페인	63	**24**	스위스	43
9	미국	62	**25**	오스트리아	42
10	이탈리아	60		= 폴란드	42
11	룩셈부르크	59	**27**	불가리	41
12	독일	57	**28**	리투아니아	40
	= 영국	57	**29**	몰타	37
14	덴마크	53	**30**	슬로바키아	36
15	유럽연합(EU) 평균	52	**31**	키프로스	35
16	프랑스	51	**32**	라트비아	31

출처: MIPEX (2011)

최근의 유럽 내 비교를 보면(European Commission's Directorate General for Employment, Social Affairs and Equal Opportunities, 2010) 국가 별 특성이 제대로 반영되어 있지 않아 보이며, 국가 내 연대의식 형성에 대한 기여 역시 부족해 보이기에 이민자통합정책지수의 접근법에 대한 강한 우려가 제기되고 있다. '유로바로미터(Eurobarometer)'에 근거한 이 연구는 '국가의 다수에 속하는 대부분의 응답자들은 사람들 간의 관계가 좋다고 느낀다'라고 나타난다. 그러나 이 관점은 룩셈부르크(71퍼센트), 에스토니아(67퍼센트), 핀란드(67퍼센트), 영국과 라트비아(각각 64퍼센트), 루마니아(62퍼센트), 스페인(60퍼센트)에서는 일반적인 생각인지만, 응답자의 약 30~40퍼센트는 전혀 동의하지 않았다. 게다가, 이러한 관점을 갖고 있는 크로아티아(49퍼센트)와 터키(38퍼센트)와 같이 50퍼센트 이하의 여러 국가들에서 대다수의 시민들은 사람들 간의 관계가 좋지 않다고 답하였다. 그리스(60퍼센트)는 관계가 좋지 않다고 답한 시민의 비율이 가장 높았으며, 그 뒤를 이어 체코(56퍼센트), 덴마크(54퍼센트), 이탈리아 · 헝가리 · 프랑스(각각 모두 49퍼센트)의 순으로 나타났다. 스웨덴은 이 질문에 대해 50대 50으로 나뉘어졌다는 것도 주목할 만하다.

이 같은 결과는 이민자통합정책지수의 구성에 의문을 품게 한다. 예를 들어 스웨덴은 이민자통합정책지수에서 가장 '통합되고' 개방적이라고 나타났음에도 불구하고 '유로바로미터'의 점수가 좋지 않았다. 반면에 라트비아는 유로바로미터에서는 점수가 높고 이민자통합정책지수에서는 점수가 낮았다. 이러한 결과는 이민자통합정책지수가 의미하는 방향과 반대로 해석될 수 있다. 즉, 국가가 개방될수록 국내의 관계들은 악화되는, 다시 말해 '다양성의 역설'을 시사한다(2장 참조). 여기서 실제적인 문제는 어떤 집단이 향유하는 개방성을 다른 집단에서도 가치 있게 여기고 인정하는가, 그리고 개방성이 힘이나 위협으로 여겨지는가의 여부이다. 이러한 점에서 개방성이 상호문화주의가 발전할 수 있는 환경을 제공할 수는 있어도 현실로 이어질 것이라는 보장은 할 수 없다고 우드와 랜드리는 말한다(Wood and Landry, 2007).

또한 이 결과는 각 개별 국가의 결과와 일치하지 않을 수 있으며, 질문에 있어 미묘한 차이를 반영하기도 한다. 예를 들어, 영국에서 공동체 결속력을 판단하는 주요한 질문은 '사람들이 지금 있는 곳에서 주위의 다른 배경에서 온 사람들과 잘 지내고 있다'에 대한 인식이다. 이것은 정부가 시행한 다수의 시민성 조사로 검사되었으며, 결과는 시간이 지남에 따라 2010년에는 긍정적인 답변이 85퍼센트로 증가하였다(DCLG, 2011). 이 수치는 유로바로미터보다 다소 높지만, 보다 일반화된 관계나 국가적인 관계라기보다는 사람들이 자신의 공동체에서의 경험을 반영한 것일 수 있다.

우드 등(Wood et al., 2006)은 영향력이 있는 네 가지 주요 영역에 기반한 지표를 통해 도시의 개방성을 평가하고자 하였다.

- 제도적 틀
- 비즈니스 환경
- 시민 사회
- 공공장소

그들의 관점에서 '제도적 틀의 개방성'은 주로 국가나 지방 정부 내에서의 규제와 법체계에 의해 결정된다. '시민권에의 쉬운 접근'은 개방성 지표가 될 수 있으며, 측정 수단은 귀화율, 새로운 언어를 배울 수 있는 언어 수업 제공, 또는 난민을 위한 보건과 사회 복지에 대한 접근을 포함한다.

여기에는 또한 학교에서의 '상호문화/다문화 시민성 교육과정'과 같은 정책 영역도 포함된다.

'비즈니스 환경의 개방성'은 무역, 산업, 직업 시장, 훈련을 가리킨다. 지표는 채용과 훈련에 관한 경영에 있어서의 내부 정책 공약에서부터 반차별/인종 인식 모니터링과 결과들에 대한 평가를 이끌어 낸다. 또한 국가 수준에서 지역 기업들의 해외 무역과 디아스포라적 연결, 다양한 규모의 지역 사업의 소유권, 외부에서 고용인 채용, 그리고 유통 제공의 다양성이 제안된다.

'시민 사회의 개방성'은 '사회적으로 조직된 장소에 대한 접근성과 침투성'의 정도에 초점을 두고 있으며, 이 관점은 보건, 복지, 교육 위원회 또는 교육 경영, 지역사회 포럼에서 나타나는 표현의 다양성에 의해 측정될 수 있다. 또한 최고 경영층의 민족 구성과 이문화적인 경제 · 사회 · 문화 · 시민 네트워크, 그리고 미디어에서 '타자'에 대한 긍정적인 문화적 표현이나 이미지는 개방성의 지표로 간주된다.

'공공장소의 개방성'은 사람들이 '도시에서 자유롭다'고 느끼거나, 도시 내에서 하나 이상의 집단에 대해 폐쇄되었거나 적대감을 느끼는 공간 혹은 전체 지역이 있는지에 달려있다. 여기에는 거주 지역에서와 이웃들의 혼합 정도, 모든 지역에서 소수민족의 안전과 유동성, 도심의 도서관과 스포츠 센터의 혼합된 이용 수준, 종교들 간의 접촉의 수준과 정도를 평가하기 위한 신앙 간 조직/포럼, 회의 장소의 수를 포함한다.

그러나 그들은 또한 상호문화주의를 확립하기 위해서 사회적 · 경제적 · 물리적 · 제도적 체계의 요소들 간 개방성과 역동적 관계의 정도를 이해할 필요가 있다고 주장한다. 이것들이 '개방성의 결과, 조직화된 개입과 자발적인 노력, 상호문화적인 생활 세계의 살아있는 경험을 반영하기 때문'이다. 여기서 강조하는 것은 개방성에 대한 개념이 주류 공동체의 어떤 호혜적인 의미라기보다는 일반적으로 다른 공동체에 접근하거나, 이러한 과정과 관련된 바람직한 상황과 공평성에 대한 그들의 '인식'이라는 것이다. 그렇지만 우드 등은 상호 간의 교육적인 경험을 바탕으로 주류 공동체와 이주 공동체 간의 이해와 상호작용의 일정 수준이 필요하다고 분명하게 제언하고 있다.

영국문화원은 클라크(Clark, 2008)의 연구를 기반으로 개방도시(OPENCities) 프로젝트(표 7.2 참조)[4]를 통해 기능적으로 지향된 지표를 만들었다. 이 지표는 경제적·규제적·문화적·설비적 구조에 있어서의 '접근성'에 기반한 약 30개 도시의 '개방성'에 관한 평가를 제공하지만, 또한 주류 공동체의 관점을 평가하기 위한 인식 지표도 일정 부분 포함하고 있다. 그 결과는 11개 영역 내에서 50개 이상의 지표로 구성된 조직하기 힘든 색인이었고, 개방성이 실제로 무엇을 의미하는지에 대한 다소 의문스러운 가정들도 포함되어 있었으며, 대부분은 노동 시장에서 국제 이주자의 위치와 그들이 얻을 수 있는 지원과 권리에 관련되어 있었다. 클라크는 '국제 인구를 끌어들이고 존속시키는' 도시 개방성에 관한 경제적 사례를 만들었다. 이러한 인구는 노동력에 기여할 뿐만 아니라 삶의 질은 물론 국제적인 기업 · 행사 · 투자자에게 도시의 다양한 매력을 제공할 수 있을 것이라고 언급하였다(Clark, 2008, p.16).

표 7.2 도시 개방성 지표

이주
국제 인구의 보유, 유입, 구성, 자격; 외국 출신 퇴직자의 비율; 민족 다양성에 대한 가치 인식. 예를 들어 '민족 다양성은 나의 삶을 풍요롭게 함'

자유
정치적 권리와 시민의 자유; 법 집행 및 민법 집행의 적용. 예를 들어, 인종주의와 관련; 외국인 투자의 자유; 미디어: 검열, 다양한 국제 TV 채널 및 국제 신문

진입 장벽
이주민의 접근성; 진입의 용이, 통합, 권리; 외국 노동력의 고용 용이성; 외국인의 부동산 시장 접근성; 외국인 투자 및 소유—확대 및 장려; 이주에 대한 공적 태도

국제적 행사
국제 박람회 및 회의; 횟수 및 유형

국제적 입지
대사관의 수, 국제 기업 및 단체 (NGO 포함) 및 외국인 투자 금액

교육
국제 유학생의 비율; 대학의 질과 모든 연령의 어린이를 위한 교육 가능성의 선택

국가 간 흐름
관광객 및 방문자

기반(인프라)
인터넷 가용성 및 사용; 전화 서비스; 세계 접근성, 모든 대륙 주요 도시로의 국제선(직항) 선택

삶의 질
삶의 요소들의 질; 실업률, 선주민과 외국 태생 인구 사이의 실업률 차이; 범죄 수준, 건강 및 병원 서비스; 인식: 다른 종교와 민족성에 대한 신뢰

삶의 표준
1인당 GDP, 연평균 성장률; 임대료 및 세금 포함 생활비

다양성 행동
이주 관련 정보 제공의 공식 웹 사이트; 환영서비스와 정보(새로운 이주민을 위한 필요 절차, 특정 커뮤니티 센터, 이벤트, 자문위원회); 통역; 서비스의 용이성; 언어 및/또는 통합프로세스와 소속감 향상을 위한 기타 조치들

출처: British Council(2010)

상기의 요소에 기초하여 도시들의 순위가 정해졌다. 26개의 도시에서 런던이 최상위였으며, 뉴욕, 토론토와 같은 초다양성의 도시들이 그 뒤를 뒤따랐다. 케이프타운, 소피아, 충칭은 26개 도시 가운데 하위에 있었다.

개방도시(OPENCities) 프로젝트는 이주를 도시의 경쟁력을 더하는 요소로 간주하는 국제화와 인구 전략을 특별히 강조하면서 이주와 도시 경쟁력 사이의 연계성에 관한 정책과 실천을 도모해 갔다. 그리고 여러 도시에 도착한 수많은 새로운 거주민들이 사회·경제·문화 발전에 있어 혁신과 진보를 위한 큰 기회를 창출한다고 제언한다. 이러한 도시들은 또한 지역 수준에서 사회적 결속과 안정성에 대한 막대한 도전을 제기하지만, 도시가 통합과 결속을 위한 국가적인 과정을 돕는 중요한 역할을 할 수 있다고 제안한다. 나아가 만일 도시가 국제적으로 연결되기 위한 계획을 추구한다면, 그 도시들은 글로벌하게 정치와 경제 변화를 이끌 수 있는 국제적인 역할을 할 수 있다. 영국문화원이 인정하는 성공 기준은 재능이 있고 숙련된 사람들을 끌어들이는 능력과 현시대의 경제에 필요한 균형 있고 결속력 있는 인적 자원을 구축하는 것이다. 이것은 물론 안전과 안보 의식 아래 함께 살아갈 수 있는 다양한 공동체의 존재 여부에 달려있다. 개방성에 영향을 주는 요인 중 일부는 도시의 직접적인 통제를 넘어서지만, 많은 부분은 도시의 역량이나 직접적인 영향력 내에 있다. 도시의 정체성과 특징은 다음과 같다. 교육과 주거 및 문화 제공, 이를 실천하고 또한 장려할 수 있는 참여 형태로서의 지역 민주주의가 그러하다.

개방성은 특별히 새로 정착한 이주민의 통합에 초점을 두고 있으며, 다양성에 대한 창조적이고도 기업가적인 태도로 이익과 장점들을 잡아낼 수 있는 개방적인 도시와 국가로 연결시키고 있다. 또한 개방성에서의 통합의 개념은 권리와 평등을 중심으로 만들어졌기 때문에 동화에 대한 우려를 피할 수 있다. 이러한 통합은 리더십의 중요성을 인식하고 개방성을 지지하는 의견과 윤리적 환경을 조성하지만, 이주에 영향을 받은 국가와 도시 거주자들의 태도가 이주민에게 덜 적대적인지, 세계화와 초다양성이 만드는 변화를 덜 두려워하는지에 대한 여부는 지켜보아야 한다. 실제로 유럽의 전역에서 사람들이 표현하는 주요한 우려 중 분명한 하나는 이주민들에게 '너무 개방적'이라는 것이다. 극우는 이 기반 위에 플랫폼을 구축하고 있으며(Goodwin, 2011), 이주민을 주류 공동체의 경제적 지위에 대한 위협과 함께 더 큰 우려의 존재인 문화적 위협으로 보고 있다(Goodwin, 2011c).

유입 이주에 대한 어떤 의미 있는 통제가 없다면, 개방적인 국경의 의미에서 '개방성'은 분명 정치적이고 사회적인 문제로 여겨질 것이다. 그리고 논쟁은 변함없이 '인종'으로 돌아가게 될 것이다. 이주민은 대개 비백인(그리고 증가하는 비기독교인)으로 백인과 기독교 공동체를 문화적으로 위협하는 존재로 여겨질 것이다.

상호문화주의와 차이

다문화주의는 신체적 특성에 대한 그릇된 생각인 구시대적 발상의 '인종'이라는 개념을 신뢰하던 시기에 만들어졌다. 후에 다문화주의는 민족적 차이와 신앙의 구분에 기초한 정책으로 발전하였는데, 민족적 차이와 신앙 구분 중 일부는 공공 정책의 목적을 수행하기 위해서 '인종적' 집단으로 분류되었다. 결국 민족과 신앙으로의 구분은 본질적으로 '인종' 개념과 동일한 관점에서 이해되는 듯 보였다. 다문화주의의 진보적인 형태는 하이픈으로 연결된 정체성이라는 발상을 포용하였고, 민족성 및/또는 신앙을 출신 국가나 거주지와 종종 결합시켰다. 그러나 이러한 혼합된 정체성, 이중 또는 다중 정체성은 단 한 가지 개념의 정체성에 기초한 것과 같이 매우 동일한 방식으로 단일화되고 고정되는 경향이 있다.

공동체 결속 프로그램은 2001년 영국의 여러 북부 도시에서의 인종 폭동을 조사한 뒤에 수립되었다. 나아가 결속력 활동은 성적 지향, 장애, 연령, 사회 계층과 기타 차이들에 근거한 분리와 갈등을 다루기 위해 개발된 프로그램들을 통해 차이의 폭넓은 개념은 빠르게 인식되었다(Cantle, 2008). 모든 형태의 차이에 대한 우려가 확대되는 것은 부분적으로는 지역 수준에서의 실제적인 배치 때문이다. 경찰서, 지방 당국, 교육 시설들을 포함하는 지역의 법적 기관들은 현재 모든 증오 범죄를 기록하고 대응하고 있으며, 피해자를 보호하도록 장려하고 도와주는 공동체 단체들에게서 주로 지원을 받는다. 따라서 이와 같은 모든 기관들은 서로 다른 기준들을 포괄하는 일정한 교육을 받고 공동의 행정 체계와 과정을 개발해야 한다. 영국 대부분의 지역에서 경찰국은 몇 년 동안 일부 증오 범죄 및 인종에 관한 자료들을 분석하였고, 2008년 4월 1일 이래로 5개 요소의 증오 범죄 자료를 수집하였다(ACPO, 2010). 그 숫자는 인구 통계 특성에 따라 분할 관리되는 경찰 지역(일반적으로 주(州, County) 단위로 구성)에 따라 다르다. 그러나 '차이의 정도'는 보고의 용이성, 경찰 서비스에 대한 신뢰, 각 경찰국의 보고 권고 정도를 반영하고 있는 것으로 보였다.

표 7.3은 2009년 잉글랜드, 웨일즈, 북아일랜드에서 보고된 증오 범죄를 보여 준다. '인종'에 의한 증오범죄가 지배적인 반면에 다른 요소들에 의한 것은 약 1/5이다. 인종 혐오 범죄 보고와 관련된 관행을 감안해 볼 때, 장애와 관련하여 제시된 바와 같이 다른 요소들에서는 축소 보고되었을

가능성이 매우 높다(EHRC, 2011).

여러 요소들을 가로지르는 증오 범죄의 발생은 인과적으로 연결되어 있으며, 편협하고 폐쇄적인 공동체는 모든 형태의 차이에 대해 더욱 두려움과 저항을 나타내는 경향이 있다. 이것은 분명히 아도르노 등(Adorno et al.)의 저작에서 비롯된 '권위주의적 인간성'에 대한 연구의 중요 부분이기도 하다(1950). 사실상 모든 극우 집단은 게이, 레즈비언, 흑인, 소수민족, 비기독교인들을 향한 편견의 시선을 분명하고 강경하게 유지하고 있으며, 이러한 관점을 강조하는 나치 독일은 이들과 다른 집단들을 실제로 멸절시키려 했었다. 더욱 최근에는 개인들의 분리와 고립이 극우 영국국민당(British National Party)의 구성원이 되고자 하는 경향과 연관되어 있다(Biggs and Knuass, 2011).

표 7.3 잉글랜드, 웨일즈, 북아일랜드의 증오 범죄 총계(2009)

증오 범죄	건수
인종	43,426
종교/신앙 (그 중 반유대 703건)	2,083
성적 취향	4,805
트랜스젠더	312
장애	1,402
총	52,028

참조: Association of Chief police Officers (ACPO, 2010)

나아가 휴스턴 등(Hewstone et al., 2008a)은 북아일랜드 내 한 가지 차이를 갖는 영역(파벌주의)에 대한 반감이 새로운 다양성 영역(인종과 소수민족)으로 확장되는 직접적인 연관성을 보여주었다.

> 비록 오랫동안 거의 전적으로 공동체 간의 관계에만 관심이 있었지만, 북아일랜드는 이제 유럽의 거의 모든 다른 국가들처럼 보다 폭넓은 의식으로 다양성에 대해 생각하고 있다. 우리는 다른 (인종적, 민족적) 소수 집단에 대한 태도 변화가 다른 공동체를 보는 방식에 대한 변화로 이어진다는 이웃 접촉의 간접적인 효과를 보았다. 따라서 공동체 간의 접촉을 신장시키기 위한 노력이 일반적으로 공동체 관계에 긍정적인 영향을 미칠 수 있으며, 진정으로 포괄적인 비인종차별적이고 비종파주의적인 북아일랜드로 성장시킬 수 있다. 간접적인 친교로의 전환이 보여주고 있는 우리의 자료를 보면 온화하고 비위협적인 형태의 접촉은 차후의 '준비'를 통해 외부 집단 구성원들과의 직접적인 접촉의 증가로도 이어질 수 있다고 본다.
>
> (참조: Hewstone, 2008a, p.75)

2010년 영국의 (단일) 평등법(HM Government, 2010)은 법정 의무에 차이와 관련된 모든 영역을 명시하였다. 실제로 단일 평등 기구인 평등인권위원회(EHRC)를 만들고 법률에 의거하여 '차이'는 모든 사람을 포함해야 하며 일관된 기준으로 대응할 것을 인정한 것이다. 따라서 차이의 개념과 인식은 이 법에 의해 다음의 9가지로 지정된 '보호 영역'으로 확장되었다.

- 연령
- 장애
- 젠더 전환
- 결혼 및 동반자
- 임신 및 출산

- 인종
- 종교 또는 신념
- 성별
- 성적 지향

나아가 이 법은 공공 기관의 의무로 간주할 필요가 있는 다음의 사항을 제정하였다.

> (a) 이 법에 의해 금지되거나 이 법 아래에 있는 차별, 괴롭힘, 희생 및 기타의 행위를 근절한다.
> (b) 관련 있는 보호되는 특성을 공유하는 사람들과 이 특성을 공유하지 않는 사람들 간의 기회의 평등을 증진한다.
> (c) 관련 있는 보호되는 특성을 공유하는 사람들과 이 특성을 공유하지 않는 사람들 간의 좋은 관계를 육성한다.
>
> (참조: HM Government Equality Act, 2010, s149)

모든 형태의 차이를 가로질러 '좋은 관계 육성'의 필요성이 제기되면서 사회 · 경제적 요인과 문화적 요인의 범주에 의해 분리된 고립적이고 폐쇄적인 공동체에서의 다양한 편견 형태와 그 기원의 연계성이 드러났다. 공동체들 간의 분리와 증오 범죄의 실재는 여러 가지 '보호되는 특성'에 기초되었고, 지금까지 매우 다양한 토대들에서 개념화되고 대응되어 왔다. 예를 들면, 장애 증오 범죄는 '깊게 자리 잡힌 적개심과 편견'(EHRC, 2011, p.163)의 문제로 이해되었다. 소수 종교 혹은 신앙과 자신과 다른 종파에 대한 증오 범죄는 종파적인 경쟁 탓으로 돌린다. 특별한 욕구를 가진 사람들을 공격하는 것은 명백히 '무지' 때문이다. LGBTI(성소수자) 공동체를 협박하거나 공격하는 것은 '편협'과 '비자유주의'로부터 나온 결과로 보인다. 그러나 다문화 이론에서는 다른 민족성의 사람들에 대한 공격을 종종 빈곤의 기능이나 식민주의의 유산으로 간주해 왔다. 각 영역들마다 분명하게 자신의 고유한 맥락을 가지고 있었다. 모든 형태에서의 고정관념과 편견의 감소, '차이'에 대한 두려움을 약화시키는 상호작용 프로그램의 입증, 그리고 모든 요소들을 가로지르는 태도와 행동의 변화에 대한 관심이 새롭게 부각되고 있다. 모든 차이들 간의 연계성을 본다면, 샌더코크(Sandercock, 2004)가 제시하듯이, 문화의 본성과 그로 인한 차이의 본성은 역동적이고 끊임없이 재협상되는 것으로 보아야 하며, 이러한 쟁점들을 개념화하는 것은 사고의 전환에 달려 있음을 받아들여야 한다. 인종주의의 유산은 '문화'의 관념에 '구별성'과 같은 근본적인 의식이 뿌리박혀 있어, 그동안 '인종'에 대한 관념이 너무나 정당하게 옹호되었었다. '유산', '뿌리', '자기 자신을 찾는'이라는 개념들과 연관되는 문화에 관한 초점은 개인의 정체성이 다른 사람들과 함께하고 다른 사람들과 연계해서만 이해될 수 있다는 것을 인정하기보다는, 다른 정체성들에 대해 판단할 수 있는 강한 개인적 존재 의식만을 키우는 구실이 되었다. 아이러니하게도, 일부 비평은 또한 문화적 요인에 대하여 '지나치게 강조하는 것'을 맹렬히 비난하였다. '물질적이고 구조적인 맥락'(McGhee, 2003)의 고전적 마르크스주의의 입장에서 전환하여, '인종'을 사회적인 구성체로 인정하기 때문이다. 실제로 다문화주의가 문제시되고 있는 두 지점은 정체성을 더 이상 '인종'의 렌즈를 통해서만 보지 않는다는 점과 편견 · 차별 · 증오범죄 · 공동체의 긴장 및 갈등이 차이의 수많은 양상들을 반영하고 있다는 점을 인지하지 못했기 때문이다.

모든 차이를 포함하는 프로그램을 개발하려는 시도가 있었다. 예를 들어, 앞에서 언급한 문화가교상(ABCs) 프로그램(iCoCo에서 ABCs, 2009)은 분명하게 '문화적 차이'에 중점을 두었으며, 기획의 공표와 지침에서 '상호문화성'이라는 용어를 채택하였다. 그러나 '차이'에 있어 폭넓은 범위의 참가자들을 유치하는 데는 성공하였지만, 이것은 일반적으로 '문화적'으로 간주되지 않는 예를 들면, 세대 간, 종파 간, 장애성의 차이에 관한 것이었다. 그러나 세계화와 초다양성의 시대에서 성공하기 위해 상호문화주의는 이보다 더 나아가 차이의 역동적인 본성을 인정하고 보다 넓은 지리 정치학과 국제적인 요소들을 포함하는 위치에 있어야 한다. 이전의 장에서 논의된 바와 같이, 여기에는 갈수록 세계화되어 가는 세계에서 권력과 정체성의 상실이라는 인식에 기초한 민족국가의—그리고 민족국가 내에서 지역운동과 분리주의 운동— 의식 축소가 있었다. 지난 세기에 나타나기 시작한 국제주의 정신은 제2차 세계대전 이후 사람들 사이의 공통된 인간성을 인정하고, 이제 막 경험한 전쟁의 끔찍한 영향을 종식시키기 위해 추구되었지만, 이제는 사라져가는 것으로 보인다. 국제주의는 세계화와 초다양성의 새로운 시대에 비추어 기대되었던 것과는 정확히 정반대였다. 사실상 현재의 '정체성 정치'는 1945년의 유엔(UN) 창설 열망과는 다소 상충하고 있다. 유엔 헌장(United Nations, 1945)은 '평등권의 원칙을 존중하는 것을 기초로 하여 국가들 간의 우호적인 관계를 발전시키고 인종, 성별, 언어, 종교의 구별 없는 […] 국제적인 협력'을 위한 비전을 제시하였다.

세계인권선언은 재차 경험한 제2차 세계 대전을 통해 국제 사회가 이제 막 직접 목격한 것과 같은 잔악함을 결코 두 번 다시는 허락하지 않겠다고 맹세하면서 1948년에 만들어졌다. 세계의 지도자들은 모든 개인의 권리를 어디에서나 보장하기 위한 기본 지침과 함께 유엔 헌장을 보완하기로 결정하였으며, 이러한 열망을 담아 작성되었다. 이는 인류 공동체의 모든 구성원의 평등하고 양도할 수 없는 권리가 세계의 자유와 정의 그리고 평화를 위한 기초라는 것을 인정한 것이다.

> 모든 사람은 인종, 피부색, 성별, 언어, 종교, 정치적 또는 그 밖의 견해, 민족적 또는 사회적 출신, 빈부, 출생 또는 기타의 지위 등에 따른 어떠한 종류의 구별도 없이, 이 선언에 제시된 모든 권리와 자유를 누릴 자격이 있다. 나아가 독립국이든 신탁통치지역이든, 비자치지역이든 또는 그 밖의 주권상의 제한을 받고 있는 지역이든, 그 나라나 영역의 정치적, 사법적, 국제적 지위를 근거로 차별이 행하여져서는 안 된다.
>
> (UN, 1948)

세계인권선언은 법률에 의해 뒷받침되어야 하는 광범위한 정치적 자유(liberties), 권리, 자유(freedoms)를 선언하는 30개의 조항으로 작성되었다. 특히 관련 조항으로는 '박해를 피해 다른 국가로 망명을 신청하고 지낼 수 있는 권리'(제14조)와 '사상의 자유, 양심의 자유, 그리고 종교의 자유를 누릴 권리가 있다. 이 권리에는 종교 또는 신념을 바꿀 수 있는 자유'(제18조)를 포함하고 있다.

이와 유사하게 유럽평의회는 '회원국들 간의 보다 큰 화합'을 신장하기 위한 목적을 갖고 1949년에 설립되었다. 유럽경제협력기구(OEEC)는 긴급한 재건의 과제를 안고 1947년에 설립되었지만 협력 기반을 확대시켜 나갔고, 이후 1960년에 창설된 유럽경제개발기구(Cooperation and Economic Development, OECD)로 발전하였다. '유럽의 지도자들이 지속적인 평화를 보장하는 최선의 길은 협력과 재건을 장려하는 것'[5]이라고 깨달았기 때문이다.

주목할 점은 이 시기부터 여러 국가들이 함께 일하는 것을 열망하는 분위기가 되었다는 점이다. 세계화는 이러한 열망 위에 구축되고 국가들에 영향을 줌으로써 국가들이 더욱 가까워질 것이라고 기대하였지만, 오히려 세계화는 우리를 더욱 분명하고 현저하게 '구분'지은 것 같다. 첫째, 이슈의 초점들이 옮겨지고 있었는데, 우선 개인의 권리 확립으로의 전환이었다. 유럽평의회와 유럽인권협약(European Convention on Human Rights)의 감독, 그리고 공동체의 권리와 개인의 권리라는 균형에 있어 논란의 여지가 있을 수 있는 과제로의 전환이었다. 둘째, 국제 협력의 개념은 국경을 가로지르는 무역을 촉진하기 위한 규제 협약에 대한 합의 및 표준화의 측면과 의약품, 약물 남용 방지에 관한 주요 위험과 자연 및 기술 재해에 대한 대응 측면으로 여겨졌다. 이러한 변화는 매우 가치 있지만, 인류의 존엄성에 기반하였던 본래의 열망에는 거의 관심을 기울이지 않고, 이와는 멀리 떨어진 초국가적인 차원에서의 제도적인 발전에 중점을 두었다.

유럽연합(EU)의 창설이 전쟁 후에 이루어진 것은 맞지만 지금과 같은 숭고한 이념에 기초하지는 않았다. 유럽연합은 초기 전신인 1951년 유럽석탄철강공동체(ECSC)에서 발전하여 1958년에 유럽경제공동체(EEC)가 되었다. 유럽연합(EU)은 그 후에 만들어졌으며, 유럽중앙은행(European Central Bank), 유럽사법재판소(Court of Justice) 및 유럽의회(European Parliament)를 포함한 광범위한 중앙 기구들을 갖춘 회원국 27개국으로 성장하였다. 유럽연합은 자본, 인력, 상품, 서비스의 자유로운 이동을 강조하는 단일시장을 장려하였다. 유럽연합은 현재 농수산물 정책을 대부분 통제하고, 지역에 기초하여 사회 발전과 경제 발전의 여러 측면들을 지원한다. 또한 안보 정책을 감행하였으며, 방위와 외교에 있어서 새롭지만 제한된 역할을 수행한다. 특히 유로화지역(Eurozone)은 1999년에 제정되었으며, 현재 19개의 회원 국가가 있다.

유럽연합은 여러 국가에서 유로화를 사용하여, 모든 국경에서 여권의 통제 없이 사람들이 훨씬 더 자유롭게 여행할 수 있도록 하였다. 제회와 서비스는 동일한 표준을 적용하였으며, 일상생활의 여러 양상들은 현재 국경을 넘어 공유되고 있다. 그러나 오히려 '다양성의 역설'처럼, 국제기구의 성장은 그들의 공유된 개념보다는 분리된 정체성을 향해 사람들을 이끄는 것으로 보인다. 게리 영(Gary Younge, 2010)은 유로화의 도입에 관하여 이렇게 설명한다. 그는 유로화의 도입이 이율과 경제 주권을 넘어 국가 권력을 양도하는 결과를 가져왔을 뿐만 아니라, 개별적으로 디자인된 통용 지폐와 동전이 민족정체성의 상징 축소로도 이어지면서 민족정체성의 중요한 요소가 손실되었다고 보았다.

앞에서 제시한 것처럼, '민족주의와 세계화' 사이를 구분하는 것에 초점을 두고 있는 중도 정치인들보다 오히려 극우가 새로운 역동성을 더 잘 이해하고 있는 것으로 보인다(Le pen, 2011). 쿠페루스(Cuperus, 2011)는 '유럽의 신대중영합주의 시민의 반란은 현대 사회의 거대한 변화, 특히 세계화·유럽화, 후기 산업화와 다문화주의화의 과정을 대표하는 의미가 아니라, 이로 인해 희생된 의미로 이해해야 한다'고 제언한다. 극우를 지지하지는 않지만 영(Younge, 2010)은 이러한 '권한 상실'의 의미를 확실히 한다.

> 그러나 진실은 정체성과 관련하여 세계와 지역은 공생 관계가 있다는 것이다. 세계가 작아지고 우리가 세계에 대해 갖고 있는 통제력이 줄어들면, 우리는 영향력을 행사할 수 있는 지역 단위로 후퇴하기 쉽다.

몇몇 글로벌적인 정체성들이 등장하고 있다. 특히 보다 적극적인 신앙에 기반한 디아스포라의 성장이다. 세계 전역에 퍼져있으면서 종종 비우호적이거나 적대적인 국가 혹은 지리-정치적 세력(geo-political forces) 하에 살고 있는 이주민 공동체들에게 '모교(母校)'나 정신적 고향을 제공하고 있다. 또한 우리는 국경을 초월할 수 있는 글로벌 통신에 의해 지원되는 초국가적 연합이라는 다른 형태의 성장을 보기도 했다. 아랍의 봄에서 소셜 미디어의 사용은 사람들이 자신의 국가 내에서 다른 사람들과 연결되고 기존의 리더십에 도전할 수 있었을 뿐만 아니라, 국경을 넘어 다른 국가들과 생각을 교류하고 변화하고자 하는 보편적인 운동을 만들었다. 반자본주의 운동 역시 이와 유사하게 국경을 가로지르며 활동하고 있다.

세계화와 초다양성에 대한 대응에 있어 정치 엘리트들에 대한 신뢰와 영향력이 매우 위태로워지게 되자, 정체성의 민족주의적 개념을 거듭 주장하고 민족적 연대를 강화하려는 시도가 도처에서 나타났다. 이러한 현상은 이해할 수 있지만, 민족국가가 정치 공동체로서 유일하게 실행 가능한 기구로 간주되는 한 문제는 지속될 것이다. 따라서 이와는 반대되는 입장도 —점점 더 세계화되고 있는 정체성의 미래를 준비하기 위한— 필요하다. 세계화된 세계에서 점점 더 여러 압력과 변화에 압도당하게 될 우리는 우리 자신에 대한 과거 개념에만 사로잡혀서는 더 이상 버틸 수 없다. 세계화된 정체성과 민족정체성들은 서로 대립적인 것이 아니며 상호보완적인 것으로 여겨져야 한다.

상호문화주의를 향하여

여기에서는 위의 토론들과 이전 장들을 요약하고 있으며, 상호문화주의에 대한 관점을 제시하고 있다. 이 내용은 다양한 정책과 실천적인 함의를 제시하는 다음 장에서 뒷받침된다.

다문화주의의 유산은 장단점 모두를 지지고 있다. 다문화주의는 후기 식민지 시대에 내재한 인종주의를 극복하기 위한 치열한 전투를 하면서 소수민족들을 위한 권리 체제를 만드는 것을 도왔다. 또한 문화다원주의의 개념을 강하게 지지하고, 다른 공동체의 유산을 유지하고 동화를 통해 정체성이 사라지는 것을 피해야 한다는 필요성에 대한 강력한 지지를 확립하였다. 그러나 다문화주의는 더 이상 정치적이거나 대중적인 지지를 누리지 못하고 있다. 적어도 주류 공동체의 시각에서 본다면 다양한 사회를 위한 긍정적인 사례를 확립하는데 전반적으로 성공적이지 못했기 때문이다. 지난 10여 년간 특히 공동체 결속과 상호문화대화(ICD) 프로그램의 결과로서 공동체의 관계가 어느 정도 개선된 것이 확인되었음에도 불구하고 '다른 사람'에 대한 두려움과 세계화의 속도와 전례가 없는 규모의 인구 이동에 대한 두려움은 여전히 증가하고 있다. 이러한 두려움은 사람들이 일반적으로 새로운 시대를 맞이할 준비가 되어 있지 않았으며, 변화를 더욱 두려워하게 되었고, 전통적인 정체성과 그것을 지지하는 네트워크로 후퇴하는 경향이 있음을 의미한다.

어떤 정치인이라도 적어도 재선되기를 기대한다면, 다양성에 대한 긍정적인 사례를 제시하는 게 어렵다고 선언할 것이다. 그러나 이러한 사례는 새롭게 만들어질 수 있다. 그리고 실제로 모든 사회가 더욱 다문화적으로 되어가고 있기 때문에 만들어져야만 한다. 다문화 공동체에서 살아가는 사람들은 일반적으로 다양성에 대해 지지하고 어느 정도의 다문화 역량을 습득하고 있는 반면에, 반대로 '다른 사람'에 대한 의미 있는 경험이 거의 없는 배타적인 공동체에서 살아가고 있는 사람들은 그렇지 못하다. 다른 사람을 향한 사람들의 태도와 행동을 바꿀 수는 있지만, 전반적인 분위기와 의견들이 반대로 향하고 있는 경우에는 결코 쉽지가 않다. 소위 공동체 지도자로 불리는 여러 소수를 포함한 지도자들과 특히 정치인들은 다른 사람들의 이익을 희생시키며—그리고 일반적으로 공동체 결속을 희생시키며— 특정 유권자에 호소함으로써 자신들의 권력과 영향력을 유지할 수 있다고 믿고 있다. 그러나 리더십은 시민 사회, 기업 조직, 교육가 및 그 외의 것에서 비롯된다. 전통적인 대결 노선에 신물이 난 그래서 휴머니즘에 바탕한 사람들 간의 수평적 연결을 창조하려는 젊은이들 사이에서 새로운 운동을 만들려는 조짐들이 나타나고 있다.

그러나 이것이 다른 배경의 사람들과 다른 이해관계에 있는 사람들 사이의 긴장과 갈등이 갑자기 마법처럼 사라지게 될 것임을 의미하지는 않는다. 게다가 세계가 더욱 다문화적이 됨으로써 긴장과 갈등이 증가하고, 여기에는 지속적인 협상과 조정이 있게 될 것이다. 이것은 변화의 독특한 필연적 본질이다. 여기에는 특정 언어와 서로 다른 문화적 표지들의 보호에 대한 현재의 논쟁들이 포함되며, 민족국가가 무엇을 의미하고 스스로를 어떻게 정의하길 바라는지에 대한 끊임없는 논쟁을 예상해야만 한다. 다문화주의의 문제점 중의 하나는 이러한 논쟁들을 일축했다는 데에 있다. 소수에게 불이익을 줄 수 있다거나 극우파에게 '활력의 여건을 제공'할 수 있다는 전제 때문이었다. 바로 이러한 전제, 사회 전체가 변화를 받아들이기 어렵다는 것, 또 정치적 의제를 핑계로 새로운 기회를 거부한다는 것, 이 자체가 다문화주주의 한계이다.

다문화주의에 관한 지난 논쟁은 주로 이주에 관한 것이었다. 찬반양론은 일반적으로 경제적인 사항에 근거하여 논의되었고 대거 이주를 억제하고 구성원의 수를 제한하는 방식으로 나타났으며, 이러한 대처는 기존 인구의 일부 생계와 사회적 위치를 위협한다는 인식을 강화하였다. 그러나 극우에게는 이주에 대한 우려가 더 근본적이었으며, 현재 세계 금융과 상업적 압력에 대처하는 국가 정부의 무력감과 민족정체성 상실이라는 우려가 추가되었다. '개방성' 개념은 이에 대한 하나의 대응이며, 기업가 정신과 창조성의 견인차로서 다양성(특히 도시)에 대한 사례를 만들기 위한 시도이다. 개방성은 일부에서 상당한 지지를 받고 있지만, 더 큰 개방성의 제안, 특히 국경에서의 개방성은 대중의 지지를 얻기가 어려웠다. 논쟁의 대부분은 필연적으로 인종적이고 외국인 혐오적인 맥락에서 이루어졌나. 반면에 보다 광범위한 인구 또는 경제 전략에서 이를 찾으려는 시도는 거의 없었다.

그래서 상호문화주의의 관점은 한 편에서는 과거로부터 확실히 벗어나 우리가 열망하는 사회적 관계의 비전을 토대로 매우 미래 지향적일 필요가 있지만, 또 다른 한편에서는 사람들이 가지고 있는 염려와 두려움 또한 이해하고 받아들여야 한다.

'인종'은 사회적 · 정치적으로 구성되었지만, 생물학적인 측면에서는 하나의 인간 종이다. 우리는 정체성이 근본적인 토대가 되는 민족, 신앙, 그리고 기타 특성들에 의해 형성된다는 생각의 함정에 빠지지 말아야 한다. '문화'는 또한 역동적인 개념으로 간주되어야 한다. 문화는 끊임없이 만들어지고 재생산되며, 개인이 자신의 정체성을 보는 방식과 특정 집단 및 공동체들이 스스로를 표현하는 방식은 시간이 지남에 따라 변할 것이다. 다종교사회와 다문화사회라는 새로운 시대에서 국가는 어느 하나에 다른 것을 넘어서는 특권을 부여하는 것을 피해야 한다. 이것은 국가가 일부 형태의 문화 보존에 투자해서는 안 된다고 말하는 것이 아니다. 민족국가를 넘어서 '상호 간 대화가 장려되는 공동체'로서의 국가 발전을 저지하려는 보호주의를 매우 경계해야 한다는 것이다. 단일정체성—만일 그러한 것이 있었다면—은 더 이상 규범이 아니며, 민족, 신앙, 성적 특질이나 다른 특성들 사이에서 선택되어지는 것이 아니다. 아마 동등한 정도는 아니겠지만 확실히 우리는 자신에 대한 여러 가지의 개념들을 동시에 완전하게 지닐 수 있다.

또한 국가는 과거뿐만 아니라 미래에도 투자해야 한다. 과거의 성공(또는 실패)에 기초한 민족의 가치와 역사에 대한 교육은 국제적인 개념과 세계적인 개념에 균형을 맞출 필요가 있으며, 점점 세계화되어 가는 세계에서 사람들이 갖추어야 할 '문화 항해의 기술(cultural navigation skills)'을 구축할 필요가 있다. 역사는 우리가 역사에 의해 정의되기보다 우리가 역사로부터 배울 수 있는 방식으로 가르쳐져야 할 필요가 있다.

무엇보다 지금은 공유 사회와 혼합된 공동체에 대한 비전이 필요해졌다. 다문화주의의 정책과 실천이 그러하듯이 이주의 역사는 그 비전에 반하는 작용을 하였다. 인종, 민족성, 사회 계층 또는 기타 인구통계학적 요인에 의해 명확하게 구분된 사회는 공동 유대를 구축하고 공정성이라는 공유된 개념을 만들기 위해 언제나 고군분투할 것이다. 이것이 이제 모든 공동체가 '용광로'에서 혼합되도록 계획되는 것과 반대 방향으로 기울어져야 한다는 것을 의미하는 것은 아니다. 실제로 일부 군집화의 형태는 문화 및 사회 시스템을 지원하는 데 도움이 된다. 그러나 높은 수준의 분리가 있는 서구의 많은 국가들은 그들의 신화와 고정관념(그리고 그들을 다른 사람이라고 확정한다)을 영속시키는 침투할 수 없고 배타적인 공동체들을 이끌었다. '분리'에 대한 우리의 개념은 동화에서 한편으로는 게토로, 다른 한편으로는 '출입 금지' 지역으로 이어진 연속체 중의 하나였을 뿐이다. 이것은 실제의 사회적 구분들과 어긋나있다. 분리(그리고 통합)는 여러 다양한 수준에서 가능하다. 또한 갈수록 다면화되어 가는 정체성과도 맞지 않는다. 사람들은 이제 환경에 따라 다른 방식과 다른 속도로 자신을 나타낼 것이다. 인종에 너무나 사로잡혀 있던 다문화사회는 또한 공공 영역 내에서 차이의 여러 형태들의 성장, 특히 신앙과 성적 지향의 출현을 인식하는 데에도 실패하였다.

세계화와 초다양성은 심지어 더욱 심각한 도전들을 야기하였다. 민족국가는 전에 없는 압력을 받고 있다. 물리적인 의미의 국경을 통제하는 것은 점차 어려워졌고, 국제적 통신—현실 및 가상—의 급격한 변화는 민족정체성 기반의 사상적 통제와 영향력이 훨씬 적어지고 있고 그에 따른 정서적 애착과 연대의 유연성이 나타나고 있음을 의미한다. 현재의 대응은 이에 대한 통제를 엄격하게 하거나, 외부인의 영향력을 제한하거나, 민족서사의 개념을 강화하기 위한 노력에 머물고 있다. 이러한 노력들은 단기적으로 얼마간의 영향을 줄 수 있다. 그러나 문화적 역량과 자신감을 높이고, 세계 시장에서 개인의 경쟁력을 향상시키며, 자신감을 구축하고 두려움을 감소시킬 수 있는 깊게 숙고된 프로그램의 보완이 필요하다. 특히 더욱 국제적인 협력과 협업을 증진하는 것이 필수이다. 세계는 더욱 세계화되고 다양해지고 있지만, 정치 체계와 정치 과정—국가 내에서와 국가들 간에—은 대부분 변화되지 않고 남아 있다. 따라서 상호문화주의는 지난 세기 중반에 있었던 국제주의 정신을 다시 발견하고, 다양한 수준에 기초한 인구구성원들과 연동할 수 있는 실천으로 나아가야 할 것이다.

8장

상호문화주의: 정책과 실천

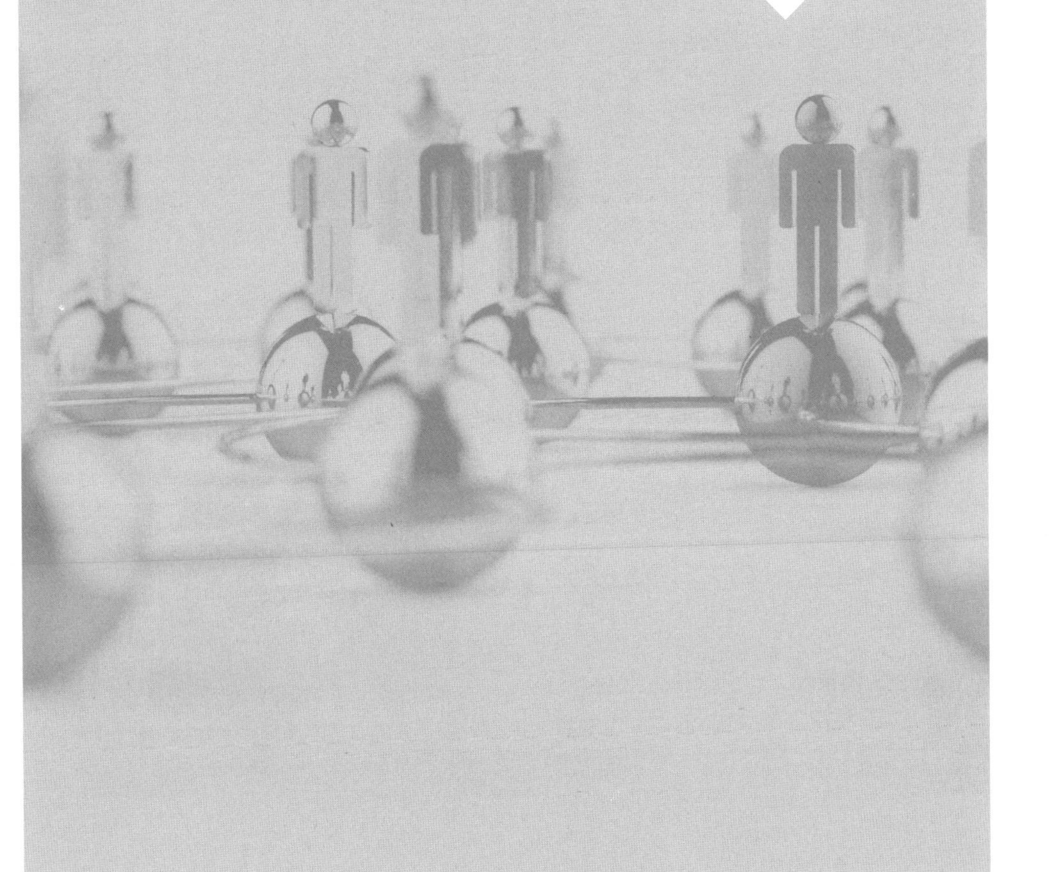

지금까지 앞에서 다루었던 많은 논의들은 갈수록 상호 연결되고 상호 의존적인 세계에서 함께 살아가는 것을 배울 수 있는, 발전을 위한 새로운 방식의 필요성과 이를 위한 근본적 변화의 필요성을 지적하고 있다. 물론 각각의 사회는 다르기 때문에 상호문화주의 정책과 실천은 이러한 현실 또한 반영해야 한다. 그러나 변화를 위한 진보적이고 미래지향적인 의제에 있어서는 여러 가지 공통된 주제를 제시할 수 있을 것이다. 이미 유럽평의회, 영국문화원, 코메디아 그룹 등에서 진행된 연구들이 구축되어 있지만, 나아가 새로운 접근에 대한 성공적인 이행은 국제적인 합의를 형성하는 것에 달려있다.

리더십과 비전

상호문화주의라는 새로운 모델—또는 다른 사람들과 함께 살아가는 방법에 대한 관점—의 성공은 사람들이 모든 국가, 신앙, 민족 집단에 대한 공통 인류애의 가치를 장려하는 공유 세계와 공유 사회에 대한 비전의 발전에 달려있다고 해도 과언이 아닐 것이다. 앞에서 논의되었듯이, 이러한 비전은 먼 과거에 잠시 눈에 띄었을 뿐이며, 2차 세계 대전의 참혹함을 겪은 후에 가장 강하게 나타났던 듯하다. 그 후 정치 지도자들은 미래의 갈등을 피해야 하고 상처와 분열을 치유해야 할 필요성을 강조했으며, 신뢰와 이해를 구축하고 과거의 쓰라린 반목을 멈추기로 서약했다. 그리고 유럽에서는 적어도 지금까지 가장 오랜 기간 평화가 성공적으로 지속되었다. 협력은 곧 갈등을 몰아낼 수 있지만, 시간이 지나면서 비전은 희미해졌고, 부분적으로는 세계화의 결과로서 새로운 분열의 징조가 나타나고 있으며, 이러한 현상은 미래의 평화를 위협하고 있다.

일각에서는 국가들 내에서의 그리고 국가들 간의 분열을 인간의 타고난 경쟁심과 부족주의에서 기인된 자연적인 현상으로 본다. 그렇지만 이는 말이 되지 않는 것이다. 우리가 중요하게 다루고 있는 분열은 시간이 지나면서 각기 다른 맥락에서 변화한다. 분열은 사회적으로 그리고 정치적으로 정의되었지만, 근원적으로는 정의될 수 없기 때문이다. 실제로 상당한 정치적 지지는 상대 진영과 대치되는 이해관계의 기초 위에서 만들어졌다. 다른 나라에서 국가 이해관계에 대한 위협은 바로 알게 되거나 재발견되며, 신앙 집단은 실제를 매도하거나 다른 집단을 이단시함으로써 지지자들을 규합하고, 한 공동체가 다른 공동체를 눌러야만 번영할 수 있다는 신화를 만들어내기도 한다.

이와 같은 '정치적 차별화'는 여론 통합 그리고 보다 발전된 소통 전략의 출현으로 인해 점점 더 정교화 되고 있다. 정치인들은 그들의 '핵심 투표층'에 대해 민망할 정도로 떠들어대는데, 이는 현재 그들의 특정 이해관계를 중심으로 구축된 정책의 유지가 목표이며, 또 자신들의 권력에 필요한 문턱에 도달하기 위한 몇 가지 새로운 정책을 추가해서 어떻게 추가 유권자들에게 호소할 지가 늘 쟁점이다. 정치 공동체의 분할은 소비 시장의 분할처럼 통상적이 되었으며, 정책이 그 공동체의 특정 인구와 '어떻게 지낼 것인가'를 토대로 결정됨에 따라 정치적 원칙이 포커스 그룹(focus group)들에 의해 좌우되는 실용주의에 길을 내주었다.

물론 정치인들이 그들의 유권자와 연동하고 우려들을 들으며, 이러한 우려들을 다루고 보다 나은 미래를 내다보기 위해 정책을 제안하는 것은 잘못되지 않았다. 그러나 모든 서구 국가들 안에서 정당 정치라는 칼날 위의 경쟁적인 과정, 정부를 미약하게나마 유지하고자 하는 연합과 양당의 협정은 결국 '포괄적인 정부'에 방해가 되고 있다. 이는 '정치란 무엇에 관한 것인가'로, 투표 결과에 영향을 주는 시민 집단의 지지를 얻어—대체로 투표 인구의 50퍼센트에 훨씬 못 미치는—결국 정치인들이 간절히 원하는 정당의 권력을 보장받는 일이다(Demirbag-Sten, 2011). 결과적으로, 잠재적인 증가세를 구축할 미묘한 차이의 정책을 통해 작은 정치적 차별화만 있으면 충분할 것이다. 그들은 시민들이 어쩌면 가장 강력하게 나타내고 있는 그 불만의 표시를—유권자 가입과 동원은 모든 서구 국가에서 사실상 감소하고 있다—무시하는 것을 선택했다. 이런 현상에 대해서 정치인들은 시민들의 관심 부족과 냉담함에 대해 한탄하지만, 정치적 관심이 사실상 전통적인 정당 정치 무대를 초월하는 단일쟁점정치(single-issue politics)로 방향이 돌려졌다는 것을 인지하지 못했다. 시민 사회 조직 구성원의 수준은 성장하고 있는 반면에 정당 정치 구성원의 수준은 반대 방향으로 가고 있는 것이다.

아이러니하게도 정치인들은 아마도 정당들 간의 작은 차별화로 인한 선거 효과 학습에 너무나 익숙해져, 시민들에게 문제가 되는 '큰' 현안들을 알아차리지 못했다. 다양성에 대한 최근 이슈를 놓고 보면 이민 제한으로 얻을 수 있는 상대적인 정당의 이익이나 목표치의 고용 계획에 신경 쓰느라 다양성에 대한 보다 폭넓은 시각과 태도로의 접근이 거의 없다. '두려움과 희망(Fear and Hope)' 보고서(SET, 2011)의 핵심 결과는 세계화와 불확실 시대에서 '정치 리더십'의 중요한 역할을 지적한다. 이 보고서는 정체성, 문화, 민족에 대한 새로운 정치는 인종과 이민 정치에서 발생했으며, 이것은 현대 영국 정치(그리고 다른 나라에서도 매우 이와 같기 쉽다)에서 점점 여론의 동인이 되고 있다고 제언한다. 중심이 되는 입장은 현재 '양가적인 정체성'에 의해 지배되고 있다. 양가적인 정체성은 사회 변화와 안보를 염려하는 측 그리고 이러한 염려에 대해 더 단호한 견해를 표현하는 측인데, 이들을 합치면 인구의 대략 4분의 3을 대표한다. 그러나 흥미롭게도 그들에게서는 '공동체들과 총망라하여 정치적 극단주의에 대항하는 긍정적인 선거운동 조직에 대한 진지한 욕구' 또한 발견되었다. 인구의 3분의 1은 이와 같은 전략을 '진지하게' 또는 '어느 정도는' 지지할 것이다.

의심의 여지없이 미래 비전의 창조는 여러 정당 간 협력과 시민 사회와 기업의 폭넓은 지지를 통해 더 나은 모색이 이루어질 수 있다. 기존 정당 정치의 고려사항에서 벗어나, 변화를 위한 실천적이고 도덕적인 사례에 기초한 폭넓은 의견 수렴의 분위기가 조성된다면 정상적인 경쟁은 물론 정당의 정치적 목표를 위한 진정한 관심사의 발전이 가능해 질 것이다. 이러한 정당 간의 정치적 합의는 보통 모든 중도 정당에 대한 위협으로 대표되는 극우를 막기 위한 협력적 전략으로 실제로 영국의 지역 수준에서는 이미 존재하고 있다(Cantle, 2008, p.181). 이러한 합의는 또한 다양성의 모든 양상을 포용하는 '하나의 공동체'에 대한 열망을 창조하는 캠페인을 구축하면서 보다 긍정적인 성명들과 '소속감'을 발전시켜왔다(ibid., p.182). 연합된 지역 리더십을 구축하는 이러한 지역 결속 전략이(DCLG, 2011) 상당한 성공을 이루었다는 최근의 강력한 증거에도 불구하고 국가적인 차원에서는 이와 같은 접근을 하지 않았다.

실제로 계층과 민족 노선에 따라 나누어진 국가에서는 정책 개혁을 모색하려는 시민 정신으로 무장한, 과단성 있고 박식한 정치인(또는 이익 집단)에 대해 심각한 제약을 가한다는 점이 발견되었다(Ritzen et al., 2000).

국가적 (그리고 국제적) 비전의 핵심 사항은 다문화사회가 지금 여기에 존재한다는 점—다시 되돌아갈 수 없다—을 분명히 하는 것이다. 소위 '초청 노동자'라고 불리던 사람들은 현재 동료 시민이 되었고, 이주는 진행 중인 특유의 과정이다. 사회는 불가피하게 더욱 다문화적으로 되어 갈 것이다. '우리'는 무역, 교육, 여가를 위해 그곳으로 가고, '그들'은 상호간의 목적과 특히 고용을 위해 여기로 올 것이다. 이 말은 이주가 통제되지 않는다거나 국가가 더 이상 자국의 이익을 보호하지 않음을 의미하지 않는다. 상호의존성과 상호연결성이 커지고 있음을 수용해야 한다는 의미이다. 세계화가 국가의 토대 위에서 통제될 수 있다는 허위를 끝내기 위해 사람들은 진실을 알아야 한다. 그리고 동시에 사람들은 이러한 미래 전망에 직면하여 자신감을 가질 수 있게 해당 기술과 역량을 습득할 수 있는 지원을 받아야 한다.

'리더십'은 단순하게 가치 있는 '비전 성명서'를 쓰는 것이 아니다. 변화를 위한 적극적인 캠페인 활동과 일상에서의 행동과 정책에 대한 비전을 구체화하는 것이다. 심지어 그러한 비전이 과거의 관습적인 지혜와 어긋난다거나 당장의 대중성이 떨어진다고 해도 구체화시킬 수 있어야 한다. 클라크(Clark, 2008, p.17)는 보다 개방적인 사회는 특히 도시 차원에 집중해서 '다양성과 관용'의 이익 실현이라는 명확한 의제를 이끌어 갈 '주도적인 리더십 전략'에 달려 있다고 제언한다.

영국문화원의 도시 개방성 프로젝트(British Council, OPENCities)[1]와 '상호문화도시' 개념(Bloomfield and Bianchini, 2004)이라는 주제는 연구되기 시작한 반면에, 현재 민족국가는 보다 대외지향적인 시민을 거의 장려하지 않고 있다. 분명히 세계화와 초다양성이라는 과정의 압박 하에 국가는 '부분적' 그리고 '민족적'이라는 개념을 강화하기 위해 필사적으로 노력하고 있다. 그러나 국제주의와 세계시민주의의 생각을 옹호하는 것이 반드시 민족정체성을 약화시키는 것은 아니다. 정체성의 보다 넓은 형태 내에서 세계시민과 민족 두 가지를 모두 취하는 것이 가능하다.

변화의 시대에 리더십은 매우 중요하다. 그러나 그저 전통적 형태의 하향식 구조와 수직적인 구조에서는 좋은 리더십은 나타날 수 없을 것이다. 앞에서 언급했듯이 복종의 시대는 끝났으며, 존중은 차지하는 것이 아니라 받아야 하는 것이다. 또한 수직적인 국가의 권력 구조는 무너지고 있다. 가장 분명한 예는 '아랍의 봄'을 겪은 국가들에서 정보의 민주화와 국경 안과 밖의 사람들 간의 가상 연결이 근본적으로 억압적인 권력 구조에 대항할 수 있게 만든 것이다. 다만 덜 폭력적인 결과가 나왔던 것뿐이라고들 말하지만 이것은 분명한 사실이다. 민주사회에서 정치인들의 개인 생활과 전문 생활은 지속적인 감시에 노출되고, 정보는 더 이상 단순히 '공식적인 채널'을 통해서만 이용할 수 있는 것이 아니다. '곤두박질한 정치인에 대한 신뢰'(Curtice and Park, 2010)는 확립된 정치 정당과 정치 구조보다 훨씬 더 문화의 경계와 민족의 경계를 교차할 수 있는, 보다 수평적인 풀뿌리 리더십 형태의 발전에 대한 가능성을 열어둔다. 이것은 신앙뿐만이 아니라 문화에도 토대를 두고, 세계를 가로질러 사람들을 고무시키고 자극하는 디아스포라 공동체와도 관련되어 있다. 그러나 디아스포라들도 그들의 권력 구조와 영향력이 너무 수직적으로 기울어져 있고, 세계화의 흐름에 대항하여 현재의 상태로 생존하기 위해 이념적인 측면에서 동질화되어 가고 있다.

국제적인 차원에서의 권력 구조는 풀뿌리 민주주의의 개입과 표현이 거의 없거나 전혀 없는 방식으로 더욱 수직적으로 기울어 있다. 정치 지도자들은 더 이상 자신들의 영역 내에서 모든 사회적 · 경제적 · 정치적 세력을 이끌 수 없다는 것을 인지하게 되자 세계화의 과정에 영향력을 행사하고 규제하며 통제하기 위해 비공개 모임으로 파워 엘리트들과 함께 국제적인 기구를 만들었다. 대의민주주의는 개인의 기여가 국가 차원에서 초국가적 기구 차원에까지 이중으로 배제되면서 누구 하나 효과적으로 답할 수 없는 상황이 되어 버렸다. 실제로 국가의 정치인들은 (특히 유럽에서) 현재 그들의 유권자들에게 내려가 닿으려 하기 보다는 오히려 이러한 기구들로 올라가려 하고 있다. 이것은 나아가 무력감을 키우고, '민주주의의 결핍'을 만들며, 국가적 구조와 수직적 구조에 대한 환멸을 가속화하고 있다.

현재의 분위기에서 민족 지도자들은 대외를 지향하기보다 그들 자신의 민족적 지지를 강화하기 위한 지속적인 노력을 하고자 할 것이다. 민족적 지지는 정체성의 과거 개념으로 되돌아가며, 민족 서사를 고수하는데 (가시적인) 위협으로서의 '이민자'를 식별하는 일반적으로 배타적인 민족 서사에 기초하고 있다. 유럽 전역의 극우파는 지금까지 이러한 접근법으로 매우 성공하였으며, 중도 정당은 대안적 비전과 진보적인 비전을 제공하는 위험을 감수하기보다는 우려를 완화시키는 정도의 경향만을 보이고 있다.

급증하는 소셜 네트워크를 통해 고취된 새로운 글로벌 운동이 가능해졌고, 이는 해묵은 분리에 지치고 '글로벌 협력'을 열망하는 사람들을 통해 발전할 것이다. 특히 기후 변화나 각종 분쟁의 예방과 종식 등 글로벌 차원에서의 변화를 도모해가고 있다. 이와 같은 일이 일어날 것이라는 징후도 거의 없었고, 그야말로 새로운 비전과 리더십을 제공하기 위해 수많은 사람들이 출현했던 아랍의 봄 혁명은 어느 누구도 예측하지 못했다. 희망적인 방향을 제시해 주는 소규모의 지역화 된 접근이 최근 인종적 갈등과 종교적 갈등을 덮은 잉글랜드의 루턴(Luton) 지역에서 나타났다. '화합하는 루턴(Luton in Harmony)' 캠페인은 서약에 기초했으며, 서명과 '구호 전파'[2]를 위해 지역의 사람들을 초청하였다. 루턴 지역주민들은 배지를 달고 서약 카드에 서명할 것을 요청받았다. 지지자들이 해야 할 것은 다음과 같은 사항들이다.

- 자긍심을 가지고 조화로운 루턴 배지를 단다. 그리고 사람들에게 그 의미를 전한다.
- 다양한 배경과 삶의 경험이 있는 사람들과 친구가 된다. 그리고 그들의 가치를 배운다.
- 평화와 화합의 정신으로 자신의 신념을 증진한다.

놀랍게도 6만 5천명 이상이 이 서약에 서명하였으며, 지지를 상징—이 상징은 증오보다는 희망을 고무시킬 것이다—하는 '화합하는 루턴' 배지를 달았다.

물론 정치 계급은 사람들의 공통 인류애가 근본적으로 고려되는 상호 연결되고 상호의존적인 세계에 대해 생각하기보다 더욱 강력하게 자신들을 내세우기 위해 대담해질 가능성도 있다. 아니면 기존 권력 구조의 한계를 인정하고, 새로운 방식으로 공통 목적을 위해 사람들을 모을 수 있는 테크닉을 발휘한 민주적이고 국제적인 제도를 만들려고 할 것이다. 국가의 경계와 구조는 그 자체로 매우 중요하지만, 그 영향력은 글로벌 과정에서 이미 감소되었으며, 세계화가 금융, 사업, 여가 및 사회 영역을 가로질러 훨씬 더 높은 수준의 침투성을 가지고 있기 때문에, 국가의 경계와 구조는 필연적으로 약화될 것이다. 문제는 이러한 이행이 어떻게 일어날 것인가 인데, 계획적인 완화의 수순으로 나타날 것인지, 아니면 극적이고 갑작스러운 변화를 수반할 것인지 둘 중 하나다.

정체성의 정치

민족정체성은 세계화와 보다 강력한 디아스포라의 출현으로 위협받고 있을 뿐만 아니라 아래로부터도 도전받고 있다. 이러한 도전은 이주의 흐름이라는 불가피한 결과와 '초다양성'의 도래에 기인하는데, 국가는 이 과정 자체와 연관이 있다. 특히 소수민족이 겪은 불이익을 다루려는 매우 합법적인 시도 속에서 국가는 민족 모니터링을 통해 분리된 정체성을 끊임없이 '표시했고', 단일정체성 프로그램을 만들었다. 예산 편성은 특정 정체성의 두드러짐을 강화했고, 이러한 지원을 지속적으로 받기 위해 끊임없이 그들의 '차이'를 재확인하는, 독립적으로 분리된 기구들을 만들어 왔다. 나아가 정부와 공공 기관들은 개입이라는 특권을 통해, 그리고 의사결정 과정에 기금을 투입함으로써 분리된 정체성을 강화하거나 본질적인 것으로 바꾸었다(Jurado, 2011).

이러한 개입과 기금이 특정 공동체들의 극단적인 관점의 영향력을 저지하기 위해 제공된 사례도 있다. 영국의 방지 프로그램은(HM Government, 2008) 세계의 많은 나라에서 모방을 하기도 했는데 거의 전적으로 무슬림 공동체에 초점을 두었다. 그리고 결과적으로 이들 공동체 내에 동질화된 정체성이라는 결과를 가져왔고, 정체성의 개념을 '타자성'으로 대치시킴으로써 역효과 또한 가져왔다(House of Commons Communities and Local Government Select Committee, 2010).

이러한 접근법을 만들어 낸 다문화정책은 인종주의와 불이익에 대항하기 위한 최선의 동기에 기초하고 있었다. 그러나 '인종주의'를 '차이'의 문화적이고 어떤 다른 개념으로 대체하는 것에 있어서, 또 '다양성'을 '새로운 보통'으로 만드는데 있어서, 이를 어떻게 조정하고 인식해야 할지를 몰랐다. 다문화정책은 국가에 대한 보다 통합된 개념을 발전시키기보다는 여러 가지 사례에서 나타났듯이 공동체를 더 분할하고 '움츠려 들게 하는' 결과를 가져왔다. 이러한 결과는 또한 각 나라에 뿌리를 둔 '차이'에 대한 개념으로 굳어졌고, 세계화의 결과로서 국제적인 수준에서 증가하는 '차이'에 대한 개념을 인식하지 못했다. 국가들은 일반적으로 정체성의 특정 형태들을 지원하기 위해 매우 선별적으로 개입했다. 예를 들면, 캐나다의 퀘벡 지역에서는 프랑스어를 지원하고, 영국에서는 매년 '흑인 역사의 달(Black history month)'을 통해 흑인 공동체를 지원한다. 정체성에 대해 보다 '세계시민적인 형태'를 장려하는 일은 거의 이루어지지 않고 있으며, 오히려 그러한 세계시민의 형태는 민족정체성을 위협하거나 교묘한 동화주의의 과정으로 여겨졌다(McGhee, 2005).

그러나 세계시민 정체성은 민족정체성과 지역정체성을 위협한다기보다는 오히려 서로 보완적으로 병행되어질 수 있다. 쿠페루스(Cuperus, 2011)는 두 가지의 위험성에 대해 지적하고 있다. 하나는 후기-민족국가의 세계시민적 엘리트들이 민족국가와 민족정체성에 대한 논의를 주의를 기울이지 않고 단순하게 얼버무리려 하거나, 다른 하나는 변화하고 있는 세계에서 민족주의라는 마지막 지푸라기를 붙잡고서 사람들을 포섭하려는 것이다. 세계시민적 형태의 정체성을 발전시키는데 중요한 또 하나는 사회 계층과 연령의 차원이다(ibid., 2011). 새로운 세계화에 적응하라는 압박은 특히 새로운 국제적 지식 기반 경제에 적응하지 못하고 있는 사람들—미숙련 기술자와 저숙련 기술자—을 향해있기 때문이다. 또한 일반적으로 젊은이들은 세계의 젊은 세대와 많은 공통점을 공유하는 게 더 쉽다는 점이 발견되었고(Mansouri, 2009), 특히 2세대와 3세대 이민자들은 다문화적인 미래에 대한 더 큰 신뢰와 자신감이 있다고 보여 지고 있다(Wood et al., 2006a).

마르텔(Martell, 2008)은 세계화가 '세계시민주의'의 발전을 위한 조건을 만들었다고 주장한다. 첫째, 민족국가는 국가 자산의 민영화와 하위 민족의 붕괴와 같은 내부의 문제들에 의해 약화되었으며, 자본과 통신은 세계화 과정에 놓이게 되었다. 둘째, 냉전의 종식은 양극으로 나뉘었던 진영의 대립을 끝나게 했고, 보다 지구적인 규모에서 여러 새로운 동맹들과 다층적인 관계를 만들었다. 셋째, 핵무기 확산, 기후 변화, 자본 이동과 같은 문제들의 본질과 상호연관성은 국제적인 제도의 필요성을 만들었다. 나아가 세계시민주의는 세상을 보는 방식이며, 글로벌 시대에 대한 전적으로 새로운 전망이며(Held, 2002), '삶 그 자체의 작동 방식과 합리적 행동 방식에 대한 대안적인 상상'(Beck, 2002)이다. 그리고 정체성의 또 다른 형태인 세계시민의 개념은 단순히 민족적 개념과 편견에 입장을 두지 않고, 계속해서 만들어지고 있는 변증법적 과정으로서 형성되어 갈 것이다.

세계시민주의는 일상에서의 해외여행, 국제적인 소통의 과정, 기업의 합병, 글로벌 교육 시장의 발전, 사회와 문화의 혼합과 다중적인 친밀감의 결과로서 나타나고 있는 새로운 정체성의 출현과 함께 형성되고 있다. 여기서의 실제적인 문제는 민족국가가 보다 넓은 이해와 신뢰 그리고 관용을 발전시키면서 변화를 긍정적으로 수용해 갈 것인지, 아니면 자민족의 생활 방식과 제도에 대한 침범을 우려한 두려움과 걱정으로 이방인에 대한 혐오와 같은 계속적인 저항을 이어갈 것인지 이다. 우리 자신에 대하여 보다 글로벌한 개념을 만든다는 것은 '문화 항해의 기술(cultural navigation skills)'과 '상호문화역량'을 발전시키는 것이지만(아래 참조), 이는 분명히 미래 세계에 대한 각 국가의 '비전'과도 연결되어 있다. 그러므로 이러한 일은 샤(Shah)가 주장한 것처럼 학교에서 세계시민의 비전에 대해 가르치는 것과 같은 특수한 프로그램들과 연관되어야 한다. 그러나 이러한 프로그램들은 정부 정책의 모든 측면에서, 예를 들면 국제적인 목표와 발전, 그리고 다층적인 과정과 다각적인 합의와 연관된 상당한 수준의 사전준비가 요구된다.

'세계시민주의'는 증가하는 민족국가 내 정체성의 분할을 해결하거나 적어도 완화할 수 있는 기회를 제시하고 있으며, 유산이나 지역정체성을 위협하기보다는 긍정적으로 논의할 수 있는 보다 포괄적이고 폭넓은 우리 자신에 대한 개념을 제시하고자 한다. 특히 모든 나라에서 증가하고 있는 '혼합 인종'과 관련된 사례가 그러하다. 그러나 세계시민주의는 여전히 '순수성'의 관념에 갇힌 대부분의 정체성 개념, 그 바깥에 머물러 있다. 학문적인 측면과 정책적인 측면에서 혼합 인종, 또는 민족 간 · 종교 간 결합의 확장은 일반적으로 통합되고 개방된 사회를 가리키는 것으로서 긍정적으로 여겨졌으나(Wildsmith et al., 2003), 많은 공동체의 실상에서는 대체로 반대 내지는 무시나 차별을 받았다.

이러한 장벽들은 대체로 공통 인류애라는 이상화된 관념을 분명히 지지하고 있는 종교 집단에서 오히려 높다. 예를 들면, 영국에서는 전체 부부 중에 서로 다른 종교를 믿는 비율이 12퍼센트이지만, 이 비율은 5퍼센트의 기독교 남성에서부터 약 10퍼센트의 힌두교, 시크교, 무슬림 남성까지 다양하게 나타난다. 3분의 1은 유대교 남성이며, 남성의 40퍼센트 이상은 무교이거나 불교이다. 여성 사이에서의 종교 다양성은 그다지 뚜렷하지 않다. 배우자와 다른 종교를 갖고 있는 무슬림 여성은 가장 낮은 3퍼센트이고, 힌두교와 기독교 여성이 약 7퍼센트에서 9퍼센트로 그 뒤를 이었으며, 무교 24퍼센트, 유대교 30퍼센트, 불교는 62퍼센트까지 나타난다(Platt, 2009).

종교 단체들이 변화의 과정을 막고 정체성 정치를 조장하고 있다는 사실을 인식하는 것이 촉구되어야 한다. 종교 단체들이 종교 간의 결합을 반대하는 것은 자신들의 종교적인 신념과 이상을 유지하기 어렵기 때문이다. 따라서 그들은 결혼 생활을 성결하게 하는 방법과 같은 문제, 또는 아이들이 이러한 신앙들 중 하나(그리고 드물게 두 가지 모두)에서 자라도록 실제적 장벽을 높이는 경향이 있다. 배교를 처벌하는 관행도 이러한 엄격함을 지지하고 자유로운 선택을 거부한다. 종교 간의 결합이 불가피하게 증가하고 있음에도, 정부는 세계인권선언 제18조의 지위에도 불구하고 이러한 제한적인 관행에 도전하는 것을 꺼려하고 있다. 세계인권선언 제 18조는 다음과 같다.

> 모든 인간은 사상, 양심 및 종교의 자유에 대한 권리를 가진다. 이러한 권리는 종교 또는 신념을 변경할 자유와, 단독으로 또는 다른 사람과 공동으로 그리고 공적으로 또는 사적으로 선교, 행사, 예배 및 의식에 의하여 자신의 종교 또는 신념을 표명하는 자유를 포함한다.
>
> (UN, 1948)

국가가 종교 집단을 지원하는 것은 (특히 영국과 여러 다른 나라들과 같이 국가의 제도로 어느 특정 신앙을 공식적으로 수립한 국가에서) 다른 신앙(또는 신앙들)에 대한 우월적 관점 조장을 돕게 된다. 신앙은 특정 신념 체계에서 거의 원초적인 우월적 특수성을 창조하는데 그야말로 독보적이다. 특정 신앙에 대한 국가의 공개적인 지지는 확실히 그들의 방어적 입장과 태도 강화에 도움을 준다.

신앙은 스스로가 결정하는 자치적인 것임에도, 엄격함과 '순수정체성'이라는 신앙 개념은 민족국가에 의해 여러 측면에서 암묵적이지만 분명하게 지지되고 지원되고 있다. 지원의 예를 보면 (그리고 이전 장에서 언급했듯이) 교육적인 목적으로 설립된 종교 기반 학교로 신앙에 기초한 학교 시스템을 들 수 있다. 이에 대해 킴리카(Kymlicka)는 아래와 같이 말한다.

> 분리적인 종교 학교의 확산은 유감스럽다. 자신들의 집단은 선택된 사람들이고 교회 밖의 사람들은 악마라고 매도하며, 종교 간 결혼은 죄라는 등의 설교를 하는 보수적인 종교 지도자에게 통제되는 경우는 특히 그러하다. 이러한 학교는 사실상 엄밀하게 우리의 상호문화적 시민성의 개념이 극복하려고 하는 '타자성'에 대한 일종의 두려움을 발생시킬 수 있다.
>
> (p.162)

갤러거(Gallagher, 2004)는 또한 분리라는 사소한 사실이 그들이 다르다는 암묵적인 메시지를 젊은이들에게 보내고 있다고 지적했다.

그러나 종교는 그들 공동체에 대한 서비스 제공과 관련하여 재정적인 지원을 받아왔다. 이러한 '단일정체성 기금'은 이전에 잉글랜드에서 독자적인 연구(Cantel, 2001; CIC, 2007)에 의해 논쟁되었고, 지금은 감축되었음에도 불구하고 여전히 많은 지역에 남아 있다. 단일정체성 기금은 불이익을 받는 집단을 원조하는 것을 목표로 지원되었으며(McGhee, 2008), 국가 후원으로 '이름 붙인' 프로그램이기에 특정 정체성의 브랜드화에 보다 효과적이었다. 또한 단일정체성 기금은 국가가 사회적으로 구성된 정체성(또는 '국가 다문화주의'(Cameron, 2011))을 강화하는 것으로 보이는 다른 영역들, 특히 민족 집단에 다시금 적용되었다. 더욱이 영국에서는 매우 최근까지 국가가 동일한 민족이나 신앙 집단 내에서만 입양을 허용하는 입양 관행과 대행업을 지원함으로써, 민족적 그리고 종교적 '순수정체성'의 개념을 지지하였다.

인종, 신앙, 그리고 다른 하위 민족적 정체성과 초민족적 정체성은 사라지지 않을 것이다. 앞에서 논의한 것처럼 민족정체성은 약화되는 과정에 있으며, 심지어 영국의 백인 집단에서도 놀라울 만큼 낮게 나타나고 있는 것이 사실임에도 불구하고(SET, 2011), 사라지지 않을 것이다. 민족정체성의 견인력은 결코 과소평가 되어서는 안 된다(Cantle, 2008, p.140). 실례로 잉글랜드(2011)는 최근 잉글랜드인 민족주의의 부상을 고려하기도 했는데, 이를 '인간성'의 가장 깊은 본능과 욕구의 공명(共鳴)이라고 믿는다. 인간성이란 즉, 생존, 안보, 보호, 안전을 향한, 실제적인 경제와 기타 욕구의 실현을 향한, 그리고 특히 특별한 집단과 특수한 집단에의 안정적이며, 일관되고, 의미 있고, 지속적인 '소속'을 향한, 본능과 욕구를 말한다. 그러나 잉글랜드는 이를 '우리 자신의 특별한 장소에 대한 애착'으로 보고 있지만, 오늘날의 현실은 많은 사람들이 지역에서 세계에 이르기까지 많은 특별한 장소들을 갖고 있다. 그리고 이러한 일정 장소에의 욕구는 어떤 식으로든 상호 배타적이지 않다.

또한 국가가 후원하는 공동체 리더십의 '분리된 배타적 형태'는 정체성의 동질적이고 특권적인 형태를 뒷받침한다. 국가 차원에서 이해하지 못하는 공동체의 업무를 지역과 민족 차원의 소규모 정체성 집단에서 스스로 대표라 칭하거나 혹은 대표하는 공동체 지도자들에게 위임하는 것이 국가가 편리했다. 이곳의 지도자들은 자신들의 역할을 강화하고 제도화하는 기금을 잘 받아들인다. 또한 상당히 독립된 자치성과 단 하나의 상향식 소통 채널을 가진 집단의 모습을 보이고 있다. 여기의 지도자들은 '게이트 키퍼(gatekeepers 역자 주: 출판, 방송, 인터넷, 다른 여러 방식의 소통 매체들에서 어떤 정보를 보급할 것인지 선별하는 정보를 통제하는 사람들)'(Cantle, 2008, p.184)라고 불리는데, 공동체의 모든 영역에서 자신들의 발언권과 다양한 참여 권한을 부여받은 '게이트웨이 리더(gateway leaders)'와는 대조될 수 있다(ibid.). 그러나 '게이트 키퍼'는 공공 기관이 특정 공동체와 소통하고, 성가신 내부 공동체 정치의 배제가 용이하기 때문에 선호되는 모형으로 보인다. 하나의 지배적인 관점은 정치적으로 관리하기에 훨씬 용이하다. 또한 공동체 지도자들이 그들의 구성원들로부터 지지를 받아내고자 할 때 정치적 거래의 협상도 수월하게 할 수 있다. 기금을 지속하여 제공하고, 새로운 프로젝트나 공동체 센터에 대한 약속으로 말이다.

특히 학교와 관련하여, 대의적인 측면과 정치적인 측면에서 하나 혹은 그 이상의 신앙 집단이나 공동체 집단에 특권을 부여하는 단일정체성 집단에 대한 지원이라든가, '순수' 정체성이라는 분리되고 우월한 형태의 국기를 끊임없이 흔드는 것은 모두 잘못된 방향을 향하고 있다. 그러나 유감스럽게도 위의 내용들은 '국가 다문화주의'(Cameron, 2011)의 일부로서 실행되고 있으며, 실제로 많은 정당들에서도 나타난다. 최소한 보다 폭넓은 '세계시민 개념의 정체성'을 인정하고 이제라도 균형을 맞출 필요가 있다.

상호문화주의가 등장한 세계에서 사회정체성의 지속적인 발전은 향후

10년이 지난 후에야 제대로 정의될 수 있을 것 같다. 논쟁의 여지는 있지만 국가는 금융적 · 상업적 · 기술적 과정에서의 변화를 비춰주는 보다 다각적이고 역동적인 정체성을 촉진하고, 새로운 민주적 제도의 발전에 이를 반영할 준비를 해야 한다.

새로운 형태의 사회정체성은 특히 젊은 사람들 사이에서 이미 나타나고 있으며, 혼합 인종 정체성이나 이중적인 유산을 물려받은 정체성의 증가는 개인적인 측면에서 현재의 정체성이 어떻게 고안되어졌고 또 무의미해지고 있는지를 드러내는 징후이다. 또한 복잡한 혼종정체성이나 다중정체성의 발전은 사람들 간의 차이는 물론 공통성 역시도 설명하는데 도움이 될 것이다.

이 중 어느 것도 사람들에게 자신들의 유산을 지키는 것이(국가가 이러한 역할을 해야 하는지에 대한 중요한 질문이 있겠지만) 중요치 않다고 주장하는 것은 아니다. 그러나 오히려 국가, 신앙, 민족의 경계를 초월한 정체성의 발전에 더 많은 투자를 해야 할 필요가 있다. 우리는 또한 보다 급진적인 단계를 밟을 필요가 있다. 리차드 도킨스(Richard Dawkins, 2011)는 그의 논문「지속되지 않는 사고방식의 폭정(The Tyranny of the Discontinuous Mind)」에서, 아마도 현재는 이러한 시대라고 제언한다. "공식적 문서가 '인종' 또는 '민족'이라는 선택 상자로 우리를 초대할 때, 나는 그것을 지우고 '인간'이라고 쓰기를 권유한다." 이제는 출신 · 거주지 · 장소 정체성과 관련된 다양한 선택지들을 지우고, 단순히 '글로벌 시민'이라고 쓰는 시대라고 덧붙일 수도 있다. 이것은 현재의 분위기와 멀리 있는 것 같지만, 분명히 정당한 열망이며 정치 지도자들과 공동체 지도자들의 비전이 되어야 한다.

현재 초다양화된 사회에 속한 단일정체성 집단들(그리고 심지어 더 많은 수의 혼합 인종/종교의 결합)의 수많은 다양성들이 있다. 이들 중 많은 집단들은 전체 일련의 유전적 집단들과 함께 현재의 민족 모니터링 배치에서 인정받지 못하고 있다. 예를 들어 '백인', '무슬림', '아시아인' 또는 '영국인'과 같은 범주는 물론, 아마도 지금의 또 다른 다수의 정체성들을 '기입하는' 범주에도 포함되지 않는다. 사회적 · 경제적 환경의 거대한 변화에서 범주로 인정받지 못한 집단들의 실제적인 불이익은 불가피하다. 분리된 정체성에 대한 민족 모니터링(그리고 국기를 강조하는)은 이제 공동체 내의 이질성을 인정하고, 공동의 기반 위에서 문제들을 다룰 수 있는 모두를 위한 새로운 프로그램으로 대체하는 과정이 필요하다.

다신앙 사회에서의 세속주의와 거버넌스

세속주의는 상호문화주의의 핵심 요소이다. 다양한 사회는 또한 다신앙 사회이며, 어느 신앙 집단의 특권이 다른 신앙 집단이나 비신앙인들을 제외하는 것은 전혀 평등에 부합되지 않는다. 그러나 세속주의가 종교 없는 사회를 요구하는 것은 아니다. 신앙의 가시성과 공공 영역에서 세속주의의 등장은 다원적인 공동체들의 불가피하고 바람직한 양상이다. 그래서 세속주의는 교회와 국가의 제도 분리, 즉, 정부 체계와 의사결정에 있어 신앙에 기초한 관점이나 특권에 의존하지 않고자 한다.

하지만 '세속주의'가 무엇을 의미하는지에 대한 절대적인 합의는 없으며, 다만 대부분의 정의들은 '교회와 국가의 분리'를 중심으로 전개되고 있다. 분리의 본질에 대한 어떤 실제적인 명확함은 여전히 없다. 세속적인 사회는 문화가 종교의 교리와 영향력에서 분리되어 있다는 것을 일반적으로 받아들인다(실례는 Berger, 1969 참조). 파레크(Parekh, 2009)는 세속주의의 초기 개념을 우리에게 상기시켰는데, 무시간성과 영원한 본질로서의 '천상' 그리고 시간의 속박과 신의 내재됨으로의 '현대 세계'라는 대조적 개념이 그것이다. 그러나 '급진적' 모델과 '온건적' 모델 모두에 기초해 더욱 미묘한 구분을 시도하는 모두드의 '분리의 교의(doctrine of separation)'(2009)는 불분명함으로 혼란을 가중한다. 그리고 '시민은 사적으로 그들의 서로 다른 가치나 관행을 추구할 수 있는 완전한 자유가 있는 반면, 공적 영역에서 모든 시민은 사적 삶의 어떠한 차이에도 관계없이 정치적으로 평등하게 대해야 한다'(Malik, 2002)는 국가와 교회의 분리에 대한 발상은 너무나 단순하다.

또한 '공적 영역에서의 신앙'이 무엇을 의미하는지 분명하게 인정된 정의는 없으며, 이 주제를 심도 있게 다룬 최근의 저서(Dinham et al., 2009)는 이에 대한 여러 다양한 요소들을 인정하고 있지만 명확한 견해를 제시하지는 않는다. 라트클리페(Ratcliffe, 2004)는 이것을 '사람들이 그들의 삶을 영위하는 본질 그 자체, 그래서 공적-사적 구분을 초월하는' 신앙의 방식과 연관시킨다. 그러나 '공적 영역에서의 신앙'이라는 개념은 놀랍게도 '정치적 활성화(political revitalization)'(Habermas, 2007)에 힘입어 보인다. 신앙의 쇠퇴는 불가피한 듯 보이며, 과학과 합리성은 민주주의 논쟁에 있어 더욱 더 지배적인 영역이 되고 있다. 이러한 신앙의 '정치적 활성화'는 특히 미국을 비롯한 여러 기독교 국가와 아프리카에서 극동 지역에 이르는 많은 무슬림 국가에서 뚜렷하게 나타난다. 그러나 종교적 신념과 예배 관행의 정도가 쇠퇴하고 있음에도 불구하고, 공적 영역으로의 신앙의 출현은 유럽과 그 밖의 다른 많은 국가들에서 명백히 나타나고 있다. 이것은 지정학적이자 다른 경향들, 특히 무슬림 공동체를 지구적인 위협으로 여기는 서구사회의 인식이 빚어낸 결과이다.

유감스럽게도 이슬람 혐오 정서의 조류에 휩쓸려 있는 많은 국가들은 이러한 인식을 조성했으며, 게다가 공적 영역에서, 특히 이슬람과 관련하여, 신앙의 표현을 금지함으로 인해 공적/사적 구분의 개념을 혼동시키고 있다. 신앙의 공적 성질에 대한 단순한 해석은 종교적 상징의 표현을 통해 신앙이 '가시성'이 있는지를 토대로 한다. 이것은 십자가나 스컬 캡(skull cap 역자 주: 비로드의 테두리 없는 실내 모자)을 착용하거나 여성이 머리와 얼굴을 가리는 다양한 방식을 포함한다. 이것은 아마도 공적 표현의 가장 분명한 형태이지만, 그러나 세속주의와 거버넌스에 있어 진정한 문제의 핵심은 아니다. 영국은 오랫동안 이러한 상징들에 대하여 프랑스와 같은 국가들과는 다른 견해를 취해왔다. 영국은 적어도 최근의 무슬림 소수민족에 대한 악마화가 있기 전까지는 일반적으로 이러한 상징들을 다양성의 표현으로 가치 있게 여기며, 다른 전통 의상의 형태들과 함께 문화와 유산의 일부로 생각했다. 실제로 공공장소에서 종교 복장에 대한 보호는 시크교도들이 오토바이를 탈 때 안전모 대신에 터번을 쓰는 것을 허용하였으며, 1976년에 소수민족들을 수용하기 위한 입법화를 가져왔다. 물론 최근의 일부 예외적인 경우에 한해서 복장 규정이 도입되었는데, 안전 그리고/또는 소통의 분명한 이해관계를 위해 의복이나 장신구의 특정 형태를 금지하는 조치다. 이러한 조치의 목적은 그들의 상징 자체를 훼손하는 것은 아니다.

따라서 현재 '공적 영역에서의 신앙'에 있어 중요한 것은 넓은 정치적 대화의 일부로서 신앙에 기초한 견해들이 어떻게 개진되고 논쟁되는지 그 여부와 방법이다. 다원적인 사회에서 이것은 국내와 지역의 현안뿐만이 아니라 국가 정치와 국제 정치에 대한 보다 일반적이고 공적인 담론을 형성하고 있다. 어떤 의미에서 이것은 문제가 되기보다는 사람들이 공동체의 공적 삶과 정치적 삶에 일반적으로 적극적인 관심을 갖게 된다는 점에서 분명히 환영받아야 한다. 이러한 활동은 신앙의 상징들을 보다 많이 표현할 수 있도록 함으로써 지원될 것이지만, 또한 신앙의 상징들은 일반적으로 단지 개인적이고 문화적인 의미이지만, 또한 정치적 의미를 지니기 때문에 논의가 확장되는 것은 피할 수 없다.

실제적인 어려움은 신앙에 근거한 관점과 기대 요구가 정치 영역에서 그대로 받아들여질 수 없다는 것이다. 지금 대부분이 다신앙사회인 서구 민주주의에서 신앙에 근거한 논의와 결정은 매우 어렵다. 우선, 하나 내지 몇몇 특정 신앙의 관점에 특권이 주어질 수 있기 때문이다. 둘째, 현대 민주주의의 거버넌스 체계에서는 의사결정 과정이 명확한 증거 기반의 합리적 법적 과정에 따르고 있는데 신앙적 관점이 이를 맞추기 어렵기 때문이다.

지배적인 신앙을 보호하고 있는 국가에서는 의사결정 과정에서 어떤 방식으로든 종교적 영향을 받는다. 그러한 종교들은 일반적으로 역사적인 지위에 의해 보호받으며 공식적인 위치와 구조적인 특권을 인정받는다. 또한, 예를 들어 공공 의식과 공휴일과 같은 제도적 관여를 통해 모든 시민의 사회적 · 문화적 삶에 영향을 미친다. 단일문화 시대의 이러한 전유물의 많은 부분들이 서서히 사라지고는 있지만, 여전히 우선적인 특권적 지위는 다른 신앙들로부터 비난을 불러일으킨다.

아무리 다신앙 사회가 출현했다 해도 많은 국가들에서 최소 두 개의 주요 신앙 간의 오랜 분열과 갈등을 다뤄야만 한다거나, 실용적인 합의의 형태를 고안해 내야 한다거나 하는, 전적으로 새로운 문제를 야기하지는 않았다. 영국에서는 가톨릭과 개신교 간의 분열이 500년간 지속되어 왔으며, 신앙이 사적 영역으로 확고히 밀려 들어와서 어느 정도 스며든 반면,

성공회는 거버넌스 체제와 관련하여 가톨릭 이상으로 일정 부분 특권적 지위를 유지하며 오늘날까지 지속되고 있다. 여기에는 상당히 오래 전부터 고용이나 기타 분야에서 차별대우를 받아온 소수 계층의 상대적 특성—왕족 계보, 상원의 대표 등—이 내재되어 있으며, 이러한 불공정함과 명백한 부당함에도 불구하고 불평의 근원은 현재도 지속되고 있다.

적어도 부분적으로는 세계화로 인해서, 특히 디아스포라 공동체의 등장으로 신앙의 정치적 특징이 전면에 나타났다. 이러한 일이 완전히 새로운 것은 아니다(Soysal, 2000). 다른 많은 유럽의 국가들과 공통되게 영국은 적어도 800년 동안 유대 공동체—아마도 가장 오래된 디아스포라—가 있어 왔다. 그러나 조나단 색스(Jonathan Sachs, 2007)가 지적했듯이, 현대 디아스포라 공동체들은 더욱 중요해졌고, 대체로 초국가적 통신의 용이성 때문에(Cantle, 2004) 이전보다 자신들의 공동체를 유지하는 것이 더 쉽다는 것을 안다. 그래서 현대의 거버넌스 체제는 신앙 공동체들, 문화 공동체들, 그리고 디아스포라 공동체들의 사회적 압력들도 고려할 수 있어야 한다. 다시 말하면, 다수를 차지하고 있는 하나의 우세한 종교가 공적 영역에서 분명히 주도적인 상황이더라도 사회 내 함께 있는 소수의 신앙 공동체들 역시 다종교적 사회와 다종교적 세계 현실로 그 영향력이 간과될 수 없다.

그러나 공적인 정치적 담론에서 신앙의 부상은 독특한 문제를 야기하고 있다. 한 예로 여러 신앙의 신념은 신성모독법과 문화적 금기에 의해 보호되어 왔다. 따라서 논쟁을 하는 것보다는 존중과 이해에 기반한 대화로 전환되어야 한다. 이는 '나란히(Side by Side)'(DCLG, 2008)에서 신앙 기관과 그 외의 기관들을 자문한 후에 영국 정부가 만든 지침서처럼 신앙의 공존을 강조하는 정치 형태이다. 그러나 공적 영역에서 더욱 현저히 드러나고 있는 결과는 신앙의 논쟁과 바로 이 신념 체계의 토대가 점차 높은 수준의 논박을 지나 심지어 조롱—신앙 조직체들이 받아들이기 매우 꺼려할 것으로 보이는 대가를 수반하는—까지 받고 있다는 점이다.

민주주의의 쟁점 중 하나는 거버넌스 체계가 명확하고 투명한 경험적 증거와 과학에 기반하는지 아니면 오히려 어떤 신념 체계 형태에 기반하는지 그 여부이다. 이때의 신념 체계는 종교에 기초하거나 아니면 다른 도덕규범이나 윤리규범에 기초하거나, 아니면 어느 한명의 지도자 내지 집단의 특정 신념에 기초한다. 그러나 현대의 다종교 사회에서 정부의 결정은 합리적이고 이성적인 근거가 요구된다. 이것은 하나 혹은 여러 신앙들로부터 영향을 받으며 그로 인한 충돌이 불가피하다. 일정 부분 특정 신앙 체계에 기초한 결정은 다른 신앙을 믿고 있는 그룹이나 다른 도덕적 · 윤리적 코드를 가진 그룹들과의 잠재적 갈등으로 이어질 수도 있다. 따라서 증거에 기반한 결정이 권력과 그것의 영향력에 있어 평등을 보장할 수 있는 유일한 수단이다. 어느 집단의 (대체로 다수 집단) 신념 체계가 다른 집단의 신념 체계를 넘어 선택될 수 있지만, 그 결과는 분명히 다른 집단의 권리를 빼앗으며 긴장과 갈등의 원인이 될 것이다. 하나의 신앙만이 선호되어 표현과 행위에 있어 단순히 그것을 따르게 하는 것은 더 이상 정당한 결정으로 받아들여지기가 어렵게 되었다. 현대 관료 체제에서 국가가 합법적인 절차와 합리적인 증거 기준을 제시하지 못한다면, 그 결정들은 공적이고 법적인 도전에 직면할 것이다. 예를 들어, 그러한 결정들이 적절한 협의 하에 이루어지고 있으며, 예상되는 여러 사안들이 충분히 고려되고 있는 실증적 결정들임을 보여줄 수 있어야 한다. 이것은 형사사법제도에서 매우 확실하게 보여 진다. 어떤 사람이 특정 범죄를 저질렀다는 믿음만을 주장한다면 말 그대로 법정 밖의 일로 우습게 생각되며, 일반적으로 명

예훼손 영장이 뒤따를 것이다. 형사사법제도에서 기대되는 기준이 매우 높고 분명한 것처럼 정치 체제에서 행해지는 기준들 역시 그와 같은 수준으로 (주로 사법 심사와 도전을 통해) 점차 확대되고 있다.

의사 결정은 옳고 그름에 대한 어떤 특정 개념에 근거할 수 없으며, 어느 것도 그 개념이 특정 종교적 믿음에 영향을 받아서도 안 될 것이다. 우선, 도덕성은 신앙 공동체의 유일한 전유물이 아니다. 또한, 신앙 공동체들이 정책을 추구하겠다고 단언을 한다면 그 정책의 타당성과 실질적인 영향력에 대한 평가가 필요할 것이다. 다른 관점에서 보면 '옳음'이 무엇인지에 대한 분명히 다른 인식들이 있을 것이며, '이성'과 '실증'에 기반한 정당성의 확보가 반드시 필요하다. 예를 들면, 종교적 청렴이나 도덕적 청렴에 기초한 낙태 금지는 다른 신앙인과 비신앙인들에게 있어서 논쟁이 되는 부분이며, 이와 같은 경쟁적인 논쟁을 중재하고 '특권'이라는 비난을 피하기 위하여 정부는 합리적인 논의로 돌아와야 한다. 이러한 낙태 논쟁의 경우는 자궁 밖에서 생존할 수 있는 아기의 나이, 산모의 건강에 미치는 영향과 근거, 또는 다른 입증된 득과 실—다시 말해 명증적이고 객관적인 자료—에 의거해 판단해야 한다.

현대 다종교 사회에서는 모든 신앙과 신념 체계를 아우르며 때로는 이들 사이를 중재하는 수단으로서 '보편적 권리와 책임'에 대한 개념을 발전시켜야 한다. 신앙과 신념 체계는 많은 도덕과 윤리의 기준을 만들어 왔으며 이미 오래전에 법적 시스템 안으로 편입되어 졌다. 신앙에 대한 신념에 따라 옳고 그름의 개념으로 채택된 도덕적 가치는 그 자체로 문제가 되지 않는다. 폭 넓은 수용성을 가질 수 있는 합리적 근거에 기초한-단순한 신앙적 행위가 아닌- 합의를 도출한다면 말이다.

우리의 거버넌스 체계는 지역 당국을 포함해 지방과 지역 기관으로 확대되어 있다. 종교 단체들이 하고 있는 많은 역할들이 정부와 관련되어 있지만, 반드시 거버넌스 방식의 일부는 아니다. 예를 들면, 이러한 많은 단체들은 공공 서비스를 제공하기 위해 자금을 지원받고 있으며, 헌신적인 자원봉사자들을 활용하고, 그들 집단의 문화적 민감성을 이해하고 공감할 수 있기 때문에 보다 양질의 지원 수준을 유지하게 되는 것이다. 물론 '단일집단 기금'(CIC, 2007)에 대한 비판이 제기되고 있기도 하고, 좋은 것이라 할지라도 서비스 전달자의 역할과 정책 입안자의 역할은 다를 수밖에 없다. 이것은 앞서 논의된 신앙 학교들의 규정에서 가장 분명하게 나타난다. 그들은 일반적으로 교육 정책을 제정하는 것보다는 교육 정책을 실행하는 책임을 진다. 그리고 이에 근거하여 자금을 지원받고 규제를 받는다. 그러나 또한 신앙 학교는 과정의 많은 부분들을 결정할 수 있다. 특히 입학을 허가하고, 주로 신앙 공동체가 그리는 이상을 학생들에게 종교 교육으로 제공할 뿐만 아니라, 학교의 교풍으로서 영향력을 가진다. 교회 학교(church school)는 영국에서 처음으로 공식적인 교육 체계를 제공하였으며, 그 이후에 국가교육체계가 되었다(Howard, 1987). 이후로 어떤 진지한 숙고 없이 소수 신앙들에까지 확대되었는데, 대중적 혹은 정치적 지지를 고려한 것이라기보다는 차별이라는 문제 때문이었다. 교회 학교는 접근성을 확대하고 다른 신앙들에 대한 존중을 장려하라는 압력을 받고 있으며(Cantle, 2001; Runnymede Trust, 2008), 공동체 결속을 증진시켜야 하는 의무의 대상이기도 하다(DCSF, 2007). 그러나 계속되는 교회 학교의 존재는 세속적인 거버넌스 체계와 양립할 수 없다.

따라서 '공적 영역에서의 신앙'에 대한 논의는 우리의 거버넌스 시스템 내 모든 수준에서 신앙의 범위와 본질을 중심으로 이루어져야 한다. 즉 특정 결정을 정당화하는 신념 체계에 대한 의존성, 또는 하나 이상의 신앙이 다른 신앙이나 무신앙과 비교하여 정부 기관에 특권적인 접근을 할 수 있거나 영향을 가하고 있는지에 대해 논의해야 한다. 다신앙 사회에서 하나의 신앙 또는 신앙 집단은 다른 신앙 집단들을 넘어서는 합법적인 이익이나 실질적인 이익을 가져서는 안 된다. 불가피하게 주요 교회는 국교제를 폐지하게 될 것이지만, 시간이 지남에 따른 역사적 수용과 진행 중인 개혁을 고려할 때, 국교회라는 사실만으로 전체가 받아들이기 어려운 수준의 이익이 계속 주어져서는 안 된다. 마찬가지로 현대 민주주의는 합리적·법적 의사결정 과정에 기반을 두고 있으며, 이러한 의사결정의 과정은 점점 더 명백해질 것이기 때문에 정책입안자들은 정당화를 위하여 믿음 체계에 기댄 가치를 언급하는 것이 갈수록 어렵다는 것을 알게 될 것이며, 의사결정을 위해 경험적이고 과학적인 증거로 입증할 수 있어야 할 것이다.

종교적인 견해를 지니고 있으며 표현할 수 있는 권리와 신앙에 따라 예배할 수 있는 권리는 기본적인 인권이며, 세속주의에 위협을 받아서는 안 된다. 이러한 식으로 —세계의 일부에서 계속되고 증가하는 신앙의 수준을 감안할 때— 이 권리는 공적 영역에 남아 있어야 하며, 다양성의 또 다른 가치 있는 구성요소로서 환영받는 가시적인 상징들과 함께 정치적·사회적 담론의 일부가 되어야 한다. 이러한 점에서만 보더라도 현대 민주주의를 '세속적인' 사회라고는 결코 생각할 수 없을 것이다. 그러나 정치 공동체의 세속주의는 상호문화주의의 필수적인 구성요소이다.

분리와 통합에 대한 대응

6장에서 논의한 바와 같이 분리는 '다른 사람'에 대한 태도의 확립과 비관용, 그리고 두려움의 원인이 된다. 2001년(Cantle, 2001)에 등장한 '평행한 삶'의 개념은 거주지를 포함한 여러 영역에서의 분리에 대한 접근법을 변화시키기 시작하였고 분리의 복합적인 영향을 강조하였다. 그러나 2005년 '분리의 층위'를 통해 보다 세심한 접근법을 설명하려는 많은 시도가 있었음에도(Cantle, 2008), 또한 사회 환경에서 분리를 고려한 '공간 구조의 일차원 또는 이차원의 격자'로 이동하였음에도(Fagiolo et al., 2007) 개인과 공동체 간의 다양한 상호 관계를 탐구하는 척도나 지표들은 거의 없었다. 대부분의 경우 이 연구들은 일반적으로 매우 국부적이거나 수동적이었으며 다양성의 새로운 형태들 역시 거의 고려하지 않고 있었다. 또한 분리가 연령, 장애, 신앙, 성적 지향 및 사회 계층에 기초한 다양한 공동체 수준에서 확인되었음에도 불구하고, '인종'에 초점을 두는 경향이 유지되고 있었다(6장 참조).

정부는 단지 예외적인 상황과 공동체 관계에 긴장이 표출되고 갈등이 일어날 정도로 깨진 경우에만 개입했다. 이러한 소극적 조치들이 미국과 영국 및 다른 나라들에서 분리를 감소시키기는 하였으나, 개입에 대한 일반적인 관점은 통합을 장려하는 것이 개인의 우선권과 사회적 · 경제적 시장의 힘을 훼손한다는 것이다. 따라서 정부 차원의 확립된 실행 방식이나 전문적인 역량은 거의 없었다. 하지만 사람들의 터전—그리고 그들 이웃의 특성—은 지역의 규모와는 별개로 국가 정부 차원에서도 중요한 일이다(Hiebert, 2009).

그러나 여전히 사람들은 자신들의 유산을 유지하고 시스템을 공고히 할 수 있으며, 이미 이들은 상당한 수준의 군집화를 이루었으므로 혼합된 공동체 형태에 대한 긍정적이고 실제적인 비전은 생각하지 않는 것 같다. 그렇지만 여러 다양한 집단에서는 서로의 이해를 구축하고, 긴장과 갈등이 발생하는 것을 피하고자 하는 의미 있는 관계가 발전하고 있다. 분리가 자유로운 선택 활동의 결과로 나타나는 자연적인 현상이라는 주장은 문제가 있다. 이미 주거의 선택은 안전과 사회적 · 문화적 수용에 대한 우려 및 비용에 의해 엄격하게 강제되고 있기 때문이다. 학교의 선택은 사회 · 경제적 지위와 이웃에 의하여 결정되며, 거버넌스가 특정 공동체와 연관되어져 있는지 여부도 살펴봐야 한다. 직장과 직업은 사회 계층과 기술 수준에 의해 크게 영향을 받으며, 어떤 경우에는 차별에 의한 영향도 받는다. 나아가 사회적 · 문화적 네트워크는 역사, 신앙, 계층, 유산의 지위에 의해 경계 지어진다.

선택이 자유롭게 행사된 경우라 하더라도 국가는 공동체가 독점적으로 또는 배경이 같은 사람들과만 연결되도록 동기를 부여하는 경향을 항상 염두해야 한다. 이것은 간단히 말해 분열된 국가를 표명하기 때문인데, 서로가 관련되는 것을 바라지 않는, 각자가 고립된 그래서 관계마저도 두려운 공동체를 이루고 있는 것이다.

분리의 초점은 소수민족 공동체에 맞추어져 왔지만, 보다 혼합된 공동체의 경우는 백인 지역 또는 다수 지역의 통합에 달려있다. 백인 이탈은 '다문화주의의 실패'(4장 참조)를 암시하는 것처럼 다소 문제시되었지만, 백인 이탈에 대한 일부 우려가 표명된 경우를 제외하고 분리 문제는 거의 주목받지 못했다. 보다 혼합된 공동체를—교육, 고용, 문화 또는 거주지 측면에서— 촉진하려면 다양화된 환경 조성의 실질적인 책무에 모든 공동체를 아울러야 한다.

이러한 과제를 런던 템스 게이트웨이 지역의 개발 목표와 관련하여 평등인권위원회(EHRC) 의장은 다음과 같이 설명했다.

우리는 지금 무엇이 혼합된 공동체를 만들어 내는지에 대한 아무 단서도 없이 남동부에 백 만 채의 집을 지으려 한다. 고밀도 주택은 늘어나고 있으며, 분리의 증거 역시 늘고 있다. 다양한 집단들은 더욱 배타적이 되어가고 있다.

(Phillips, 2006)

새로운 공동체의 발전을 위한 이러한 계획은 목표를 세우고 다양한 정책 수단을 활용할 수 있지만, 그 이면에는 당장의 실질적인 비전이 없을 뿐 아니라, 애초에 비전에 대한 진지한 숙고조차 없었다. 관련된 사회적 과정은 고사하고 공유 공간의 성질, 설계, 활용에 있어서 구체적 이해에 기초한 혼합된 발전 과정을 지원할 확립된 실천 기술이나 전문 기술이 거의 없다. 그러나 '함께 사는 법 배우기'와 같이 우리 앞에 놓여 있는 도전은 일정 수준의 상호작용과 교류가 필요하며, 이것은 성공적인 경험과 실험을 토대로 자신감을 구축하는 반복적인 과정이다.

사회 계층과 관련하여 '혼합'의 필요성을 분명히 인지하고 있었지만, 다시 한 번 '인종' 개념은 분별 있는 논의를 방해하였으며, 이로써 보다 혼합된 공동체를 위한 비전을 갖지 못하게 했다. 콜과 굿차일드(Cole and Goodchild, 2001)는 '혼합'을 이루려는 것이 조금도 새로운 관념이 아니라고 설명한다. 특히 요크(York)에서 조셉 로운트리(Joseph Rowntree)의 뉴 어스윅 빌리지(New Earswick Village), 에버니저 하워드(Ebenezer Howard)의 도시 정원 운동(Garden City movement), 조지 캐드버리(George Cadbury)의 버밍엄(Birmingham) 외각의 본빌 빌리지(Bourneville Village)와 같이 초기에 계획된 비전들에서 '사회 균형' 추구는 잘 드러나 있다. 더구나 1949년에 보건주택부 장관(the health and housing minister)인 아뉴린 베번(Aneurin Bevan)은 전후의 새로운 공영 주택지에 다양한 조합의 노동자들을 포함해야 한다는 생각을 적극적으로 장려하였다.

> 현대의 주택 단지에 단 한 가지 유형의 시민들만이 살아야 한다는 것은 전적으로 바람직하지 않다. 만일 우리가 충분한 삶을 영위할 수 있는 시민이라면, 그리고 저마다 이웃의 문제들을 알고 있다면, 공동체의 다양한 영역으로 나와야 한다. 우리는 잉글랜드와 웨일즈 마을의 좋은 사례들을 소개하려고 한다. 이곳에서는 의사, 식료품상인, 정육점 주인, 농장 노동자들 모두가 혼합된 공동체의 살아 있는 태피스트리(tapestry 역자 주: 색색의 실로 수놓은 벽걸이나 실내장식용 비단)를 이루며 같은 거리에서 살아간다.
>
> (Aneurin Bevan, 1949, Cole and Goodchild, 2001)

사회 계층에 있어서의 '혼합된 공동체'는 그 이후로(Berube, 2005) 사회 주택 개발로 촉진되었으며, 또한 개인 소유의 주택 개발도 포함되었고, 이는 임대 가구의 포함을 보증하는 기획 정책의 일환이었다. 계층에 관한 혼합된 공동체는 바람직한 열망이지만, '인종'과 관련해서는 이러한 비전이 아직 나타나지 않았으며, 현재의 자유방임적 접근은 '사실상의 분리를 못 본 척하고 있음'을 보여주고 있다(Cuperus, 2001).

또한 혼합된 공동체와 평등 의제의 관계는 일반적으로 경시되어 왔다. '가장 공정한 사회는 인종, 종교 또는 문화적 배경이 무엇이든지 간에 사람들이 경험과 공통의 바램을 공유하며, […] 모든 사람의 삶의 기회가 그들이 누구이고 어디에서 태어났는지와 무관한, 즉 연대에 기초한 사회라는 그 필요성을 재확인하는' 것을 인지하고 있지만(Lownsbrough and

Beunderman, 2007, p.3), 현실적으로 혼합된 공동체가 없다는 것은 경험 공유의 가능성들을 분명히 제한시키고 있다. 이는 단순히 공유 공간의 설계에 달려 있는 것이 아니라, 일상 경험의 부분으로서 공동체의 모든 요소요소에서 발견되어야 한다. 평등한 사회일수록 다양한 배경의 사람들은 같은 공장과 사무실, 학습 공간, 지역사회 센터와 공공장소에서 자신을 발견하기가 쉽다. 소득 수준이 동등하다면 상이한 배경의 사람들이 동일한 지역에서 유사한 부동산을 구입하거나 임대할 수 있고, 동일한 사회 활동과 여가 활동에 참여하며, 동일한 고용과 교육 네트워크를 활용할 수 있다. 또한 이러한 보다 혼합된 네트워크를 중심으로 사회 자본이 구축될 가능성이 있다. 로버트 퍼트넘(Robert Putnam, 2000)이 설명했듯이, 공유된 장소와 공간은 강력한 공동체 유대와 사회적 지지 및 상호성을 위한 네트워크를 구축하는 데 중요한 역할을 할 수 있다. 이러한 맥락에서 사회 자본에 대한 논의는 서로 다른 집단들 간의 '가교'를 강조하고 있는데, 사회 자본의 '연결'은 개인이 보다 폭넓은 기회들과 연결되고 보다 평등한 삶의 기회를 갖도록 하는데 기여할 수 있기 때문이다.

바시니(Varshney, 2002)가 지적한 것처럼, 단순히 거리에서 서로 다른 배경의 사람들이 서로 지나쳐 가고, 동일한 대중교통을 이용하거나 같은 가게를 출입하는 정도의 상호작용으로는 충분하지 않다. 피상적으로 혼합된 공동체는 공동체들 간의 장벽을 허물고 필수적인 신뢰와 이해를 구축하기 위해서 설계된 보다 의미 있는 대화의 과정을 고안할 필요가 있다. 유사하게 헬싱키(Helsinki)와 관련하여 코메디아(Comedia, 2010)는 다양성을 개방하려는 도시에서 많은 사람들이 만족스럽고 궁극적인 목적을 위해 다른 민족 배경을 갖고 있는 시민들 간의 '관용'을 중요시하지만, "단순히 이러한 '자애로운 무관심'만으로는 충분하지 않다"고 지적하였다.

관계와 관련한 지속적인 평가 과정은 사람들이 현재 관계를 맺고 있는 방식에 대한 지침을 제공하고 사람들의 참여를 끌어내는 흥미롭고 매력적인 기회 제공에 필요하다. 이것은 앞서 제안한 (6장 참조) 분리와 통합의 영역을 반영한 다양한 수준에서 이루어져야 한다. 그러나 대부분의 사회에서 인간관계와 공동체 간의 관계를 깊이 있게 고려할 필요가 있다고 여기며 필요한 전문 기술을 개발하는 경우는 거의 없었다. 나아가 그 개입의 규모와 성격은 구조적인 변화를 통해 도출되는 이익에 맞추어질 것이다. 예를 들면, 보다 혼합된 공동체들에서 나타나는 상호작용의 결핍을 상쇄하기 위한 장기계획 아래 제작된 참여 프로그램들을 지속하기보다는 학교와 직장에서의 분리 문제에만 초점을 맞추게 된다.

또한 공공장소의 활용에 대한 검토는 거의 없으며, 바로 실제 수행이 가능한 실천 방안과 전문적인 역량도 거의 없다. 그러나 코메디아가 설립하고 조셉 로운트리 재단(Joseph Rowntree Roundaion)이 후원하는 상호문화도시 프로젝트(Wood, 2004)는 다수의 시범 프로젝트와 보고서의 개발을 주도하였으며, 특히 공간과 상호문화적 활동 사이의 연관성을 반영하고자 하였다.

> 상호문화도시의 개념은 다문화적인 도시에서 우리가 다른 문화들을 인정하고 이상적으로 환대할 것을 전제한다. 상호문화도시에서 우리는 한 걸음 더 나아가, 더 큰 안녕과 번영을 만들기 위해 공유 공간에서 다양한 문화가 어우러져 함께 무엇을 할 수 있는가에 중점을 두고자 한다.
>
> (Auckland City Council, 2006)

접근 방식을 달리할 수도 있다. 소통의 다양한 교점이나 지점을 중심으로 상호작용을 발전시키고, 접근과 상호작용이 그 안에서 일어날 수 있도록 보장하는 것이다. 로운즈브로우와 번더만(Lownsbrough and Beunderman, 2007)은 '상대적으로 동질적인 미시공동체에서 위안의 공간을 찾는 현상은 점점 대중적이 되어가며', 민족국가가 분리주의 운동의 압력을 받는 것처럼 지역 차원에서의 공동체 공유 범위 역시 움츠러듦을 시사한다. 또한 공공 부분의 역할이 감소되면서 공적 공간의 수 자체가 줄어들고 있으며, 현재 많은 공적 공간들은 공적 특성을 잃고 암묵적인 진입 장벽을 만들고 있다. 심지어 이러한 공간들은 '공적'일지라도 '시민적'이지 않을 수 있으며 지속적인 상호작용에도 도움이 되지 않을 수 있다.

로운즈브로우와 번더만의 연구는 이러한 '공간의 잠재성'에 초점을 두었으며, 공간 안에서 일어나는 활동에 대한 정의로 서로를 가로지르는 8개의 주요 유형을 분류했다. 그들은 공적 공간의 범주를 다음과 같이 제시한다.

- 교류 공간 – 사람들이 일상의 필요를 추구하면서 지역에서 상호작용하는 공간
- 생산 공간 – 사람들이 일상에서 사용하는 제품과 상품을 만들거나 산출하기 위한 활동에 참여하는 공간
- 서비스 제공 공간 – 국가와 자원봉사 및 공동체 분야를 운영하는 서비스 공간
- 활동 공간 – 다양한 연령대의 여가 활동을 위한 접촉점을 제공하는 공간
- 민주적 참여 공간 – 거버넌스와 시민권의 모든 측면에서 개입하고 참여 활동을 하는 공간

- 무대 공간 – 상징주의와 대중문화를 강화할 수 있는 공간
- 사이 공간 – 분리된 지역과 경계 지역 사이에서 공유된 용도로 되돌리는 공간
- 가상 공간 – 인터넷과 글로벌 커뮤니케이션을 일반 개인의 용도에서 나아가 더욱 의미 있는 교류로 발전시키는 공간

(Lownsbrough and Beunderman, 2007)

이러한 공간의 범주는 '일상의 평범한' 만남에 기능적으로 개입하는 것이며, 활기차고 참여적인 상호작용을 위한 긍정적인 상호작용의 기회를 의미한다. 그러나 로운즈브로우와 번더만에 의하면 핵심 목표는 공간이 어떻게 신뢰할 수 있는 장소가 되는지 그 작동 방식을 이해하고, 상호작용은 공간 내에서 장려되기보다는 '조성된다'는 것을 이해하는 것이다. 다시 말하면 혁신과 창조성을 포괄하는 우회적인 접근을 사용하는 것이다.

헬싱키의 '상호문화도시' 보고서(Comedia, 2010)는 이러한 도시가 발전시킨 상호문화 프로그램들의 다양한 방법에 대한 세부사항을 제공하고 있다.

- 잉글랜드 런던의 루이셤 자치구

이 프로젝트는 갈수록 다양화 되어가는 공동체의 욕구에 더 잘 대응하기 위해서 상호문화적인 사고가 공적 영역을 향상시키고 발전시킬 수 있는 방법을 연구하는 상호문화적인 관점에서의 지역 발전 연구와 종합 계획 기법에 초점을 두었다. 풍요롭게 전개되고 있는 문화 다양성을 인지하며 루이셤은 보다 문화적으로 적절한 자문과 계획의 과정을 통하여 장소에 있어서의 새로운 상호문화적인 감각을 발

전시키고자 한다. 이 연구는 다양화된 공동체에 대한 위원회의 이해를 증진하기 위해 새로운 동반자들과 중재자들이 참여하여 자문 전략과 기술을 모색하였다.

• 노르웨이의 오슬로

노르웨이의 오슬로 연구 사례는 경제적인 발전과 가치 창조를 위해 민족 다양성이 기여한 결정적인 성공 요인들을 조사하였다. 이 조사는 어디에 상호문화적인 혁신이 있고, 지역의 상호문화 매개자들과 네트워크가 상호문화적인 창조 환경을 지지할 수 있는 능력이 어느 정도인지를 확립하기 위해 현재 통용되는 경제 활동 분야를 탐색했다.

• 노르웨이의 브람멘

노르웨이의 또 하나의 사례는 민족의 다양성과 기업가 정신을 조사하기 위해 브람멘 도시에서 위탁한 연구이다. 이 연구의 목적은 이민자의 사회적 · 경제적 · 문화적 자본을 더 잘 이해하고, 혁신과 기업가 정신에 대한 이민자들의 잠재력이 공동체에서 어떻게 활용되고 발전시킬 수 있는지를 조사하는 것이다.

• 오스트레일리아의 로건

로건의 도시 퀸즐랜드에서 '상호문화도시' 연구 사례의 주요 초점은 로건 교외 지역의 정착과 인구 분포의 공간적 · 사회적 · 경제적 역동성에 있었다. 이 연구는 군집으로 있는 것보다 상호문화적으로 혼합하는 것이 로건에서의 소수민족들에게 소속감의 발전을 어느 정도로 돕거나 방해하는지를 고찰하였다. 또한 지리적/문화적 집단들로 모여 있기보다 로건 전역에 정착하도록 이주민들을 장려하는 조건들이 무엇인지 이해하기 위해 노력하였다.

• 뉴질랜드의 오클랜드

이 연구의 목적은 상호문화적인 접근법이 얼마나 경제적·문화적·사회적 안녕에 기여하는지를 더 잘 이해하는 것이었다. 이것은 경제적인 측면에서 다양성이 혁신, 창조성, 기업가 정신에 어떻게 기여하는지 고려하는 것을 의미한다. 이 연구는 사회·문화적인 측면에서 다양성이 상호문화적인 네트워크와 이문화 활동의 유익함을 장려하는 조건들에 어떻게 영향을 미치는지와 상호문화적인 접근법이 이중문화(bicultural) 접근법과 얼마나 병행될 수 있는지를 조사하였다.

(Comedia, 2010)

그리고 헬싱키 보고서와 관련하여,

헬싱키는 국제적인 경쟁력과 매력도의 측면(기술적인 동화와 혁신, 관용, 우수한 거버넌스, 교육, 공공 서비스 및 비즈니스 환경)에서 매우 성공적이었음을 알 수 있다. 그러나 다른 면(언어 장벽, 노동 시장과 전문적 네트워크 및 사회적 네트워크의 고립성, 과도하게 기능적이고 위생적인 물리적 환경, 삶의 방식과 기회에 있어서의 다양성 결핍)에서는 국제적으로 우수한 실천에서 뒤처진다.

이는 도시가 안주해서는 안 된다는 것을 경고하는 것이다. 현재 도시

> 의 새로운 다양성이 발생시키는 신선함과 낙관주의는 한 세대 내에 서로 이해하지 못하는 집단들 간의 냉담한 교착상태로 악화될 수 있으며, 헬싱키는 경쟁력 있는 국제도시 네트워크에서 소외될 수 있다.
>
> (Comedia, 2010)

이에 못지않게 중요한 것은 보다 많은 기능적인 측면에서 통합의 다양한 수준에 있는 장벽들을 상당 부분 제거할 수 있다는 것이다. 이것은 6장에서 언급한 특히 교육, 고용, 형사 사법, 정치의 영역에서 제도적인 장치를 중심으로 이룰 수 있다. 이러한 장치들은 통상적으로 권리 의제의 측면에서 볼 수 있으며, 차별 방지와 기회 평등의 신장과 밀접하게 관련된다. 그러나 다수 공동체와 소수 공동체 모두에게 공유되는 분명한 권리 체제의 필요성 강조와 우선사항에 대한 몇 가지 제안일 뿐, 여기에 열거된 모든 조치들(Cantle, 2008, pp.174-178에서 논의함)을 시행하라는 것은 아니다.

특히 메이슨(Mason)이 제언한 바와 같이 정치 형태에 대한 접근과 참여는 권한의 핵심 영역이며, 권리와 책임의 행사는 다른 사람과 직접적으로 또는 간접적으로 대화하는 것으로만 이루어질 수 있다. 새로 온 이주민들이 사실상 지역의 시민이라는 것을 인정하는 의미에서 지역 선거에서 투표할 수 있는 권리가 주어져야 한다. 이들은 임대료의 일부로 재산세와 지방세를 납부하고, 공공시설에 대한 에너지 및 기타 공공요금을 내며, 자녀들은 지역의 공원과 학교와 지역의 편의 시설을 동일하게 이용한다. 사실상 새로 온 이주민들은 기존 서비스 사용자들과 동일한 위치에 있다. 이들이 국가의 역사나 제도를 폭넓게 이해하고 있어야만 하는 것은 아니다. 국가 선거에서 투표는 시민권의 전제조건일 것이다. 정치 토론과 시민 토론에 참여하는 것은 공동 이해의 발전과 공유 가치를 이해하는 과정에 도움이 된다. 또한 투표는 '게이트 키퍼'인 공동체 지도자들에게 의존하기보다는 개개인의 행동을 이끌어내므로 장려된다.

공통 언어의 장려 또한 핵심 사안이다. 공통 언어는 정치 통합과 노동시장 내에서 기회의 평등을 위해 필수적이다. 언어는 또한 관용어와 유머의 사용, 문학, 텔레비전, 영화 등 공동의 향유를 통해 문화적인 통합을 제공하도록 돕는다. 공통 언어는 소수 언어의 배제를 요구하지 않는다. 다양성을 공표하고 증진하기 위한 폭넓은 프로그램으로서 소수 언어의 존속을 장려하고 육성하지 않을 이유는 없다. 다만 공통 언어를 통해 공통 정체성과 같이 정체성에 대한 다른 개념들을 확대시킬 수 있다. 공통 언어가 필요하다는 제안은 2001년 공동체 결속(Cantle, 2001)을 위한 폭넓은 프로그램의 일환으로 영국에서 처음으로 논의되었을 때 논쟁이 되었지만, 곧 지지를 받았으며, 현재는 일반적으로 받아들여지고 있다. 그럼에도 불구하고 영어를 배우기 위한 사람들을 돕기 위해 도입한 '외국어로서의 영어(ESOL)' 프로그램은 예산이 부족한 채로 단편화되어 남아 있다.

그렇지만 특정 언어에 대한 강조가 일부 맥락에서는 논쟁이 될 수 있다. 예를 들어, 프랑스어를 사용하는 퀘벡 주에서는 실제로 영어가 모국어인 상당수의 시민들이 소수자로서 어려움이 있다는 것이 입증되었다. 전체적으로 캐나다에서는 광범위한 대다수의 사람들이 영어로 말한다. 지방정부 검토에 따라(Bouchard and Taylor, 2008), '공통 공용어로서 프랑스어 제정'은 지지자들에게 '합법적인 상황의 우선순위'로서 판정되었다(Bouchard, 2011). 그러나 퀘벡 주의 경우에 모든 이주민들은 영어가 모국어인 사람들조차 그들의 자녀에게 영어를 사용할 수 있는 학교가 아닌 프랑스어 학교에 보내도록 요구받는다는 점에서 수용보다는 동화주의로 간주될 수 있다.

이는 제도적인 장치를 통해 자기들의 문화적인 이익과 역사를 보호하려는 지배 문화나 다수 문화가 정당화되고 있는지를 보다 더 일반적인 원칙으로 고려하고 있다는 것을 여지없이 드러낸다. 이것은 특히 새로 온 이주민 집단과 관련된 논제일 수 있지만, 또한 수 백 년에 걸쳐 다수 공동체의 특권을 확립하고 오랜 기간 소수 공동체를 존속시킨 여러 국가들과도 관련된다. 이러한 일들은 일반적으로 언어, 역사, 신앙—특히 신앙이 어떻게 표현되고 인식되는지—을 중심으로 일어난다.

부샤르(2011)는 퀘벡 주민들이 상당한 영향을 받고 있는 영어권의 캐나다 문화와 새로 들어 온 이주민들의 고유한 문화적 표현으로 인해 다양성에 직면하여 현재 퀘벡의 프랑스 문화를 어떻게 보존할지에 대하여 숙고한다. '합법적으로' 보존되고 보호될 수 있는 프랑스 문화의 측면들을 고려하여 그는 다음과 같이 제안한다.

- 공용어로서 프랑스어를 제도화
- 역사 교육 과정에 과거 프랑스어를 사용한 내용을 교육할 수 있도록 현저한 비중을 할당. 민족의 기억은 포괄적이며 다수의 서사가 미치는 영향력은 우세하다고 봄
- 현재 윤리와 종교 문화에 대한 새로운 교육 과정에서의 우선적인 지위는 기독교에게 줌
- 가톨릭교회에서 국가 수상의 공식적인 장례식을 거행
- 퀘벡 국기에 십자가 모양을 유지(이는 이미 문제가 제기됨)
- 공공 광장이나 건물에 크리스마스 장식물을 장식
- 하루의 다양한 시간대에 가톨릭의 교회 종을 울림

반면에 부샤르는 다음을 다수 문화를 위해 '특별한 우선권이자 남용의

확대'로 간주한다.

- 국회와 공공 법정의 벽에 십자가를 다는 것
- 시의회에서 기도문 낭독
- 다른 종교를 배제하기 위해 국가 기금을 공립 병원의 목사나 가톨릭 성직자 직책 보호에 지급
- 공공 부문과 준 공공 부문의 모든 고용인에 대한 종교적 표시물 착용의 일반적인 금지
- 캐나다 권리와 자유 헌장의 서문에 하나님의 주권 언급
- 문화적 다수와 소수 집단 간의 공식적인 위계를 확립하는 헌장의 조항 또는 조목 포함
- 거리나 공공장소에서 부르카 착용 금지(안보나 기타 강력한 이유는 제외)

여러 면에서 이것은 매우 평범한 목록으로 보이지만, 언어, 신앙, 역사에서 이러한 차원들은 '핵심 가치'와 동등하게 여겨졌기 때문에 정체성과 문화의 상실로 이어질 것이라는 근본적 우려가 나타나게 된다. 사안의 정확한 성격은 나라마다 다르겠지만, 재차 근본을 언급하면서 보다 근본적인 우려에 대한 부샤르의 설명과 매우 유사한 사안들이 대부분의 다른 서구 민족들에서 발생할 수 있다. 그러나 합법성과 권한에 대한 '협상'은 다수 민족의 맥락에서 정해진다. 이 주류 민족들은 일반적으로 세계화로 인한 변화의 '위협'과 특히 이러한 변화의 당사자인 이주민들에게 민족의 과거와 현재의 모습을 고수하려고 한다. 그러므로 그 출발점이 '점점 더 상호의존적이고 상호 연결된 세계에서 우리가 어떻게 함께 잘 살아갈 것인가?'와 같은 질문은 염두에 없다. '우리가 우리를 위해 어떻게 이 일을 잘

해나갈 수 있을까?'라는 질문보다는 '우리가 어떻게 변화의 힘을 억제시킬 수 있을까?'에 중점이 있다.

최근 몇 년 동안 근본적인 변화가 있었고 다수의 종교 의식이 크게 감소하였음에도 불구하고, 다수 공동체와 소수 공동체 간의 구분선으로 신앙(그리고 신앙의 문화적 표현)을 계속 거론하고 있는 부샤르의 목록에는 모순이 있다. 이제는 언어가 다수의 언어로 권해지면서 갑자기 신앙을 앞지르는 새로운 문화 표지가 되었다. 이는 현실을 직시하지 않는 정부의 노선으로 인해 막을 수 없는 진화의 과정이다. 변화는 모든 공동체들에 영향을 미쳤다. 그러므로 상호문화주의 모델은 문화 발전이 단순히 다수와 소수 간의 반복적인 과정에 기초하는 것이 아니며, 어느 한 나라의 국경 내에 있는 변화에만 국한되는 것이 아니라는 것을 인식할 필요가 있다. 고정된 문화 개념을 고수하는 것은 세계화된 세계에서의 고려 사항이 아니다.

분리에 대한 보다 최근의 논의들 가운데 많은 부분들은 각 공동체에 대한 구별되고 분리된 가치의 인식과 소수 공동체가 주류 민족적 가치를 통합하고 수용하지 못했다는 인식에 기초하고 있으며(Cameron, 2011; Merkel, 2010; Sarkozy, 2011), 이것은 현재 문화의 구별성을 강조하려는 극우에 의해 강력하게 공표된 견해이다(Goodwin, 2011a). 이는 무슬림 공동체에 초점을 둔 많은 나라의 반테러 활동을 통해서 새로운 기폭제로 작동하고 있으며, 안타깝게도 내부의 무슬림 정체성을 강화시켰으며 동시에 그들의 '타자성'이라는 인식을 확대시켰다(House of Commons Communities and Local Government Select Committee, 2010). 그러나 '공통 가치'의 장려는 또한 공유된 정체성을 창조하기 위해 이전에 여러 차례 제안되었는데(Denham, 2001), '영국성(Britishness)'과 스코틀랜드 독립의 사례에서처럼 강력한 민족의식을 만들면서 분리주의 운동을 약화시키려 한 민족정체성 캠페인으로 나타났다.

그러나 앞에서 지적했듯이, 국가가 분리하는 정체성을 만들고 유지하려는 (캐머런(2011)이 언급한 '국가 다문화주의') 국가 자체에 때로는 책임이 있다. 특정 기금 지원 제도와 특권적 대표성은 이러한 차이를 강화하였으며, 변화에 저항하는 보다 완고한 정체성을 만들었다. 유감스럽게도 국가는 그들이 실제로 무엇인지에 대해서도, '언론의 자유', '법 앞에서의 평등', '관용과 공정함에 대한 믿음'과 같은 가치가 국가의 특정 가치보다 보편적이라는 것에 대해서도 실질적인 합의가 없기 때문에, 공통 가치에 대한 진정한 의식 증진에 어려움을 겪고 있다. 공동체 결속 프로그램은 '공통 비전'과 '소속 의식'을 발전시키는 데 있어서는 보다 성공적이었지만(Cantle, 2008, pp.178-186), 지역 기반의 접근법과 일상 속 '여기라는 주변의 일들'에 대한 이해에 너무 치우쳐져 있다.

국제적인 차원에서 공통 가치를 장려하거나 세계 시민 의식을 만들려는 노력은 더욱 미진하였다. 민족이라는 공통 가치를 설정하는 것과 같은 하향식의 방식은 유지되기 어렵다는 것이 분명히 입증될 것이다. 그러나 수평적 형태의 리더십과 정체성을 지지하는 자발적 행동과 상향식 과정이 성장하는 징조들이 있다. 인터넷과 전 지구적인 통신, 그리고 초국가적인 소셜 미디어의 부상을 통한 지식의 민주화 시대에서, 국경은 최근 '아랍의 봄'과 유럽의 저항 운동인 인디그나도스(indignados)라는 경과에서 분명하게 보여주듯이 그 의미가 약화되었다. 옥스팜(Oxfam 역자 주: 옥스퍼드(Oxford)를 본부로 하여 발족한 국제 빈민구제 기관), 세계야생동물기금, 아동 긴급조치를 포함한 영향력 있는 많은 비정부 기구들(NGO)이 지원하는 공익연구센터(Public Interest Research Center, 2010)는 새로운 접근법을 제시하기 시작했다. 이 기구들은 '자유, 창조성, 자기존중 또는 평등과 자연과의 조화, 그리고 사회 정의, 환경 친화적 행동, 편견의 수준을 낮추는 것에 대한 관심과 같은 본질적인 가치를 우선시하는 것'이 개인의 행복 수준을 저해하는 경향이 있는 '비본질적인 가치—부(富) 또는 공적 이미지의 유지와 같은—'보다 더욱 유익하다고 주장한다.

주로 비정부기구와 교육 기관으로 구성된 230개 단체가 지원하는 씽크글로벌(Think Global, 2011)이라는 기구는 서로 다른 국가의 시민들이 공통 문제와 긴급한 현안의 해결에 애쓸 때 새로운 글로벌 가치가 나타날 것이라 믿는다.

> 우리는 상호의존적인 세계화된 세계에 살고 있다. 우리는 집단적으로 많은 문제들—평등과 빈곤, 기후 변화, 인종과 종교에 대한 비관용—에 직면해 있다. 그리고 미래에는 우리가 아직 예측할 수 없는 새로운 문제들이 놓여 있다.
>
> 우리는 변화하는 세계에 대해 새로운 방식으로 사고하고 대응하는 것을 배우기 위해 열려 있는 참여적인 대중의 힘과 창조성을 통해 이러한 도전들에 맞설 것이다. 변화는 정부나 비정부기구들의 노력을 통해서만 일어나지 않는다. 이러한 시민운동을 촉진하려면 우리가 직면한 세계의 문제들과 우리의 상호의존성, 그리고 변화에 영향을 주는 우리의 힘에 대해 배워야 한다.
>
> (Development Education Association, 2010)

'변화를 위한 공연(Playing for Change)'[3]과 같은 단체들도 보다 더 전 지구적인 연결성에 영향을 주기 위해 노력하고 있다. 이 활동은 음악을 통해 영감을 얻어 세계를 연결하고 평화를 가져오기 위한 멀티미디어 운동이다. 그리고 '사람들이 상이한 지리적, 정치적, 경제적, 정신적 또는 이데올로기적 배경에서 왔는지에 상관없이, 음악은 이를 초월하여 하나의 인종으로 우리를 연합하는 보편적인 힘을 갖고 있다'는 신념에 기초하고 있다. 그러나 이것은 작은 규모의 제한된 계획들이다.

분리와 통합에는 보다 새롭고 섬세한 이해가 있어야 한다. 분리를 허물거나 통합을 증진하는 일은 우리 자신에 대한 기존의 관념을 위험에 빠뜨리지 않고 다양한 차원에서 여러 가지 방식으로 만들어 갈 수 있다. 이것은 시간이 지남에 따라 다양한 맥락에서 변화하고 발전하여 새로운 정체성은 기존의 정체성에 추가될 수 있고, 정체성의 층위들과 다각적인 형태를 만들어 간다. 하지만 상호문화적인 세계에서 이러한 일들은 완전히 새로운 글로벌 맥락에서 바라봐야 하는데, 곧 초국가적인 연결성이 글로벌 가치로 간주되기 시작할 것이기 때문이다. 어쨌든 변화는 무조건 촉진되어야 하고, 더 좋게는 격려되고 흥미로워야 하며, 최악의 경우에라도 비위협적이어야 한다. 더구나 다른 사람들에 대해 '움츠려 들어' 장벽을 세우는 것이 보호 받는 일이라고 믿어온 고립된 공동체들에게 세계화의 영향에 대한 대응이 긍정적이고 선제적으로 계발되어야 한다.

문화 항해의 기술과 상호문화역량 개발

차이에 대한 두려움을 극복하고 다양성을 위협이 아닌 기회로 생각하기 위해서는 사람들이 적응할 수 있는 교육 및 학습 경험이 필요하다. 이러한 활동은 어느 정도는 지속적인 일상의 경험에서 이루어진다. '다른 사람들'을 TV, 인터넷, 기타 소통 채널을 통해 만나거나 볼 수 있으며, 학교에서는 문학과 영화 매체 등을 통해 배울 수 있다. 혼합된 지역일수록 거리, 상점, 대중교통, 통합된 직장과 학교를 통해 일상의 평범한 접촉이 훨씬 많다. 그러나 여기에서의 접촉은 '친절한 무관심을 나타낼 뿐 상호문화적 경험을 반드시 수반하지 않을 수 있으며'(Comedia, 2010), 바시니(Varshney, 2010)가 경고한 것처럼 공동의 긴장이 증가한다면 접촉은 거의 가치가 없어질 수도 있다. 접촉 이론가들이 지적했듯이 교류가 일어나는 상황이 호혜와 신뢰의 구축보다는 곧, 관계가 개선되기보다는 퇴보할 수도 있다.

보다 폭넓은 사회에서는 정부기관들과 NGO 단체들이 다른 국가, 민족, 신앙에 대한 이해를 발전시키기 위해 많은 노력을 기울일 수 있다. 이것은 클라크(2008)가 제시했듯이, 국제적인 축제와 행사를 제공하고 외국인들에게 반감을 주지 않는 투자 구조를 만들려는 지속적인 노력과 같은 '개방성'의 형태를 취할 수 있다. 물론 때로는 사람들의 입장과 견해에 대한 전반적인 분위기가 정치 지도자들에게 영향을 받을 수도 있고, 호전적이고 민족주의적인 발언들이 다수 공동체의 특정 입장들과 부합될 수도 있다. 하지만 이러한 일들은 거시적인 국가 연합을 이루는 데에 거의 도움이 되지 않으며, 위에서 옹호한 리더십과도 맞지 않는다. 세계은행은 '사회적 자본에 관한 광범위한 기관 조사'에서 다음과 같은 결론을 내린다.

> 사회적 결속은 공통의 필요를 해결하기 위해 기꺼이 함께 일할 수 있고, 제약을 극복하며, 다양한 이해관계들을 고려하는 개인들을 통해 나타난다. 그들은 시민 정신을 통한 대립적이지 않은 방식으로 차이들을 해결할 수 있다.
>
> (The World Bank, 2010)

세계화와 초다양성은 인구 구성이 서로 연결되어 있으며, 사람들의 이동과 섞임이 지속적으로 증가하듯이 계속해서 변화되는 방식에 대한 도전을 의미한다. 만일 긴장과 갈등을 최소화하고자 한다면, 정체성의 또 다른 층위—국제적인 형태나 세계시민의 개념—의 발전이 이미 증가하고 있는 개인정체성의 복잡성에 점진적으로 더해져야 한다. 국가는 시민들이 다른 정체성을 탐구하는 능력을 습득하고, 다른 문화를 이해하고 포용하는 능력을 구축할 수 있는 '문화 항해의 기술(cultural navigation skills)' 발전에 대한 투자를 시작해야 한다.

또한 더욱 경쟁이 치열해진 고용과 비즈니스 시장에서 젊은이들이 갖추어야 할 특별하고도 분명한 경쟁력이 요구되고 있다.

> 글로벌 기업들이 원하는 것은 우리가 생각하는 글로벌한 관점을 가질 수 있는 사람들이다. 학생들이 만일 문화의 관점을 확장시킬 수 있는 기회를 갖는다면 이러한 일을 잘 해 나갈 것이다. 성공한 사람들은 다(多)-학제적, 다(多)-문화적, 다(多)-지역적 측면에서 일할 수 있다. 만일 어떤 학생이 다른 문화적 배경의 사람들과 원만하게 일할 수 있음이 증명된다면, 우리는 지적 호기심과 문화적으로 기민한 학생들이 필요하기 때문에 그가 글로벌 맥락에서 일하고자 할 때 큰 가점을 줄 것이다.
>
> (쏘냐 스톡턴(Sonja Stockton), 프라이스워터하우스쿠퍼스 (PricewaterhouseCoopers) 이사, British Council and Think global, 2010)

실제로 비즈니스 리더들에 대한 여론 조사를 보면, 이들은 글로벌 경쟁력과 관련된 성장의 필요성을 더욱 잘 인식하고 있지만, 정부는 대응이 너무 느려서 글로벌화 된 세계에 영국의 젊은이들을 준비시키지 못하였다고 보고 있다. 이사회와 이사급 임원 및 최고경영자들의 4분의 3은 '젊은이들이 보다 글로벌한 생각을 배우지 않으면 신흥 국가들 뒤로 밀려날 위험이 있다'고 생각하며, 유사한 비율로 '많은 젊은이들의 식견이 세계화되고 다문화적인 경제에서 작동하기에 충분히 넓지 않다고 걱정하였다.' 나아가 이들은 젊은이들이 보다 글로벌한 사고를 배우지 않으면 영국은 '중국, 인도, 브라질과 같이 빠르게 성장하는 신흥 국가들 뒤로 밀려날 것'으로 보고 있다(Council and Think Global, 2010). 취업능력 기술은 비즈니스의 성공에 있어 필수적이며, 경제는 점점 더 세계화되어 가고 있기 때문에 글로벌한 취업능력 기술은 비즈니스의 성공과 경제 성장의 중요한 결정요인들 중의 하나일 것이다.

보다 일반적인 국제 지향적인 교육과 경험적인 학습의 기회는 필수적이며, 학교의 교육과정에 이를 반영하는 개혁이 시급히 요청된다. 안타깝게도 현재의 추세는 적어도 영국에서는 강력한 민족정체성 의식과 연대를 만들려는 민족의 역사와 그 '민족적 서사'에 보다 크게 중점을 두며 국제 지향과는 반대적인 방향으로 흐르고 있다. 이는 일견 바람직해 보일 수도 있지만, 그 자체로는 세계화에 대한 부적절한 대응이라 할 수 있다. 민족정체성은 민족 또는 우리들 자신에 대한 부가적이고 세계적인 개념에 이해 훼손되지 않으며 오히려 서로가 보완적이다. 이것은 공식적인 교육에서 강조해야할 것이 협소한 민족주의보다 공동의 세계 역사와 문화—그리고 공동의 미래 세계 구축—에 대한 이해를 만드는 것이어야 함을 말한다. 여기서 중요한 것은 단순히 동정적으로 다른 사람에 대해 배우는 것이 아니라, 군다라(Gundara, 2000)가 제언한 것처럼 '교육이 단일정체성의 관념을 복수성의 관념으로 바꾸고, 공유될 수 있는 공통의 가치 체계와 공적

문화를 발전시킴으로써 어떻게 결속의 시민 사회에 보다 발전적으로 이바지할 수 있는가'이다.

영국 정부는 보다 일반적인 여론과 여론 조사들에서 분명하게 벗어나 있다. 입소스 모리(Ipsos MORI)에서 실시한 조사에 따르면 일반 국민의 86퍼센트는 청소년들이 학교에서 글로벌한 쟁점에 대해 배워야한다고 생각하는 것으로 나타났다. 실제로 대중은 상호문화학습 프로그램을 지지해 왔는데, 이 프로그램은 현재까지는 규모가 작다. 자금도 부족하고 시간적 제한이 있었으며 대체로 긴장이나 갈등에 대한 단순 대응으로 시행되어 왔다. 영국에서 나타난 실천은 대부분 매우 지역화되어 있고 규모가 작은 자발적인 단체들이 주로 주도해 왔다(ABCs at iCoCo, 2009). 많은 공공 서비스 제공자들은 그들의 주요 프로그램에 상호문화학습 프로그램을 포함하거나 '연결' 짓지 못했고, 이러한 활동이 분명히 서비스 전달과 평등 작업의 기본인데도 단체의 전략과 목표로 삼지 않았다.

상호 관계 역량 개발에서의 난관에서와 같이 기타 다른 전문 기관들 역시 필요한 기술이 부족했으며, 새로운 전문 분야에 참여하고 문제를 극복하기 위한 충분한 훈련을 받지 못했다. 반면 자발적인 기관들은 아마도 그들의 공동체 내에서 일상적으로 일어나는 일에 대한 간단한 대응을 발전시켜가면서 점차 그들의 활동을 확장하고 이 분야에서 전문성을 구축했지만, 전문 기관들은 새로운 의제에 대한 대응이 느렸다. 주로 이러한 환경 조성과 관련된 143개 기관들의 전문적인 발전을 검토한 결과, '결속'과 '지속가능성'의 측면에서 지식과 기술의 발전은 '실망스럽다'고 나타났다(iCoCo, 2007). '문화 리터러시'의 개념은 특히 상호문화 분야와 관련된 기획과 환경 조성 직종에서 '필수적인 기술'로 여겨졌지만, 발전을 위한 방법론이 설정되었음에도 불구하고(Brecknock, 2006), 아직 실천을 통해 스며들지는 못하였다. 더욱 우려되는 점은 학습 과정에 있어 구체적으로 '공동체의 결속을 장려하는' 일을 담당하는 전문 직업 또한 부족한 실정이며, 일반적으로 다문화적인 학교에서 자신감을 갖춘 기존의 교사는 물론이고 신입 교사들을 준비시키지 못했다는 것이다(Ajegbo, 2007). 실제로 군다라(2001)가 지적했듯이, 세계 대부분의 교육 체계는 사회 내 이질성 수준의 현실에 대한 교육적 함의를 받아들이려하지 않았다.

또한, 일부 저항들이 특히 스스로가 다른 사람들과 관계 맺기를 꺼려하는 단일정체성 그룹에서 나타나고 있다. 그들은 다른 사람들과 관계하는 것이 자신의 정체성을 위협한다고 생각하며, 자기 자신의 정체성에 대한 자신감을 형성하는 것이 다른 사람에 대해 배우는 것에 있어서의 선행조건이라고 주장한다. 이것은 정체성에 대한 협소한 개념을 중심으로 방어적인 경계를 만드는 것 그 이상이 아니며, 다른 정체성에 대한 탐구를 이미 결정된 전통적인 우리의 뿌리로 되돌아가려는 방식의 한 과정으로 보고 있다. 정체성은 어떤 경우에도 다른 사람들을 통해서 형성된다. 정체성의 핵심은 사회적으로 규정되고, '역사적으로 발생되며 본질적으로 관계적'이기 때문에, 우리의 정체성은 '우리인 것'이 아닌 '우리가 아닌 것'에 의해 정의된다(Sandercock, 2004). 다른 정체성들을 탐구하는 핵심은 다른 사람들과의 공감을 통해 변화하고 발전해나가는 것이다. 이것은 우리 자신의 정체성이 그들로 대체되는 것이 아니라 우리가 그들 정체성의 일부를 더하여 받아들일 때에 가능하다.

많은 공동체들은 이미 강력한 문화 장벽을 세우고 있으며, 상호문화적인 교류에 참여하기를 꺼려하고, 공동체 구성원들에게는 일상의 접촉마저 피할 것을 권고하고 있다. 리더십이 상호작용에 영향을 미치고 있으며 높은 수준의 정체성 정치에도 의존한다. 그러나 가장 강력한 문화장벽은 일반적으로 다른 집단과의 결혼인데, 때로는 거의 합법적이지 않은 수단에 의해 강력하게 반대된다. 다른 집단 간 결혼의 반대는 지속적인 관계 발전을 막는 문화 간 접촉 방식에 대한 두려움과도 같다.

주요 공공 서비스 제공자들과 관련 기관들은 발전되어야 하며 보다 높은 수준의 자신감과 역량은 필수적이다. 영향 평가들은 여전히 기초적인 수준이고, 일부 상호문화 연구는 현재 적절히 측정되고 있지만, 프로그램들은 대부분 입증되지 않은 증거나 경찰 혹은 종교 및 공동체 지도자와 같은 이해관계자의 견해에 의지하고 있다. 범죄나 반사회적 행동과 같은 주로 삶의 질에 대한 사안과 관련되어 있으며, 구체적인 편견의 감소 조치보다는 사람들이 그들의 지역에 대해 가지는 안정감에 초점을 두고 있다. 공공 기관과 자발적인 단체들은 광범위한 계획을 위해 다른 집단들과 제휴하지 않고, 아마도 한 지역에 국한되거나 하나의 공동체에 기초하여 주로 고립되어 운영되는 것으로 보인다. 결과적으로 이들은 차이에 대한 폭넓은 수용을 확립하지 못하고 구분된 하나의 분야만을 다룰 수 있다. 예를 들어 인종이나 신앙의 차이에 기초한 계획은 성적 지향을 무시하거나, 학교의 학생들에게 초점을 맞춘 계획은 부모와 다른 거대 공동체의 압력을 받고 있다. 이러한 의미에서는 상호문화대화(ICD)의 원칙에 기초한 과정이 진행은 되고 있지만 이들이 상호문화성을 증진시키고 있다고는 말할 수 없다. 또한 많은 계획들이 폭넓은 전략과 연결되어 있지 않았으며, 소속감을 증진시키거나 불평등을 다룰 수 있는 역량에도, 말하자면 다양성의 가치를 신장시키는 데에도 이르지 못하고 있다. 이 같은 어려움들은 현실 속에서 인지되고 있다.

개방성과 다양성의 이점을 충분히 실현하고자 하는 도시는 교육, 이웃, 공공장소 및 경제의 영역에 있는 사람들 간의 적극적인 참여와 협력에 기초한 역동적인 정책 의제를 추구해야 한다.

이러한 추세는 개인에게 요구되는 자질과 조직의 문화에 강한 영향을 미칠 것으로 보이며, 민간에서부터 지역사회 그리고 공공 행정까지 전 영역에 걸쳐있다. 이것이 성공적이기 위한 정신적 성향과 기술이 필요한데, 우선적으로 소통 능력, 학제 간 협력 연구, 문화 리터러시, 수평적 사고 및 전체적 사고를 들 수 있다. 여기에는 개방성이 필요하다. 조직의 관점에서 보면 이것은 더욱 통합적인 업무, 서로 다른 분과들을 결합하는 통찰력, 부서 간 고립이 아닌 과업 지향적 팀의 필요성을 의미한다.

(Comedia, 2010)

이 당시에 상호문화역량의 발전은 초기 단계였지만, 일부 초창기 프로그램들은 우수했으며, 분명히 무시할 수 없는 영향을 미쳤다. 그러나 지금은 상당히 높은 수준의 특성과 규모가 요구되고 있다. 사람들은 지역, 국가, 국제 사회에서 다른 사람들에 대해 배울 수 있도록 장려되어야 한다. 이를 뒤로하고 고정되고 단일한 정체성의 형태를 고수하고 장려하려는 관행은 도전 받지 않을 수 없다. 학교, 대학, 직장, 지역사회 단체는 포용과 개방성에 기초한 상호문화대화와 보다 넓은 사회적 상호문화주의를 신장시켜야 한다. 특히 고립되고, 분리되고, 패쇄적인 공동체들이 넘어설 수 있는 기회들이 만들어져야 하며, 이러한 공동체들에게는 불균형한 기반 극복의 자원이 제공되어야 한다. 상호문화적인 환경을 증진시킬 수 있는 기술적 기능과 자신감을 갖출 수 있도록 공공 기관, 자원봉사 단체, 고용주들을 위한 전문성 개발도 촉진되어야 한다. 그러나 이러한 일들은 정체성의 보다 세계시민적인 형태를 장려하고, 끊임없이 다른 사람들과의 폭넓은 연대를 모색하고, 다른 사람들을 더 잘 이해하고 있는 리더십 없이는 성공할 수 없다. 마찬가지로 여기에는 공적 영역에서의 신앙과 표현의 자유를 허락하고, 여러 가지 차원의 다양성에 대한 소속을 가치 있게 여기며 증진하는, 독립적이고 세속적인 거버넌스 체계의 지지가 요구될 것이다. 무엇보다도 상호문화역량의 발전은 진행되고 있는 세계화의 과정에 대응하여 끊임없이 자기 스스로를 재확립하고 역동적인 정체성의 형태를 받아들일 수 있는 넓은 개방적 문화의 일부가 되어야 할 것이다.

상호문화주의는 단순한 정책과 프로그램 그 이상이라 할 수 있다. '상호문화도시' 보고서에서 지적한 것과 같이 '상호문화 활동을 지원하는 것은 [⋯] 사고방식을 변화시키고, 문화를 가로질러 새로운 기회를 창출하는 것이며 [⋯] 상호문화적으로 생각하고, 계획하며, 행동하게 하는 것이다'(Auckland City Council, 2006). 결국 보다 중요한 것은 우리가 분리되어 살아온 과거의 역사에 의해 결정되기보다는, 우리가 이루기 원하는 세상을 그려나가고자 하는 것이다.

미주

2장 세계화와 '초다양성'

1. 2011년 10월 15일 '인디그나도스(스페인어로 분노한 사람들)'는 약 90여 개의 나라들에서 전 세계적인 변화를 촉구하는 시위와 함께 국제적인 저항의 날을 고무시켰다. 이들은 '지배 권력은 단지 소수의 이익을 위해 일한다. 수많은 다수의 의지, 인간, 환경 비용 모두가 무시되는 가운데 우리 모두가 그 값을 치루고 있다. […] 우리의 미래를 결정하는 것은 바로 우리들에게 달려 있다. 우리는 우리를 대표하지 않는 정치인이나 은행가들의 손에 놀아나는 물건이 아니다.'라고 대항하였다(http://15october.net/).
2. 'Labour'는 영국 노동당을 일컫는다.
3. 타리크 라마단은 2006년 7월 7일 '서구 무슬림들과 동료 시민들에게 호소'한 '새로운 "우리"를 위한 선언문'을 발표하였다.

3장 정체성 개념의 개혁

1. '용광로(Meltiong Pot)'라는 노래는 1969년 영국에서 발매되었으며, 블루 밍크가 노래했고 이 후에 컬쳐 클럽이 다시 불렀다.
2. 방지 프로그램(Prevent programme)은 수 십 여년에 걸쳐 개정되어 왔으며, 이 장에서 논의하는 버전은 변화하기 이전의 프로그램이다.

4장 다문화주의의 '실패'

1. 이러한 접근은 여전히 공동 정치(communal politics) 대한 '자동 반사적'인 반응이 분명하다. 일례로 2011년 4월의 스코틀랜드 종파주의로 일어난 폭동에 대한 대응은 불관용과 갈등의 근원적인 원인을 다루기보다 인터넷의 혐오성 메시지를 금지하려는 시도로 나타났다.
2. http://www.cic.gc.ca/english/multiculturahsm/citizenship.asp 참조.
3. 블레어 총리의 전략소통국장(director of strategy and communications)인 알라스테어 캠벨(Alistair Campbell)은 총리가 기독교에 대한 질문에 답하는 것을 막기 위해 베니티 페어(Vanity Fair)지와의 인터뷰에 개입하였다. 캠벨은 '하나님의 일을 하지 않는다(We don't do God)'라고 말했다(2003년 5월). 그러나 2012년 2월, 캐머런 정부의 장관인 사이다 와르시(Sayeeda Warsi)는 바티칸 시티에서의 연설에서 그녀의 정부는 '하나님의 일을 한다'고 말하였다.
4. 공동체 결속의 발전, 정책, 실천에 대한 전체 논의는 캔틀(Cantle, 2008) 참조.
5. 마가렛 대처는 1978년에 '밀려들어 온다(swamping)'라는 단어를 사용한 것으로 유명하며, 당시 노동당의 내무부 장관이었던 데이비드 블런켓(David Blunkett) 역시 2002년에 이 단어를 사용하였다. 최근 '다문화주의의 실패'에 대한 데이비드 캐머런의 언급은 그가 2011년 2월 뮌헨 의회에서 발표한 다음 날 항의 시위를 벌인 잉글랜드 방위 연맹(EDL, English Defense League)을 지지하라는 주장이었다.

5장 '공동체 결속'의 기여

1. 이 의무는 2006년 교육감사법에 의해 도입되어 2007년에 시행되었다.
2. '공동체 결속으로의 여행'에 대한 전체적인 논의는 Cantle의 2008년 수정 및 개정판 참조.
3. 2011년 8월 영국에서의 폭동에 대한 첫 번째 공식 보고서인 「폭동, 공동체와 피해자 조사 Riots, Communities and Victims Panel, 2011」에서 '박탈과 폭동의 연결'은 '우리의 독자적인 분석에 의하면, 법정 앞에 서는 70퍼센트의 사람

들은 나라에서 가장 박탈된 30퍼센트에 속하는 지역에서 살고 있었다는 것을 보여 준다'라는 점에서 확립되었을 뿐이다. (그러나 경찰은 이미 알려진 사람들을 체포할 가능성이 높기 때문에, 폭동에 가담한 사람들이 '법정에 출두한 사람들'과 같지 않았을 수도 있다.)

4. 이 초기 인종 관계 법안은, 특히 이민자들과 주류 공동체 간의 '우호적인 관계'를 장려하는 의무를 포함하고 있지만, 이것은 대체로 무시되었다. Cantle(2008), p.38-40. 참조.

6장 분리와 통합-이것은 왜 중요한가

1. 페이스북은 단독으로 명백히 7억 명의 회원이 있으며, 곧 몇 년 안에 10억 명이 될 것이라고 예측된다.

7장 상호문화주의: 개념화

1. View programme at www.bridgingcultures.org.uk.
2. http://www.cic.gc.ca/english/multiculturalism/citizenship.asp.
3. http://www.coe.int/interculturalcities.
4. http://opencities.britishcouncil.org/wep/index.php?home_en.
5. http://www.oeck.org/document/25/0,3746, en_36734052_36761863_36952473_1_1_1_1,00.html.

8장 상호문화주의: 정책과 실천

1. http://opencities.britishcouncil.org/wep/index.php?home_en.
2. http://www.luton.gov.uk/harmony.
3. http://playingforchange.com/.

Bibliography

ABCS at iCoCo (2009) *Guidance for Applicants* (Coventry: iCoCo).
Abrams, D. (2010) *Processes of Prejudice: Theory, Evidence and Intervention* (London: EHRC).
Adler, R.D. (2008) *Counting on the Middle Class* (Santa Barbara, CA: Miller-McCune).
Adonis, A. and Pollard, S. (1997) *A Class Act: The Myth of Britain's Classless Society* (London: Hamish Hamilton).
Adorno, T.W. *et al.* (1950) *The Authoritarian Personality* (New York: Harper and Row).
Agg, C. (2006) *Trends in Government Support for Non-Governmental Organizations: Is the "Golden Age" of the NGO Behind Us? Civil Society and Social Movements Programme* (Geneva: This United Nations Research Institute for Social Development (UNRISD)).
Ajegbo, Sir K. (2007) *Diversity and Citizenship* (London: Department for Education and Skills).
Ali, S. (2003) *Mixed-Race, Post-Race: Gender, New Ethnicities and Cultural Practices* (New York: Berg Publishers).
Alibhai-Brown, Y. (2009) 'Writing' *The Independent*, Saturday, 22 August 2009.
Allport, G. W. (1954) *The Nature of Prejudice* (Cambridge, MA: Addison Wesley).
Anie, A., Daniel, N., Tah, C. and Petruckevitch, A. (2005) *An Exploration of Factors Affecting the Successful Dispersal of Asylum Seekers* (London: On Line Report for the Home Office).
Association of Chief Police Officers (2010) *Total of Recorded Hate Crime from Regional Forces in England, Wales and Northern Ireland During the Calendar Year 2009*. Available online at: www.acpo.police.uk/asp/policies/Data/084a_Recorded_Hate_Crime_-_January_to_December_2009.pdf.
Association of London Government (ALG) (2006) *Choice Based Lettings and Pan-London Mobility: The Aspirations of Tenants and Applicants, and Their Impact for Marketing Choice Based Lettings and Mobility* (London: ALG).
Auckland City Council (2006) *Intercultural City – Making the Most of Diversity. Auckland Case Study* (Auckland: Auckland City Council).
Balderston, S. and Roebuck, E. (2010) *Empowering People to Tackle Hate Crime* (London: EHRC).
Baldwin, C., Chapman, C. and Gray, Z. (2007) *Minority Rights: The Key to Conflict Prevention* (London: Minority Rights Group International).
Bartlett, J., Birdwell, J. and King, M. (2010) *The Edge of Violence* (London: Demos).
Beck, U. (2002) 'The Cosmopolitan Society and Its Enemies' *Theory, Culture & Society*, 19(1–2), 17–44.
Bell, D. (1987) 'The World and the United States in 2013' *Daedalus*, 116(3), 1–31.
Berger, P. (1969) *The Social Reality of Religion* (London: Faber and Faber).

Cameron, D. (2011) Speech to the Munich Conference, 5 February. Canadian Government. Available online at: http://www.cic.gc.ca/english/multiculturalism/citizenship.asp.

Cantle, T. (2001) *Community Cohesion: A Report of the Independent Review Team* (London: Home Office).

Cantle, T. (2004) *The End of Parallel Lives? Final Report of the Community Cohesion Panel* (London: Home Office).

Cantle, T. (2008) *Community Cohesion: A New Framework for Race and Diversity* (Basingstoke: Palgrave Macmillan).

Cantle, T. (2010) *'Reconnecting the Political Class' in Cohesion and Society* (Coventry: Institute of Community Cohesion).

Cantle, T. (2011) *The Far Right: Rumours about Their Death Are Premature*. Parliamentary Affairs 2011; doi: 10.1093/pa/gsr058.

Carling, A. (2006) *What Myth? Racial and Ethnic Segregation, the Index Wars and the Future of Bradford* (Bradford: Bradford University).

Cashin, S. (2004) *(The Failures of) Integration: How Race and Class are Undermining the American Dream* (New York: Public Affairs).

Castells, M. (1997) *The Power of Identity: The Information Age, Economy, Society and Culture*. Revised Edition 2010 (Chichester: Wiley-Blackwell).

Castells, M. (2006) 'Globalisation and Identity: A Comparative Perspective' *Transfer, Journal of Contemporary Culture*, Number 1, 55–67, 2006.

Catholic Education Service for England and Wales (2010) *Value Added: The Distinctive Contribution of Catholic Schools and Colleges in England* (London: CES).

Cemlyn, S., Greenfields, M., Burnett, S., Matthews, Z. and Whitwell, C. (2009) *Inequalities Experienced by Gypsy and Traveller Communities: A Review* (London: EHRC).

Cheesman, D. and Khanum, N. (2009) 'Soft Segregation: Muslim Identity, British Secularism and Inequality' in *Faith in the Public Realm*. Dinham, A., Furbey, R. and Lowndes, V., Eds (Bristol: Policy Press).

Chek Wai, L.E. (2004) 'The Ownership of Cultural Hybrids' in *Interculturalism: Exploring Critical Issues*. Powell, D. and Sze, F., Eds (Oxford: The Inter-Disciplinary Press).

Christian Aid (2007) *Report Human Tide: The Real Migration Crisis* (London: Christian Aid).

Clark, G. (2008) *Towards Open Cities* (Madrid: British Council).

Clarke, T. (2001) *Burnley Speaks, Who Listens?* (Burnley: Burnley Borough Council).

Cole, I. and Goodchild, B. (2001) 'Special Mix and the 'Balanced Community' in British Housing Policy – a Tale of Two Epochs' *GeoJournal*, 51, 351–360.

Comedia (2010) *Helsinki Is an Open and Intercultural City* (Stroud: Comedia).

Commission on Integration and Cohesion (CIC) (2007) *Our Shared Future* (London: CIC).

Commission on Integration and Cohesion (CIC) (2007a) *'What Works' in Community Cohesion* (London: CIC).

Commission on Integration and Cohesion (CIC) (2007b) *Integration and Cohesion Case Studies* (London: CIC).

Commission for Racial Equality (CRE) (2007) *A Lot Done, a Lot to Do; Our Vision for an Integrated Britain* (London: CRE).

Commission for Racial Equality (2007a) *Promoting Interaction Between People From Different Ethnic Backgrounds: A Research Project for the Commission for Racial Equality* (London: Commission for Racial Equality).
Coombes, A. and Brah, A., Eds. (2000) *Hybridity and Its Discontents: Politics, Science, Culture* (Florence, KY: Routledge).
The Communitarian Network (2002) *Diversity Within Unity: A Communitarian Network Position Paper* (Washington, DC: The Communitarian Network).
Copsey, N. and Macklin, G., Eds (2011) *The British National Party Contemporary Perspectives* (London: Routledge).
Copsey, N. and Macklin, G. (2011a) 'The Media = Lies, Lies, Lies: The BNP and the Media in Contemporay Britain' in *The British National Party Contemporary Perspectives*. Copsey, N. and Macklin, G., Eds (London: Routledge 2011).
Council Of Europe (2008) *White Paper on Intercultural Dialogue – Living Together as Equals in Dignity* (Strasbourg: Council of Europe).
Council Of Europe (2011) *Living Together – Combining Diversity and Freedom in 21st Century Europe*. Available online at: www.coe.int.
Crystal, D. (2003) *English as a Global Language*, 2nd Edition (Cambridge: Cambridge University Press).
Cuperus, R. (2011) 'The Populist Revolt Against Cosmopolitanism' in *Exploring the Cultural Challenges to Social Democracy.* Michael, McTernan. Ed. (London: Policy Network).
Curtice, J. and Park, A. (2010) 'A Tale of Two Crises: Banks, the MPs' Expenses Scandal and Public Opinion' in *British Social Attitudes: The 27th Report – Exploring Labour's Legacy.* Park, A., Curtice, J., Clery, E. and Bryson, C., Eds (London: Sage Publications).
Davies, N. (2011) *Vanished Kingdoms – the History of Half-Forgotten Europe* (London: Allen Lane).
Dawkins, R. (2011) 'The Tyranny of the Discontinuous Mind' in *New Statesman.* 19 December (London: New Statesman).
Demirbag-Sten, D. (2011) 'Social Democracy and the Fall-Out From Multicultural Collectivisation' in *Exploring the Cultural Challenges to Social Democracy.* Michael, McTern, Ed. (London: Policy Network).
Denham, J. (2001) *Building Cohesive Communities: A Report of the Ministerial Group on Public Order and Community Cohesion* (London: Home Office).
Denham, J. (2010) Speech to the PVE National Conference.
Development Education Association (DEA) (2010) *DEA Global Learning Charter* (DEA: London).
Department for Children, Schools and Families (2007) *Guidance on the Duty to Promote Community Cohesion* (London: DCSF).
Department for Children, Schools and Families, (2008) *The Composition of Schools in England* Statistical Bulletin (London: DCSF).
Department for Communities and Local Government (DCLG) (2007) *Improving Opportunity, Strengthening Society: One Year on – A Progress Report on the Government's Strategy to Increase Race Equality and Community Cohesion* (London: DCLG).
Department for Communities and Local Government (DCLG) (2008) *Cohesion Guidance for Funders: Summary of Responses* (London: DCLG).
Department for Communities and Local Government (DCLG) (2008a) *The Government's Response to the Commission on Integration and Cohesion* (London: DCLG).

Department for Communities and Local Government (DCLG) (2009) *Place Survey 2008, England* (London: DCLG).
Department for Communities and Local Government (DCLG) (2009a) *Guidance on Meaningful Interaction – How Encouraging Positive Relationships Between People Can Help Build Community Cohesion* (London: DCLG).
Department for Communities and Local Government (DCLG) (2009b) *Delivering Mixed Communities – Learning the Lessons From Existing Programmes* (London: DCLG).
Department for Communities and Local Government (DCLG) (2011) *2009–2010 Citizenship Survey: Community Spirit Topic Report, England* (London: DCLG).
Department for Communities and Local Government (DCLG) (2011a) *2009–2010 Citizenship Survey: Race, Religion and Equalities Topic Group, England* (London: DCLG).
Department for Communities and Local Government (DCLG) (2012) *Creating the Conditions for Integration* (London: DCLG).
Dinham, A., Furbey, R. and Lowndes, V., Eds. (2009) *Faith in the Public Realm* (Bristol: The Policy Press).
Dinham, A., and Lowndes, V. (2009) 'Faith and the Public Realm' in *Faith in the Public Realm*. Dinham, A., Furbey, R. and Lowndes, V., Eds. (Bristol: Policy Press).
Economist (1999) 'The Non-Governmental Order: Will NGOs Democratize, or Merely Disrupt, Global Governance?' *The Economist*, 11–17 December 1999.
The Eisenhower Foundation (2008) *What Together We Can Do: A Forty Year Update of the National Advisory Commission on Civil Disorders* (Washington, DC: The Eisenhower Foundation).
English, R. (2011) *Is There an English Nationalism?* (London: IPPR).
Equality and Human Rights Commission (EHRC) (2010) *How Fair Is Britain? Equality, Human Rights and Good Relations in 2010* (London: EHRC).
Equality and Human Rights Commission (EHRC) (2010a) *Inquiry Into the Recruitment and Employment in the Meat and Poultry Processing Sector* (London: EHRC).
Equality and Human Rights Commission (EHRC) (2011) *Inquiry Into Disability-Related Hate Crime* (London: EHRC).
Etzioni, A. (2002) *Diversity Within Unity: A Communitarian Network Position Paper* (Washington, DC: The Communitarian Network).
European Commission (2011) *An EU Framework for National Roma Integration Strategies up to 2020* (Brussels: European Commission).
European Commission's Directorate-General for Employment, Social Affairs and Equal Opportunities (2010) *Eurobarometer: Social Climate Full Report.* (Brussels: European Commission 2010).
Evans, G. and Tilley, J. (2011) In British Social Attitudes No. 28 (2011) *Private Schools and Public Divisions: The Influence of Fee-Paying Education on Social Attitudes.* (London: National Centre for Social Research).
Fagiolo, G., Valente, M. and Vriend, N. (2007) *Dynamic Models of Segregation in Small-World Networks.* Working Paper 589, March 2007 (London: Queen Mary College, University of London).
Fanshawe, S. and Sriskandarajah, D. (2010) *You Can't Put Me in a Box: Super Diversity and the End of Identity Politics* (London: Institute for Public Policy Research).
Farrell, D. (2009) Quoted in *The Economist*, 12th February 2009.

Finney, N. and Simpson, L. (2009) *'Sleepwalking Into Segregation': Challenging Myths About Race and Migration* (Bristol: Policy Press).
Fukuyama, F. (2005) *State Building: Governance and World Oder in the 21st Century* (London: Profile Books).
Gale, R. and O'Toole, T. (2009) 'Young People and Faith Activism' in *Faith in the Public Realm: Controversies, Policies and Practices*. Dinham, A., Furbey, R. and Lowndes, V., Eds (Bristol: Policy Press).
Gallagher, T. (2004) 'Intercultural Education in a Divided School System' in *Interculturalism: Exploring Critical Issues*. Powell, D. and Sze, F., Eds (Oxford: The Inter-Disciplinary Press).
Giddens, A. (1991) *Modernity and Self-Identity* (Cambridge: Polity Press).
Giddens, A. (2002) *Runaway World. How Globalisation is ReShaping Our Lives*. (London: Profile Books).
Gilroy, P. (2002) *There Ain't No Black in the Union Jack: The Cultural Politics of Race and Nation* (London: Routledge).
Glasman, M., *et al.* Eds (2011) *The Labour Tradition and the Politics of Paradox* (Oxford and London: The Oxford London Seminars).
Goodhart, D. (2004) 'Too Diverse?' in *Prospect Magazine*, February 2004 (London).
Goodwin, M. (2011) *New British Fascism – The Rise of the British National Party* (London: Routledge).
Goodwin, M. (2011a) *Right Response – Understanding and Countering Popular Extremism in Europe* (London: Chatham House).
Goodwin, M. (2011b, June) *The Angry White Men and Their Motives* (London: Policy Network).
Goodwin, M., (2011c) 'Europe's Radical Right: Support and Potential', *Political Insight*, December 2011. Published by Political Studies Association of the United Kingdom.
Goodwin, M., Ford, R. and Cutts, D. (2011) *From Euroscepticism to Islamophobia: The Changing Face of UKIP*. University of Nottingham Research Briefing (Nottingham: University of Nottingham).
Griffin, R. (2011) 'Alien Influence? the International Context of the BNP's Modernisation' in *The British National Party Contemporary Perspectives*. Copsey, N. and Macklin, G., Eds (London: Routledge 2011).
Gundara, J. (2000) *Interculturalism, Education and Inclusion* (London: Sage Publications).
Gundara, J. (2001) 'Multiculturalism in Canada, Britain and Australia: The Role of Intercultural Education.' *London: Journal of Canadian Studies*, 17, 40–59.
Habermas, J. (2007) *Religion in the Public Sphere*. Unpublished Lecture. Available online at: www.sandiego.edu.
Hall, S. (1992) 'The Question of Cultural Identity' in *Modernity and It's Future*. Hall, S., Held, D. and McGrew, T., Eds (Cambridge: Polity Press) 274–316.
Hammer, L. (2004) 'Interculturalism and Migrant Workers in Israel' in *Interculturalism: Exploring Critical Issues*. Powell, D. and Sze, F., Eds (Oxford: The Inter-Disciplinary Press).
Hansen, P. (2009) 'Post-national Europe – Without Cosmopolitan Guarantees.' *Race & Class*, 50(4), 20–37.
Harris, J. (2008) *The Dialectics of Globalization: Economic and Political Conflict in a Transnational World* (Newcastle: Cambridge Scholars Publishing).

Harris, R. (2011) *'Sleepwalking Towards Johannesburg'? Local Measures of Ethnic Segregation Between London's Secondary Schools, 2003–2008/9*. Centre for Market and Public Organisation Working Paper No. 11/275 (Bristol: Bristol University).

Harris, M. and Young, P. (2009) *Bridging Community Divides* (London: IVAR).

Harrison, H. (2005) 'From Community Cohesion to an Inclusion and Co-Operation Agenda' in *Housing, Race and Community Cohesion*. Harrison, H., *et al.* Eds (Oxford: Chartered Institute of Housing).

Hasan, R. (2010) *Multiculturalism, Some Inconvenient Truths* (Chippenham: Politico's).

Held, D. (1989) 'The Decline of the Nation State' in *New Times*. Hall S. and Jacques M., Eds (London: Lawrence & Wishart).

Held, D. (2002) 'Cosmopolitanism and Globalisation' *Logos*, 1(3), 1–17.

Hewstone, M., Cairns, E., Voci, A., Hamberger, J. and Neins, U (2006) 'Intergroup Contact, Forgiveness and Experience of the Troubles in Northern Ireland' *Journal of Social Issues*, 62(1), 99–120.

Hewstone, M., Paolini, S., Cairns, E., Voci, A. and Harwood, J. (2006a) 'Intergroup Contact and the Promotion of Intergroup Harmony' in *Social Identities: Motivational, Emotional, Cultural Influences*. Brown, R. J. and Capozza, D., Eds (Hove, England: Psychology Press).

Hewstone, M., Tausch, N., Hughes, J. and Cairns, C. (2007) 'Prejudice, Intergroup Contact Andidentity: Do Neighbourhoods Matter?' in *Identity, Ethnic Diversity and Community Cohesion*. Wetherell, M., Lafleche, M. and Berkeley, R., Eds (London: Sage).

Hewstone, M., Kenworthy, J., Cairns, E., Tausch, N., Hughes, J., Voci, A., von Hecker, U., Tam, T. and Pinder, C. (2008) 'Stepping Stones to Reconciliation in Northern Ireland: Intergroup Contact, Forgiveness and Trust' in *The Social Psychology of Inter-Group Reconciliation*. Fisher, J.D., *et al.* Eds (Oxford: Oxford University Press).

Hewstone, M., Cairns, E., Tausch, N. and Hughes, J. (2008a) 'Can Contact Promote Better Relations? Evidence From Mixed and Segregated Areas of Belfast' *Report to the Community Relations Unit, Northern Ireland*. Available online at: http://www.ofmdfmni.gov.uk/gr-pubs.

Hickman, M., Crowley, H. and Mai, N. (2008) *Immigration and Social Cohesion in the UK: The Rhythms and Realities of Everyday Life* (York: Joseph Rowntree Foundation).

Hiebert, D. (2009) *Exploring Minority Enclave Areas in Montréal, Toronto, and Vancouver* (Ottowa: Citizen and Immigration Canada).

Hillyard, P. (1993) *Suspect Community: People's Experience of the Prevention of Terrorism Acts in Britain* (London: Pluto Press).

HM Government (2008) *Preventing Violent Extremism – a Strategy for Delivery* (London: HM Government).

HM Government (2009) *The United Kingdom's Strategy for Countering International Terrorism* Cmnd 7547 (London: HM Government).

HM Government (2010) *Equality Act, 2010* (London: The Stationery Office).

HM Government (2011) *Prevent Strategy* Cm 8092 (London: The Stationery Office).

Home Office *et al.* (2003) *Building a Picture of Community Cohesion* (London: Home Office).

Home Office and Office of the Deputy Prime Minister (2004) *Building Community Cohesion Into Area Based Initiatives* (London: Home Office).
Home Office (2004a) *Community Cohesion Standards for Schools* (London: Home Office).
Home Office (2005) *Improving Opportunity, Strengthening Society: The Government's Strategy to Increase Race Equality and Community Cohesion* (London: Home Office).
Home Office (2005a) *Community Cohesion: Seven Steps* (London: Home Office).
Home Office (2005b) *Integration Matters: A National Strategy for Refugee Integration* (London: Home Office).
Home Office (2006) *Improving Opportunity, Strengthening Society: The Government's Strategy to Increase Race Equality and Community Cohesion* (London: Home Office).
Hooson D. Ed. (1994) *Geography and National Identity* (Oxford: Blackwell).
House, C. (2011) *Cross Cultural Dialogue in Euro-Atlantic Security and Defence* (London: Chatham House).
House of Commons (2003) ODPM: Housing, Planning, Local Government and the Regions Committee, *The Effectiveness of Government Regeneration Initiatives, Vol. 2* (London: The Stationery Office Ltd).
House of Commons (2004) ODPM: Housing, Planning, Local Government and the Regions Committee, *Social Cohesion, Sixth Report of Session 2003–04, Vol. 2* (London: The Stationery Office Ltd).
House of Commons (2004a) ODPM: Housing, Planning, Local Government and the Regions Committee, *Social Cohesion, Sixth Report of Session, Vol. 1* (London: The Stationery Office Ltd).
House of Commons Communities and Local Government Select Committee (2010) *Preventing Violent Extremism, Sixth Report of Session 16th March 2010.* (London: House of Commons).
Howard, A. (1987) *RAB: The Life of R. A. Butler* (London: Jonathan Cape).
Huntingdon, S.P. (2002) *The Clash of Civilisations and the Making of the World Order* (London: Simon & Schuster).
Hussain, A., Law, B. and Haq, T. (2007) *The Intercultural State: Citizenship and National Security* (Leicester: East Midlands Economic Network).
Iceland, J. and Mateos, P. (2009) *Racial and Ethnic Segregation in the United Kingdom and the United States*. Paper to the Population Association of America 2010 in Dallas Texas. 16 April.
Iceland, J., Mateos, P. and Sharp, G. (2011) 'Ethnic Residential Segregation by Nativity in the United Kingdom and the United States' *Journal of Urban Affairs*, 33(4), 409–429.
Improvement and Development Agency for Local Government (IDeA) (2002) *Taking Forward Community Cohesion in Leicester* (London: IDeA).
Information Centre about Asylum and Refugees in the UK (ICAR) (2004) *Understanding the Stranger* (London: ICAR).
Inglehart, R. (2008) 'Changing Values Among Western Publics 1970 to 2006' *West European Politics*, 31(1–2), 130–146.
Institute of Community Cohesion (iCoCo) (2006) *The Power of Sport – Policy and Practice: Sport and Cohesion* (Coventry: iCoCo).

Institute of Community Cohesion (iCoCo) (2006a) *A Sense of Belonging, the Communications Toolkit* (Coventry: iCoCo).
Institute of Community Cohesion (iCoCo) (2006b) *Cohesion Mapping of Community Dynamics (COHDMAP)* (Coventry: iCoCo).
Institute of Community Cohesion (iCoCo) (2006c) *Challenging Communities to Change: A Review of Community Cohesion in Oldham* (Coventry: iCoCo).
Institute of Community Cohesion (iCoCo) (2007) *Understanding and Monitoring Tension in Local Communities* (London: Local Government Association).
Institute of Community Cohesion (iCoCo) (2007a) *Promoting Sustainable Communities and Community Cohesion* (Leeds: Academy for Sustainable Communities).
Institute of Community Cohesion (iCoCo) (2007b) *New European Migration, a Good Practice Guide for Local Authorities* (London: Improvement and Development Agency for Local Government).
Institute of Community Cohesion (iCoCo) (2008) *Understanding and Appreciating Muslim Diversity: Towards Better Engagement and Participation* (Coventry: iCoCo).
Institute of Community Cohesion (iCoCo) (2011) *Far Right Electoral and Other Activity: The Challenge for Community Cohesion* (Coventry: iCoCo).
International Organisation for Migration (2010) *World Migration Report 2010* (Geneva: IOM).
Ipsos MORI/Geographical Association Survey (2009) (London: Ipsos-MORI/ Geographical Association Survey).
James, M. (2008) *Interculturalism: Theory and Policy* (London: Barings Foundation).
Jenkins, R. Speech to the Meeting of Voluntary Liaison Committees, London, 23 May 1966.
Johnston, R., Burgess, S., Wilson, D. and Harris, R., (2006) 'School and Residential Ethnic Segregation: An Analysis of Variations Across England's Local Education Authorities'. CMPO paper 06/145 (Bristol: Bristol University).
Johnston, R., Poulsen, M. and Forrest, J. (2007) 'The Geography of Ethnic Residential Segregation: A Comparative Study of Five Countries' *Annals of the Association of American Geographers*, 97(4), 713–738.
Johnston, R., Poulsen, M. and Forrest, R. (2009) *'Measuring Ethnic Segregation: Putting Some More Geography' Urban Geography*, 30(1), 91–109.
Jurado, E. (2011) 'Progressive Multiculturalism: A Social Democratic Response to Cultural Diversity?' in *Exploring the Cultural Challenges to Social Democracy.* Michael McTernan, Ed. (London: Policy Network).
Kaur-Stubbs, S. (2008) 'Poverty and Solidarity' in *Citizenship, Cohesion and Solidarity.* Johnson, N., Ed. (London: Smith Institute).
Kenichi, O. (1995) *The End of the Nation State: The Rise of Regional Economies* (London: Harper Collins).
Khan, K. (2009) *Preventing Violent Extremism and Prevent – a Response Form the Muslim Community* (London: An-Nisa Society).
Kharas, H. (2010) *The Emerging Middle Class in Developing Countries.* OECD Development Centre Working Paper 285, January 2010 (Paris: OECD).
Korten, D. (1995) *When Corporations Rule the World* (Virginia: Kumarian Press).
Kriemer M. (2004) 'Labour Market Segregation and Gender-Based Division Labour' in *European Journal of Womens' Studies.* May 2004 11: 223–246.
Kundnani, A. (2002) *An Unholy Alliance? Racism, Religion and Communalism* (London: IRR).

Kundnani, A. (2002a) *The Death of Multiculturalism?* (London: IRR).
Kundnani, A. (2009) *Spooked* (London: Institute of Race Relations).
Kymlicka, W. (2003) 'Multicultural States and Intercultural Citizens' *Theory and Research in Education*, 1(2), 147–169.
Kymlicka, W. (2003a) 'Immigration and the Politics of National Opinion' in *The Politics of Migration*. Spencer, S., Ed. (Oxford: Blackwell).
Latchford, P. (2007) *Lozells Disturbances: Summary Report* (Birmingham: Black Radley).
Laurence, J. and Heath, A. (2008) *Predictors of Community Cohesion: Multi-Level Modelling of the 2005 Citizenship Survey* (London: DCLG).
Law, B., Haq, T. and Greaves, B. (2008) *Building Intercultural Bridges Between Diverse Communities* (Leicester: East Midlands Economic Network).
Lederach, J.P. (1993) *Pacifism in Contemporary Conflict: A Christian Perspective*, Paper to the U.S. Institute of Peace, 1993.
Lederach, J.P. (1997) *Building Peace: Sustainable Reconciliation in Divided Societies* (Washington, DC: Institute of Peace).
Legrain, P. (2011) 'Progressives Should Embrace Diversity' in *Exploring the Cultural Challenges to Social Democracy*. Michael, McTernan, Ed. (London: Policy Network).
Lentin, A. and Titley, G. (2011) *The Crises of Multiculturalism: Racism in a Neo-Liberal Age* (London: Zed Books).
Leonard, M. and Griffith, P. (2003) *The European Inclusion Index: Is Europe Really Ready for the Globalisation of People?* (London: The Foreign Policy Centre and British Council).
Le Pen, Marine (2011) Interviewed in *The Guardian* 22 March.
Local Government Association *et al.* (LGA) (2002) *Guidance on Community Cohesion* (London: LGA).
Local Government Association (LGA), Home Office, ODPM, CRE, The Audit Commission, The IDeA, The Inter-Faith Network (2004) *Community Cohesion—an Action Guide* (London: LGA Publications).
Local Government Association (LGA), Improvement and Development Agency (IDeA), the Home Office, Audit Commission and Office of the Deputy Prime Minister (2006) *Leading Cohesive Communities: A Guide for Local Authority Leaders and Chief Executives* (London: LGA).
Local Government Information Unit (LGIU) (2005) *Scrutiny of Community Cohesion Issues* (London: LGIU).
Local Government Information Unit (LGIU) (2006) *Countering Myths and Misinformation During Election Periods* (London: LGIU).
Lockwood, D. (1966) 'Sources of Variation in Working-Class Images of Society' *Sociological Review*, 14, 249–267.
Lownsbrough, H. and Beunderman, J. (2007) *Equally Spaced? Public Space and Interaction between Diverse Communities*, a Report for the Commission for Racial Equality (London: Demos).
Mahrouse, G. (2010) 'Reasonable Accommodation in Québec: The Limits of Participation and Dialogue' *Race & Class*, 52(1), 85–96.
Malik, K. (2002) 'Against Multiculturalism', *New Humanist*, Summer 2002 (London: Rationalist Press Association).
Mansouri, F. (2009) *Youth Identity and Migration: Culture, Values and Social Connectedness* (Champaign, Illinois: Common Ground Publishing).

Martell, L. (2008) 'Beck's Cosmopolitan Politics' *Contemporary Politics*, 14(2),129–143.
Mason, A. (2010) 'Integration, Cohesion and National Identity: Theoretical Reflections on Recent British Policy' *British Journal of Political Science*, 40, 857–874.
McGann, J. and Johnstone, M. (2006) 'The Power Shift and NGO Credibility Crisis' *The International Journal of Not for Profit Law*, 8(2), 65–77.
McGhee, D. (2003) 'Moving to "Our" Common Ground – A Critical Examination of Community Cohesion Discourse in Twenty First Century Britain' *Sociological Review*, 51(3), 383–411.
McGhee, D. (2005) *Intolerant Britain? Hate, Citizenship and Difference* (Maidenhead: McGraw-Hill Education).
McGhee, D. (2008) ' "A Past Built on Difference, a Future Which is Shared" – a Critical Examination of the Recommendations Made by the Commission on Integration and Community Cohesion' *People, Place & Policy Online*, 2/2, 48–64.
McLuhan, M. (1962) *The Gutenberg Galaxy: The Making of Typographic Man* (Toronto: University of Toronto Press).
Meer, N. and Modood, T. (2008) 'The Multicultural State We're in: Muslims, 'Multiculture' and the 'Civic Re-Balancing' of British Multiculturalism' *Political Studies*, 57, 473–497. doi: 10.1111/j.1467-9248.2008.00745.x.
Meer, N. and Modood, T. (2011) 'How Does Interculturalism Contrast With Multiculturalism?' *Journal of Intercultural Studies*, 33(2), 175–196.
Merkel, A. (2010) Speech to Potsdam Conference, 17 October.
Messina, A. (2011) 'Assessing the Political Relevance of Anti-Immigrant Parties: The BNP in Comparative European Perspective' in *The British National Party Contemporary Perspectives*. Copsey, N. and Macklin, G., Eds. (London: Routledge).
Miah, R. (2004) In Evidence to the House of Commons Select Committee on Social Cohesion, *Sixth Report of Session 2003–2004, Vol. 2* (London: The Stationery Office Limited).
Minkenberg, M. (2011) 'The Radical Right in Europe Today: Trends and Patterns in East and West' in *Is Europe on the 'Right' Path? Right-Wing Extremism and Right-Wing Populism in Europe*. Langenbacher N. and Schellenberg, B., Eds (Berlin: Friedrich Ebert Stiftung).
Mirza, M. (2010) 'Rethinking Race' *Prospect Magazine*. October 2010, 31–37.
Modood, T. (1988) ' "Black", Racial Equality and Asian Identity' *New Community*, 14(3), 397–404.
Modood, T. (2005) *Multicultural Politics: Racism, Ethnicity and Muslims in Britain* (Minneapolis, MN: University of Minneapolis Press).
Modood, T. (2009) 'Civic Recognition and Respect for Religion in Britain's Moderate Secularism'. Lecture 21 January, London.
Modood, T. (2011) 'Secularism and Democracy, Some Responses to Ted Cantle and Sunder Katwala' in *British Secularism and Religion*. Birt, Y., Hussain, D. and Siddiqui, A., Eds (Leicestershire: Kube 2011).
Moore, K., Mason, P. and Lewis, J. (2008) *Images of Islam in the UK – the Representation of British Muslims in theNational Print News Media 2000–2008* (Cardiff: Cardiff University).
Muir, R. (2007) *The New Identity Politics* (London: IPPR).
Neville-Jones, P. (2010) Speaking on Islam TV Channel, 21 May.

Norris, P. (2011) *Democratic Deficit: Critical Citizens Revisited* (Cambridge: Cambridge University Press).
Northern Ireland Council for Voluntary Action (NICVA) (2004) House of Commons Select Committee on Social Cohesion, *Sixth Report of Session Vol. 2* (London: The Stationery Office Ltd).
Office of National Statistics (ONS) (2011) Statistical Bulletin: Population Estimates by Ethnic Group 2002–2009, 18 May (Newport: ONS).
Open Society Foundations (2011) *At Home in Europe: Living Together* (London, New York, Budapest: Open Society Foundations).
Osler, A. (2007) *Faith Schools and Community Cohesion: Observations on Community Consultations* (Runnymede Trust Interim Report. London: The Runnymede Trust).
Ouseley, H. (2001) *Community Pride Not Prejudice* (Bradford: Bradford Vision).
Ouseley, H. (2004) *The Guardian*, 10 April 2004.
Page B. (2004) 'The Death of Liberal England?', *Local Government Chronicle*, 9 September 2004.
Parekh, B. (2000) *The Future of Multi-Ethnic Britain*. Revised edition 2002 (London: Profile Books).
Parekh, B. (2000a) *Rethinking Multiculturalism: Cultural Diversity and Political Theory* (Basingstoke: Palgrave Macmillan).
Parekh, B. (2009) 'Foreword' in *Faith in the Public Sphere*. Dinham *et al.* Eds (Bristol: The Policy Press).
Penninx, R. (2009) *Decentralising Integration Policies* (London: Policy Network).
Phillips, D. (2005) 'Housing Achievements, Diversity and Constraints' in *Housing, Race and Community Cohesion*. Harrison *et al.* (Oxford: Chartered Institute of Housing).
Phillips, T. (2005) Speech to the Manchester Community Relations Council, 22 September 2005.
Phillips, T. (2006) Quoted in *Building Design*, 3 November 2006.
Platt, L. (2009) *Ethnicity and Family Relationships Within and Between Ethnic Groups: An Analysis Using the Labour Force Survey* (London: Institute for Social & Economic Research and University of Essex).
Poulsen, M. (2005) *The 'New Geography' of Ethnicity in Britain?* Paper to the Royal Geographic Society in London, 31 August 2005.
Powell, D. (2004) 'Living Souvenirs: Intercultural Memory, Longing and Nostalgia' in *Interculturalism: Exploring Critical Issues*. Powell, D. and Sze, F., Eds (Oxford: The Inter-Disciplinary Press).
Public Interest Research Centre (PIRC) (2010) *The Common Cause Handbook* (Machynlleth, Wales: PIRC).
Putnam, R.D. (2000) *Bowling Alone: The Collapse and Revival of American Community* (New York: Simon & Schuster).
Putnam, R.D. (2007) 'E Pluribus Unum: Diversity and Community in the Twenty First Century. The 2006 Johan Skytte Prize Lecture' *Scandinavian Political Studies Journal*, 30(2), 137–174.
Ratcliffe, P. (2004) *'Race', Ethnicity and Difference: Imagining the Inclusive Society* (Berkshire: OUP).
Riots, Communities and Victims Panel (2011) *5 Days in August. An Interim Report on the 2011 English Riots* (London: Dept. of Communities)

Ritchie, D. (2001) *Oldham Independent Review: One Oldham, One Future* (Manchester: Government Office for the North West).
Ritzen, J., Easterly, W. and Woolcock, M. (2000) *On 'Good' Politicians and 'Bad' Policies*. Policy Research Paper 2448 (Washington DC: The World Bank).
Runnymede Trust (2008) *The Right to Divide? Faith Schools and Community Cohesion* (London: Runnymede Trust).
Runnymede Trust (2009) *Who Cares About the White Working Class?* (London: Runnymede Trust).
Sachs, J. (2007) *The Home That We Build Together* (Continuum: London).
Sampson, R. and Sharkey, P. (2008) 'Neighborhood Selection and the Social Reproduction of Concentrated Racial Inequality' *Demography*, 45(1), 1–29.
Sandercock, L. (2004) 'Reconsidering Multiculturalism: Towards an Intercultural Project' in *Intercultural City Reader*. Wood, P., Ed. (Stroud: Comedia).
Sarkozy, N. (2011) Interviewed on *Paroles de Français* (TF1), 11 February 2011.
Searchlight Educational Trust (2011) *Fear and Hope Project Report* (London: SET).
Seldon, A. (2008) Speech given at Wellington College and reported in the *Daily Mail*. Available online at: www.dailymail.co.uk/news/article-508217/Private-schools-fuel-social-apartheid-saysheadmaster-25-620-year-Wellington-College.html#ixzz1OfjwuzgK.
Seko, K. (2004) 'Silent East: How Can We Give a Voice to Asian Theology?' in *Interculturalism: Exploring Critical Issues*. Powell, D. and Sze, F., Eds (Oxford: The Inter-Disciplinary Press).
Semyonov, M., Glikman, A. and Krysan, M. (2007) 'Europeans' Preference for Ethnic Residential Homogeneity: Cross-National Analysis of Response to Neighborhood Ethnic Composition' *Social Problems*, 54(4), 434–453.
Sen, A. (2006) *Identity and Violence: The Illusion of Destiny* (New York: W.W. Norton).
Shah, H. (2008) 'Solidarity in a Globalised Society – the Implications for Education Policy ' in *Citizenship, Cohesion and Solidarity*. Johnson, N., Ed. (London: Smith Institute).
Simpson, L. (2003) *Statistics of Racial Segregation: Measures, Evidence and Policy*, Occasional Paper No. 24 (Manchester: University of Manchester).
Simpson, L., Ahmed, S. and Phillips, D. (2007) *Oldham and Rochdale: Race, Housing and Community Cohesion* (Manchester: University of Manchester).
Slattery, B. (2003) 'Our Mongrel Selves: Pluralism, Identity and the Nation', in *Community of Right/Rights of the Community*. Gendreau, Ysolde, Ed. (Montreal: Editions Themis, 2003).
Smith, M. (2011) 'Foreword to' in *Inquiry Into Disability-Related Hate Crime* (London: EHRC).
Social Exclusion Unit (SEU) (2004) *Tackling Social Exclusion: Taking Stock and Looking to the Future* (London: ODPM).
Solomos, J., Back, L. (1996) *Racism and Society* (Hampshire: Macmillan Press Ltd).
Sondhi, R. (2008) *Foreword to 'Interculturalism: Theory and Policy'* (London: Baring Foundation).
Sondhi, R. (2009) Speech to the Awards for Bridging Cultures (ABCs) 1 December, London.
Soysal, Y.N. (2000) 'Citizenship and Identity: Living Diasporas in Post-War Europe' *Ethnic and Racial Studies*, 23(1), 1–15.

Stone, L. and Muir, R. (2007) *Who Are We? Identities in Britain, 2007* (London: Institute for Public Policy Research).
Think Global (2011) Available online at: http://www.think-global.org.uk/page.asp?p=3865.
Thomas, P. (2011) *Youth, Multiculturalism and Community Cohesion* (Basingstoke: Palgrave Macmillan).
The Times (2011) Leader on 'Future Disharmony' 28 October.
Tunstall, R. and Fenton, A. (2006) *In the Mix: A Review of Research Evidence on Mixed Income, Mixed Tenure and Mixed Communities* (London: The Housing Corporation).
United Nations (1945) Article 1 of The Charter of the United Nations, signed on 26 June 1945, in San Francisco.
United Nations (1948) The Universal Declaration of Human Rights, adopted by the UN General Assembly on 10 December 1948.
Varshney, A. (2002) *Ethnic Conflict and Civic Life: Hindus and Muslims in India* (New Haven & London: Yale University).
Weber, M. (1946) *From Max Weber: Essays in Sociology* (New York: Oxford University Press).
Weiner, E. Ed. (1998) 'Co-Existence Work; a New Profession' in *The Handbook of Interethnic Co-Existence* (New York: The Continuum Publishing Company).
Wildsmith, E., Gutmann, M.P. and Gratton, B. (2003) 'Assimilation and Intermarriage for U.S. Immigrant Groups, 1880–1990' *History of the Family*, 8, 563–584.
Winder, R. (2004) *Bloody Foreigners: The Story of Immigration to Britain* (Little, Brown: London).
Windsor, P. (2002) 'Cultural Dialogue in Human Rights'. in *Studies in International Relations: Essays by Philip Windsor*. Berdal, Mats, Ed. (Brighton: Sussex Academic Press).
Wolf, M. (2011) 'Living with limits: growth, resources and climate change'. The Grantham Institute for Climate Change Annual Lecture. London, 3 November.
Wolfe, A. (2002) 'The Costs of Citizenship: Assimilation and Multiculturalism in Modern Democracies' in *Cohesion, Community and Citizenship* Runnymede Trust (London: The Runnymede Trust).
Wood, P., Ed. (2004) *Intercultural City: Intercultural City Reader* (Stroud: Comedia).
Wood, P. and Landry, C. (2007) *The Intercultural City: Planning for Diversity Advantage* (London: Earthscan).
Wood, P., Landry, C. and Bloomfield, J. (2006) *The Intercultural City* (Stroud: Comedia).
Wood, P., Landry, C. and Bloomfield, J. (2006a) *Cultural Diversity in Britain: A Toolkit for Cross-Cultural Co-Operation* (York: Joseph Rowntree Foundation).
The World Bank (2010) Available online at: http://web.worldbank.org.
Younge, G. (2009) *The Guardian* 30 March.
Younge, G. (2010) *Who Are We – and Should It Matter in the 21st Century?* (Glasgow: Viking).

역자 소개

홍종열은 한국외국어대학교 미네르바교양대학 교수이다. 독일 트리어대학교 경영학과를 졸업하고, 영국 런던대학교에서 비교문화경영학과 유럽연합학을 전공하여 유러피언 비즈니스 석사학위를 취득하였다. 한국외국어대학교에서 유럽연합의 문화정책과 글로컬라이제이션 전략에 관한 논문으로 문화콘텐츠학 박사학위를 받았다. 국제지역대학원에서 세계문화론을 강의해 왔으며, 미네르바교양대학에서 [인간과 문명] 및 [글로벌 소통과 배려]를 강의하고 있다. 또한 [한국문화지능교육원]을 설립하여 국내에 문화지능 개념을 소개하고 교육하는 데 주력하고 있다. 저서로 『문화지능이란 무엇인가』, 『유럽연합의 문화창조산업 프로젝트』, 『문화콘텐츠와 문화코드』(공저), 『상상력과 문화콘텐츠』(공저), 『문화콘텐츠 입문사전』(공저) 등과, 역서로 『문화지능 CQ, 글로벌 소통의 기술』, 『문화지능 CQ, 리더십』, 『문화지능과 세계여행』이 있다.

김성수는 한국외국어대학교 미네르바교양대학 외래교수이다. 한국외국어대학교 철학과를 졸업하고, 동대학원에서 고대철학을, 영국 랭카스터, 에식스대학교에서 사회윤리학과 문화연구를 전공하였다. 한국외국어대학교에서 글로벌대중문화론으로 문화콘텐츠학 박사학위를 취득하였으며, 현재는 시각문화, 과학기술문화, 기독교문화콘텐츠 등에 대해 연구하고 있다. 『디지털인문학이란 무엇인가』(공저), 『시각문화콘텐츠』 등의 저서가, 「에스닉문화와 〈반지의 제왕〉」, 「〈나니아 연대기〉의 상징성」, 「〈가타카〉를 통해 살펴본 우생학과 포스트휴머니즘의 문제점」 등의 논문이 있다.

김윤재는 한국외국어대학교 철학과 외래교수이다. 한국외국어대학교 철학과를 졸업하였다. 이후 동 대학원에서 바슐라르의 과학철학 연구로 석사학위를 취득하였고, 푸코와 바슐라르의 인식론 연구로 박사학위를 받았다. 지금은 강의와 함께 현대 프랑스 인식론, 바슐라르의 상상력 등에 관해 연구하고 있다. 저서로는『공간의 시학과 무욕의 상상력』(공저) 등이 있으며,「바슐라르의 "자아의 지적 감시"에 대한 연구」,「사이버 공간과 레비의 집단 지성에 대한 철학적 해명」,「푸코 고고학의 방법과 유의미에 대한 고찰: 지식의 고고학 4장을 중심으로」등의 논문을 게재하였다.

김정흔은 한국외국어대학교 다문화교육원 한국어교사이다. 한국외국어대학교 독일어과를 졸업하고, 한국외국어대학교 교육대학원에서 다문화교육을 전공하였다. 현재 한국외국어대학교 대학원 글로벌문화콘텐츠학과 박사과정에 있으며, 상호문화주의와 상호문화교육콘텐츠를 연구하고 있다.「한국 다문화가족정책 통합에 대한 현장전문가의 인식」,「유럽 상호문화도시정책 특성 연구」,「슈츠의 '이방인'과 영화 〈망종〉에서 본 디아스포라의 이방인성」등의 논문이 있다.

상호문화주의

결속과 다양성의 새로운 시대

2020년 08월 01일 1판 1쇄 인쇄
2020년 08월 12일 1판 1쇄 펴냄

지은이 | 테드 캔틀
옮긴이 | 홍종열, 김성수, 김윤재, 김정흔
펴낸이 | 구모니카

마케팅 | 신진섭
디자인 | 김해연

펴낸곳 | 꿈꿀권리
등록 | 제7-292호 2005년 1월 13일
주소 | 경기도 고양시 일산서구 고양대로 255번길 45, 903-1503
전화 | 02-323-4610
팩스 | 0303-3130-4610
E-mail | nikaoh@hanmail.net

ISBN 979-11-87153-81-8 03300

※ 정가는 뒤표지에 있습니다. 잘못된 책은 바꾸어 드립니다.
※ 이 도서의 국립중앙도서관 출판시도서목록(CIP)은 e-CIP홈페이지 http://www.nl.go.kr/ecip와 국가자료공동목록시스템 http://www.nl.go.kr/kolisnet에서 이용하실 수 있습니다.
CIP제어번호: CIP2020031211